胡孚琛 著

丹道仙术入门

社会科学文献出版社
SOCIAL SCIENCES ACADEMIC PRESS (CHINA)

自遣濤覓知音

癸寅 文懷沙

北京东直门外西八间房131号：中国社会科学院研究生院
胡孚琛同志：

3月22日信收到；王明先生的《道家与道教思想研究》也早已收到，请代致谢！当您见到此信时，大概已是答辩的前夕了，祝您胜利完成任务！

研究古代道家思想和道教的问题是门大学问；而且中国的道、释、喇嘛、回、基督五大宗教中只道家和道教是地地道道中国的，在国外也没有道教徒，中国人不研究，谁研究？我想您在过去十几年中既然走上此途，在马克思主义哲学、辩证唯物主义、历史唯物主义指导下研究道家思想和道教是今后工作的一种可能选择！更何况这又与人体科学有关？请酌。

此致   敬礼！

钱学森
1988.4.6

100732

本市建国门内大街5号中国社会科学院哲学研究所

胡孚琛同志：

我非常高兴地看到您11月20日的来信！您完成了思想认识上的又一次飞跃！我记得您原来是学化学专业的，真不容易呵，一步一步走过来；现在又要实现大突破了！可喜可庆！

专与博是辩证统一的，您先专于道家，才能今天走进大成智慧这个博大天地。

刘国梁教授的《人体科学辞典》也收到，请您向他转告我的谢意！

此致

敬礼！

钱学森
1994.11.29

丹道仙术入门

世味何如书味美

春花难比笔花香

六五年摄于天津南开大学七九年自题小照于广州中山大学东区研究生宿舍

荆棘丛中度华年，学业碧得两鬓斑。敢攀崎岖路，未尽有志再讨青春还

八二年九月撰

目 录

引　言 …………………………………………………… 1

第一章　修道求仙 …………………………………… 4

　　第一节　道教的神灵信仰 ……………………… 5

　　第二节　仙的信仰和诸仙真 …………………… 8

　　第三节　道教俗神 ……………………………… 10

　　第四节　仙人的境界 …………………………… 11

　　第五节　仙人之路 ……………………………… 16

第二章　存思、导引、气法、健身术 …………… 23

　　第一节　按摩、导引和武术 …………………… 24

　　第二节　辟谷、服气与采气 …………………… 27

　　第三节　存思、守一和坐忘 …………………… 32

　　第四节　行炁、布炁及胎息 …………………… 36

第三章　医药、服食和养生 ………………………… 40

　　第一节　道教医药学 …………………………… 41

第二节　服饵、美容和食疗 …………………………… 46

　　第三节　衣食起居和摄生 ……………………………… 54

　　第四节　睡方与睡功 …………………………………… 63

第四章　房中养生学 …………………………………………… 67

　　第一节　房中养生学的文化渊源和见存文献 ………… 69

　　第二节　房中养生学的历史发展简况 ………………… 72

　　第三节　房中养生学的理论原则和房中术的基本内容 …… 78

第五章　外丹黄白术 …………………………………………… 95

　　第一节　外丹黄白术的历史演变 ……………………… 95

　　第二节　炼丹家的思想脉络和理论体系 ……………… 103

　　第三节　金丹术的操作程序与化学反应 ……………… 116

第六章　中国术数学 …………………………………………… 128

　　第一节　中国术数学的由来 …………………………… 130

　　第二节　术数学的发展 ………………………………… 137

　　第三节　术数学的流传 ………………………………… 143

　　第四节　从学术观点看术数学 ………………………… 154

　　余　论 …………………………………………………… 165

第七章　内丹学的源流 …… 167

第一节　内丹学概说 …… 170
第二节　内丹学的初传 …… 172
第三节　内丹理论体系的形成 …… 175
第四节　内丹学的成熟和繁衍 …… 182

第八章　各派丹法要诀 …… 190

第一节　南宗丹法要领 …… 191
第二节　北宗功法诀要 …… 192
第三节　中派丹法特点 …… 193
第四节　东派丹法概说 …… 194
第五节　西派丹法简述 …… 195
第六节　文始派丹法提要 …… 196
第七节　三丰派丹法略讲 …… 196
第八节　青城派丹法指要 …… 197
第九节　三峰采战之泥水丹法 …… 198

第九章　内丹学基本理论揭秘 …… 199

第一节　先后天人体三宝说 …… 199
第二节　顺则生人逆则成仙的内丹学原理 …… 200

第三节　虚无之道和先天一炁说 …………………… 202

　　第四节　意识的三层次说 …………………………… 203

　　第五节　取坎填离术 ………………………………… 206

　　第六节　黑、赤、黄三道关窍说 …………………… 208

　　第七节　玄关一窍说 ………………………………… 210

　　第八节　内丹学三要件 ……………………………… 211

　　第九节　两重天地与道通为一 ……………………… 212

　　第十节　阴阳交感原理 ……………………………… 215

第十章　丹道修持入门 …………………………………… 217

　　第一节　读书和求师 ………………………………… 218

　　第二节　丹道的功效 ………………………………… 221

　　第三节　修持丹道的年龄和条件 …………………… 226

　　第四节　入室行功述要 ……………………………… 231

第十一章　丹道修炼的基本程序 ………………………… 238

　　小　引 ………………………………………………… 238

　　第一节　三家四派丹法略讲 ………………………… 241

　　第二节　自身阴阳清净丹法程序 …………………… 253

　　第三节　同类阴阳彼家丹法程序 …………………… 268

第四节　同类阴阳龙虎丹法程序……………… 271

　　第五节　虚空阴阳之虚无丹法揭秘…………… 275

第十二章　女金丹述要……………………………… 282

　　小　　结……………………………………………… 292

附录一……………………………………………………… 294

　　斯人在思：直接同先哲对话

　　　　——记叶秀山教授的爱智境界……………… 294

　　高风雅量　博学景行

　　　　——为李锦全老师八十华诞而作…………… 306

附录二……………………………………………………… 317

　　丹家手抄秘本《地仙玄门秘诀》………………… 317

　　叙（抄件）…………………………………………… 318

　　叙……………………………………………………… 318

　　地仙玄门秘诀……………………………………… 319

　　炼丹次第要法……………………………………… 333

后　　记…………………………………………………… 340

引 言

青春有志须勤学,白发无情要著书。

在结束"史无前例的无产阶级文化大革命"不久,我的儿子降生了。在他还嗷嗷待哺的时候,我离开他们母子,远赴南国中山大学的康乐园里和一群少男靓女们一起读书。那时我留给妻子儿女的,是一张在南开大学读书期间的照片,"文革"十二年中断高考,使中华民族几乎两代青年丧失学业,在我离职考取研究生后,仿佛又回到大学的时光。我在这张照片下面题了一首诗:

荆棘丛中度年华,学业熬得两鬓斑。

敢攀崎岖路未尽,有志再讨青春还。

同时题有一副楹联,"世味何如书味美,春花难比笔花香。"

我把这张照片和题字镶嵌在镜框里，挂在妻子宿舍的墙壁上。那年月我们两地分居，没有自己的房子，妻子在原籍一所中学教书，女儿读小学了，她们的宿舍也是办公室，教师们常来串门。屋里挂着我的照片和题字，说明我在守护着自己弱小的妻子儿女，或许会给她们带来一点安全感。

1981年春天，我和王左峰同学到中山大学中文系王季思（王起）教授家中拜访，见他家堂屋里挂着一幅画，两边也有一副楹联"青春有志须勤学，白发无情要著书"。王季思教授送我一本他的诗集，还有他校注的《西厢记》。抚摸着这两本散发着墨香的新书，我对这帧楹联久难忘怀。我是理工科的学生，对文学诗词有所爱好，也许一生能像王起教授那样出本诗集，但本行是科学实验作研究论文，何曾想到过著书呢！后来竟是命运同我开了个玩笑，恰恰就是在那时我结识了内丹学家无忧子老师，得东方千古绝学之传，于今才有《丹道仙术入门》之著述。

30年光阴匆匆过去，我很想在自己指导的博士生中觅一载道之器作传人，可惜费尽心机，稍遇事故便真相毕露，一个个经不住考验。古丹家王重阳鞭笞马丹阳，钟离权十试吕洞宾，张道陵识王长、赵升于生死之际，而今日社会连一试都难行，故干脆将丹道法诀公之于世，普度有缘。其中少许至秘者，连同实修步骤且待十年后再同读者探讨。

此书乃根据社会科学文献出版社领导的意见，将拙著《道学通论》中的"方术篇"和"丹道篇"改写而成。这是因为《丹道法诀十二讲》已在海内外出版发行，而那本书是为《道学通论》的读者答疑而作。因之，欲学《丹道法诀十二讲》，必从《道学通论》

的"方术篇"、"丹道篇"入门。然而《道学通论》一书太过庞大，以通论道学理论为主，适于高等院校的研究生作教材，而社会上各阶层关注仙道实修的读者却无时间阅读文字冗长的著作。因之由《道学通论》中选出这两篇重新改写，定名为《丹道仙术入门》，作为《丹道法诀十二讲》的入门书，必应更能适合喜欢养生修道的大批读者需要。

第一章 修道求仙

道教的根本信仰是对"道"的信仰，因之道教的神性论也是对道性论的神化。根据"一切有形皆含道性"的命题，道教中出现了一批对天、地、日、月、星、山、河等自然崇拜的神灵。进而根据"一切有生皆含道性"之说，道教中又有一大批对花、树、龙、蛇、狐、龟、鹤等动植物中的神灵和仙真。进而又根据"一切有情皆含道性"的命题，庄子描述的"真人"成为道教中神仙的主体。在道教中，神灵和仙真有所不同，神灵为宗教中信仰和崇拜的偶像，仙真则是修炼而达到道的境界的生命体。内丹系统工程是由人修炼成仙的基本程序，因之修习内丹有成的人即是仙人，钟离权、吕洞宾、张三丰等内丹学家皆名列仙班。

第一节　道教的神灵信仰

　　道教的神灵信仰，贯彻在它的教理和教义之中。国外的学者，往往感到道教的神灵杂乱无章，数目众多，和欧美国家那种基督教的唯一神观念很难适应。其实，道教的大葫芦里装着中华民族形成、发展、国情、民情诸方面的秘密，道教的神仙信仰也和中国的国情、民情息息相关。道教诸神，大约有数百种。其中有原始社会先民自然崇拜、图腾崇拜、女性崇拜、生殖崇拜、祖先灵魂崇拜等原始宗教遗存；有周代敬天法祖的礼教传统的延续；有由万物有灵论而造出的各种保护神和职能神；有按国家政权的形式而设的监督人间善恶、司过、司命和阴司的管理神；有民间信仰和祭祀的偶像及妖神等。三清尊神为道教最高神，包括玉清元始天尊，上清太上大道君（灵宝天尊），太清太上老君（道德天尊）。还有仅次于三清的四御天帝，包括玉皇大帝、北极大帝、勾陈上宫天皇上帝；后土皇地祇。有星君、斗姆、五岳尊神和河海之神，其中包括七曜五斗、四灵、二十八宿等。另有独具特色的人体各器官之神，称作身神，如脑神、眼神和五脏六腑之神。民间俗神包括城隍神、土地神、灶神、门神、雷公、雨师、瘟神、福神、财神及狐仙、黄仙、青蛙神、蛇王、五通神等妖神。主管阴司的酆都大帝、十殿阎君、鬼判等也属道教神灵。此外功臣烈士的庙宇祭祀传有灵异，变为道教

太上老君

妈祖像

神灵，如关羽、霍光、岳飞、张巡、包拯、范仲淹、秦叔宝、刘猛将军等；巫觋降神而造的蒋子文等；神话小说里的齐天大圣、二郎神等；还有模仿佛教造出的道神，如"四值功曹"、"五显灵官"等，名目繁多。其中著名神灵有关圣帝君、文昌帝君、真武大帝等。道教中北有碧霞元君，南有天后妈祖，成为全国香火最盛的女神。

　　道教的根本信仰是"道"的信仰；这便是它称为道教的根据。道教创立伊始，就将社会上奉祀已久的诸神包罗进去，以后又陆续吸收社会上有影响的神灵，甚至连原属佛教的观世音、关帝等也拉入道教。这对道教神灵体系的创建无疑是必要的，否则道教一下子造出许多新神根本无人信奉。中国自古遗留下来的神灵信仰虽然庞杂众多，但有一个特点，就是都贯穿在天神崇拜的主线上。因之，要将这些众多的神灵融入道教，就必须将古老的天神崇拜传统同"道"的信仰统一起来。道教的教理和教义，就是关于"道"的信仰和天神崇拜相统一的理论。

　　由"道"的信仰，衍生出道教的创世说。《太上老君开天经》说，未有天地之先的宇宙初始状态便是无形无象、无阴无阳的道的虚无空灵之境。而后进入"洪元"之世，虚空未分，清浊未判；历"混元"之世而至"太初"世纪，清浊剖判，天地始分。"太初"既没，"太始"继之，太始乃万物之始，万物之中，人为最贵。以后还有淳朴的"太素"世纪，产生五岳四渎的"混沌"世纪，皆属上古时期。接着是"九宫"、"元皇"等中古时期。道教的教主太上老君，本身就是道的化身，他随方设教，历劫为师，下降人间传道，成为最早的代表道教的神仙。

由道教的创世纪，又衍生出道教三十六天的天界说。其中包括欲界、色界、无色界这"三界二十八天"，还有三界之外的八天（四梵天、三清境和最高的大罗天）。欲界有六天，实为人类通过性交而胎生、有色、有欲的现实世界。色界有十八天，人类由变化而生，有色无情欲，大概是道士们修炼的世界。无色界四天，人类已无色欲，自不觉其形，惟真人能见，实际上已是修炼的精神境界了。越出三界之外，为四梵天，即是所谓种民天，无有生死和灾祸，大约是修道有成的仙人归属的地方。而后为三清境，最高的玉清境，为清微天；次之上清境，即禹馀天；下面太清境，是大赤天。三清境是道教理想的仙人境界，也是道教三清尊神居住的地方。最高的大罗天，实即是"道"的象征。大罗天生出玄、元、始三炁，化为三清天；始气化清微天玉清境；元气化禹馀天上清境；玄气化大赤天太清境。

早期道教除尊奉太上老君外，尚沿袭汉初方仙道的"太一"神信仰，又祭祀天、地、水三官。东晋时上清派将元始天尊居于太上老君之上，而后又有符箓派的太上大道君（灵宝天尊）出现，逐步形成了道教的三清尊神。元始天尊是道的化身，禀自然之气而常存，每当天地开辟之时，便传道度人。另有灵宝天尊（即太上大道

玉皇大帝

三官大帝（天、地、水）

第一章 修道求仙

君），为灵宝派造的尊神，和道德天尊（即太上老君）并列。这样，元始天尊居于清微天玉清境，灵宝天尊居于禹馀天上清境，道德天尊居于大赤天太清境。三清境又和洞真、洞玄、洞神这三洞经书相对应，称三洞道经分别为三清天尊所说。

三清之下又有四御，即主宰天地事物的四大天帝。首为玉皇大帝，宋徽宗封他为"昊天玉皇上帝"，又称昊天金阙至尊上帝，为总执天道之神。次为中央紫微北极大帝，为协助玉皇大帝执掌天地经纬、日月星辰、四时气候之神。次为勾陈上宫天皇上帝，为协助玉帝执掌南北极与天、地、人三才，并主宰人间兵革之神。次为后土皇地祇，为执掌阴阳生育、万物之美和大地山河之秀的女神。道观中有四御殿，便供奉四御尊神。

除此之外，道教中还有十方诸天尊、三官大帝（天、地、水三官），南极长生大帝、东极太乙救苦天尊、斗姆（北斗星）、五曜二十八宿等日月星辰之神等，不一而足。

第二节　仙的信仰和诸仙真

道教中的神灵多属虚构的偶像，而道教中的仙人却是由人修炼得道的样板。仙人也称真人，是体道合真的人，即仙真。仙真的信仰实际上是道的信仰，这是道教中特有的一种信仰。道教寓道于术，生道合一，主张"我命在我不在天"，"天道自然，人道自己"，因之修道从养生入手，以掌握方术主宰个人命运，超脱生

道教神像

死界限为得道。《太上老君内观经》云："道不可见，因生以明之；生不可常，用道以守之。若生亡，则道废，道废则生亡。生道合一，则长生不死。"《老君妙真经》亦云："人常失道，非道失人。人常去生，非生去人。故养生者慎勿失道，为道者慎勿失身。使道与生相守，生与道相保。"这样，养生即是修道，得道即能长生，只有与道化为一体的人，才是长生久视的仙人。因之，生的修炼，便是对仙的追求。

随着道教的伦理化，从善恶报应的宗教观念出发，使行善积德、持戒诵经也成为登仙的途径。行善积德、持戒诵经也是"道"的要求，并直接影响生的修炼。因之，道教中的清规戒律成为宫观道教的基础，大量劝善书在社会上流行，忠臣、孝子、贤人、善士亦名列仙班。

道教仙真，即是体道得仙的人，这些人有灵异，有神通，被载入仙人传记，成为后世修道者的榜样。仙真的队伍日趋庞大，其中有黄帝、广成子、赤松子、王子乔、西王母、东王公等古代传说中的仙人；有张道陵、葛仙公、魏华存、许真君、陈抟、北七真、南五祖等创教祖师；有左慈、郑隐、魏伯阳、葛洪、孙思邈、王文卿、萨守坚、张三丰等高道或内丹家；还有张果老、汉

八仙过海群雕

钟离、铁拐李、韩湘子、吕洞宾、蓝采和、曹国舅、何仙姑等神话人物及一些神龙见首不见尾的江湖高人。道教以西王母为女仙之宗，东王公为男仙之首，八仙为仙人的典型。

道教中传说，有十洲三岛，上生仙草灵芝，有宫阁楼台，仙童玉女，为诸仙真游息之处。在中国的名山大川之中，还有风景秀丽的洞天福地，为道教仙真修炼之所。其中包括王屋山洞、委羽山洞、西城山洞、青城山洞、句曲山洞、林屋山洞、括苍山洞等十大洞天。还有霍桐山洞、东岳泰山洞、南岳衡山洞、西岳华山洞、北岳常山洞、中岳嵩山洞、峨眉山洞、庐山洞、四明山洞、武夷山洞、九嶷山洞等三十六小洞天。七十二福地多是古仙得道之处，最适合道士修炼，其中包括地肺山、盖竹山、君山、龙虎山、阁皂山、鸡笼山、桐柏山、天柱山、中条山、泸水、北邙山等。

第三节　道教俗神

道教中还有一批神灵，由民间俗神信仰发展而来，反映了道教同中国的民间风俗习惯密切结合的特点。有些民间俗神经帝王认定，建庙祭祀，变成道教尊奉的正神，如关圣帝君、真武大帝、文昌帝君等皆是。还有一些是道教从教义出发或模仿佛教造出来的道教神，例如"五显灵官"、"四值功曹"等。其他如雷公、雨师、药王、瘟神、城隍、土地、门神、灶君、财神、福神、碧霞元君、天后妈祖等道教俗神亦受到普遍祭祀。道教不仅奉祀天地间八方、四时、五行的众多神祇，而且认为人身体乃是一小天地，亦有四肢、七窍、五脏、六腑之神，称为身神。《黄庭内景经》将默诵身神名号，作为修炼要诀。诵念万遍，日夜坚持，自可却病延年。

　　古代民间，北方群众年年赴泰山进香祀碧霞元君，南方渔民建庙奉祭天后妈祖。道士奉王灵官为护法大神，祀张道陵为降魔护道天尊。道教同时还建立了酆都大帝一套鬼神体系司阴间的鬼魂之事，有秦广王，楚江王、宋帝王等十殿阎王。其他山河之神、星君等皆在祭祀之列。

吕祖吹笛

第四节　仙人的境界

　　道教既不同于礼教的世间法，也不同于佛教的出世间法，它在世间法和出世间法的联结线上，是对中国现实社会缺陷的补充和人们世俗生活理想的延伸。这样，道教的仙人世界和中国封建宗法社会的现实世界呈一种互补的关系，它使那些对世俗生活不满足或感到压抑的人，转而向超现实的仙人世界寻求希望，在那里使原来没法抗拒的自然和社会等异己力量的压迫得到超脱和补偿。

　　仙人完全超脱了自然力的束缚，也不受社会力量的限制，他们"或竦身入云，无翅而飞；或驾龙乘云，上造天阶；或化为鸟兽，

游浮青云；或潜行江海；翱翔名山；或食元气；或茹芝草；或出入人间而不识；或隐其身而莫之见。"（《神仙传·彭祖传》）仙人不仅可以在自然界任意遨游。而且不受世俗社会家长制独裁政权的束缚，使拥有最高权力的君王都奈何不得。

在道士看来，"道"是高于君权的，仙人自然能超越君权，同时摆脱了礼教的束缚，又抛开了人世间相互倾轧的灾祸和争名夺利的烦恼。仙人的世界作为中国现实世界的互补结构，这中间经过了一个宗教理想的美学变换。道教把人们在现实社会里终生孜孜以求的欲望和生活理想投影到天上，以仙人的标准进行净化和变换后，使这些理想和欲望都在仙人世界里得到永久性的满足。仙人境界是中国数千年来知识分子在皇权重压中产生的宗教理想，成仙以后可以得大解脱，逍遥自在，无比幸福，具备足够的宗教诱惑力。人生渴望自由，可以在仙人的精神解脱中得到满足；人生渴望平等，可以在人人皆可成仙的原则中得到满足；人生渴望健康长寿，成仙后可以长生久视，返老还童；人的食色大欲，则有成仙后的九芝之馔和玉女来侍；人生向往游乐和免除灾祸，成仙后则可游于六合之外，无何有之乡，听钧天之乐，并有役使鬼神的神通和法术。仙人可以"骑蜚廉而从敦圄，驰于方外，休乎宇内，烛十日而使风雨，臣雷公，役夸父，妾宓妃，妻织女。天地之间,何足以留其志？"（《淮南子·俶真训》）这真是"快活神仙"！

中国家长制的封建宗法社会大概是世界上最压抑人性的社会制度，而中国土生

永乐宫壁画——朝元图

第一章 修道求仙

土长的道教却是世界上最肯定人欲的宗教，这种现象出现绝不是偶然的。一般说来，某种宗教能在一个国家的社会上广泛传播，必是因为它提供了这个社会最需要的东西，人们需要这些东西来填补自己的虚缺。道教的仙人世界填补了中国现实社会的缺陷，使求仙的人在心理上产生一种和谐的宗教美学效应，从而培养他们的

南极仙翁

宗教感情，并把仙人境界当作自己终生追求的目标。然而还必须看到，仙人的世界毕竟是超现实的彼岸世界，它不能简单地直接承认人们的世俗愿望，否则就和现实社会没区别了。这个道理很明白，因为如果道教只一味地肯定人们的世俗欲望，则那些君主、官僚、权贵、豪富之人完全可以在世上恣情享乐，还何必苦苦求作神仙？因之道教首先对现实社会里的世俗欲望加以否定，在否定中把人们的世俗欲望进行净化和升华，从而使之向超现实的道教彼岸世界飞跃，在仙人的世界里达到新的肯定。道教告诉人们，世间的荣华富贵、金钱美色、高官名利都是靠不住的，是通向仙人之路的障碍和负担。世俗生活的快乐隐藏着灾祸和烦恼，脱不开人生的苦难和老病而死的悲凉结局。人们只有抛弃世俗生活的荣华富贵和纵情恣欲的短暂快乐，使自己的心灵得到净化和升华。向仙人境界飞跃，去享受永久幸福的神仙生活。这个心灵净化、升华和飞跃的过程。就是修仙体道的过程。

仙人的世界本来是一种宗教理想的世界，生活在现实社会的人们无法实现它。然而道教的仙人世界却不是基督教中死后才能进入的天国，也不是佛教中需要菩萨在临终前接引的极乐世界，

它离人类的现实世界并不遥远。中国原始社会的先民本来相信仙人的世界是真实存在的，他们认为神仙居住在人迹罕至风景如画的海岛或仙山上，东海蓬莱仙岛和西方昆仑仙山这两大神仙发祥地为后人留下了许多有关仙人的美好传说。自春秋战国以来，一些看破红尘的知识分子力图掌握自己的命运，他们披荆斩棘地沿着通向仙人境界的路上矢志迈进，创造和发展了许多修仙方术、仙人传说、道的信仰和哲学，使中国仙道的体系日趋完善。道士们将修仙作为宗教的目标之后，历代高道修士辈出，他们非要在理想的宗教彼岸世界和现实世界之间凿通一条隧道，使仙人的境界成为现实社会的人们通过修炼可以实现的目标。方仙道、黄老道和后世道教的道士历来都把修仙看作是技术问题，而后世发展起来的内丹学简直是一项通向仙人之路的大型人体生命系统工程。现实社会的人们依照内丹法诀按程序修炼自己的元精、元气、元神，从而超越现实社会和人生，最大限度地开发个体生命和心灵的潜能，从而达到道的高度，就是仙人境界。这种仙人境界至少在精神上是可以企及的，在肉体上也是有法可依，有术可炼的。修仙就是追求自身与道的一体化，与大自然的本性契合，修炼内丹有成的人便是体道合真的仙人。这样，仙人境界就成了人生的最高艺术境界，是一种至真、至善、至美的最能体现人生命价值的真人境界。

中国历史上的这条仙人之路，是历代许多才智之士经过千百年的努力才逐步走通的。先秦时，《庄子》便描述了

移胎乳哺图

第一章 修道求仙

一些真人"其寝不梦,其觉无忧,其食不甘,其息深深"(《大宗师》),以生死存亡为一体,"上与造物者游,而下与外死生无始终者为友","独与天地精神往来","澹然独与神明居"(《天下》),提出了真人的艺术境界。魏晋时神仙道教形成,坚信神仙实有、仙人可学、长生能致、法术有效,以为修习方术获得长生便是神仙。从魏晋人的游仙诗中,可以看出他们虽踏上追求仙人之路,但距离仙人境界毕竟还很遥远。郭璞《游仙诗》云:"采

道家内视图

药游名山,将以救年颓。呼吸玉滋液,妙气盈胸怀。登仙抚龙驷,迅驾乘奔雷。鳞裳逐电曜,云盖随风回。"这种仙人带有神话色彩,修仙方术也以采服长生药为主。直到唐末五代内丹学成熟,道派渐和丹派合一,仙人境界重新向老庄的真人学说复归,一些修炼有成的内丹家本身就成了活神仙。吕洞宾、陈抟、张伯端、王重阳等人以内丹功法开发出人体生命和心灵潜能,有了修道结丹的切身体验,口气就大为不同。例如张三丰的诗词和白玉蟾的《快活歌》,自己得仙后的逍遥快活之情跃然纸上,仙人的境界成了他们的现实。吕洞宾诗云:"朝游北海暮苍梧,袖里青蛇胆气粗。三醉岳阳人不识,朗然飞过洞庭湖",俨然已达到古代仙人的理想境界。宋披云真人《迎仙客》词云:"水深清,山色好,天下是非全不到。竹窗幽,茅屋小,个中真乐莫向人间道。""柳荫边,松影下,竖起脊梁诸缘罢。锁心猿,擒意马,明月清风只说长生话。"反映了他归隐山林,修习内丹功法,心与道合,趋进仙人境界的

15

情趣。清代内丹家刘一明在修炼有成时诗云："自从识得本来人，住在尘寰要出尘；衣破鞋穿修大道，箪瓢陋巷乐天真。三千世界归方寸，一颗牟尼运北辰；隐显行藏人不识，胸中别有四时春。"诗中隐含着内丹的法诀和行动体验，洋溢着仙家修炼的乐趣。看来，内丹学就是通向仙人境界的阶梯，人们只要修成了大丹，便成了驻世的仙人。这些人能保性命而全天真，视名利色权如浮云而无恐惧烦恼于胸中；他们有真知、真才、大谋、大勇，是真强者而能忍辱居弱；其为人能怀素抱朴、豁达恬静而逍遥物外，这些人已经体道合真，也就达到了仙人的境界。

第五节　仙人之路

　　数千年来修道之士为进入仙道之门，研习各类道术，大凡金丹、仙药、黄白、房中、守一、行气、导引、吐纳、胎息、存想、辟谷、内视、降神、禁咒、符箓变化、祈祷、遁甲、风角、星算、八卦、六壬、补养、气功诸方技术数，因之而得到发展。由于道无术不行，故道学自古寓道于术，其术又杂而多端。直至内丹学占据统治地位，道士遂将内丹视为登仙的唯一途径，将内丹术之外的其他方术归纳为九十六种外道，三千六百旁门。其实"旁门"也是"门"，"左道"亦为"道"，均看人修炼的目的和思想如何？道教中有"正人行邪道，邪道亦归正；邪人行正道，正道亦归邪"之说，便是这个道理。再因内丹学求师得诀难而见效迟，旁门左道则四处招徕徒众而见效速，世人往往贪眼前之利，误入旁门而忽视正宗的内丹学，所以道书对邪门淫术皆力斥之。《性命圭旨》举左道邪术之大要云："其中有好炉火者；有好彼家者；有视顶门者；有守脐蒂者；有运双睛者；有守印堂者；有摩脐轮者；有摇夹脊者；有兜外肾者；有转辘轳者；有三峰采战者，有食乳对炉者；有闭息行气者；有屈伸导引者；有三田还返者；有双提金井者；有晒背卧冰者；有饵芝服术者；有纳气咽津者；有内视存想者；有休粮辟谷者；有忍寒食秽者；有搬精运气者；有观鼻调息者；有离妻入山者；有定观鉴形者；有熊经鸟伸者；有餐霞服气者；有长坐不卧者；有打七炼魔者；有禅定不语者；有斋戒断味者；有梦游仙境者；有默朝上帝者；有密咒驱邪者；有见闻转诵者；有食己精为还元者；有捏尾闾为闭关者；有炼小便为秋石者，有采女经为红铅者；有扶阳用胞衣而炼紫河车者；有开关用黑铅而铸雌雄剑者；有闭目冥心而行八段锦者；有吐故纳新而行六字气者；有面壁而志在降龙伏虎者；有轻举而思以驾凤骖鸾者；有吞精咽华以翕日月者；有步罡履斗以窥星辰者；有依卦爻之序而朝屯暮蒙者；有售黄白之术而烧茅弄火者；有希慕长生不死者；有驰志白日飞升者；有著想执而不化者；有著空流而不返者；有持戒、定、慧而望解脱者；有祛贪、嗔、痴而思清静者；有生而愿超西域者；有死而愿登天堂者。"以上所举修道的方术，实在还不够古人流传

第一章　修道求仙

邋遢道人张三丰

九天玄女

道术的百分之一,它们大都有些健身延年的效果,但皆不如内丹学纯正。

我有一个感觉,以为自然科学和社会科学的各门学问,在其最上层本是相通的。人们只要在一门学问上努力做下去,功力达到最上乘,便会触动人类智慧的枢纽,从而一窍通,百窍通。非只做学问如此,天下之奇巧异能,皆由人专心钻研,熟而生巧,由巧通灵,直至达到极致,便可超神入化,在常人眼中惊为仙术。世上千行百业的技艺,皆有常人所难以达到的境界。只要人肯花费心力,精诚所至,自然能与道相合。由此可知,道士要达到仙人的境界,亦无定法,内丹学只不过是他们千百年来的经验总结而已。其他仙术,精诚修炼,亦有不少被后世尊为神仙的人物。

一 自然无为、清静超俗的仙人

人生在世,无不为食、色、利、权、名所诱,倾毕生心力而求之。李斯位至宰相,享尽富贵荣华,一旦遭腰斩之刑,谓其子曰:"吾欲与若,复牵黄犬俱出上蔡东门,逐狡兔,岂可得乎!"明崇祯帝朱由检贵为天子,在吊死煤山前对其女说:"尔何生我家!"可知世间高权重位,亦不足恃。何况一般刁徒政客,无法达此高位,却为谋取点滴虚名微利,勾心斗角,为世间添是非,害人害己,得一头衔则招摇过市,沾沾自喜,实在俗不可耐。修仙之人,必须首先看破世俗,不为物欲所累,能以淡泊为怀,

裴航遇仙图

才能达到自然无为、清静脱俗的境界。其实道学的祖师老聃、庄周，也属于这类清静无为派的仙人。魏晋时道士孙登、郭文，皆勘破世情，隐居深山，以自然无为修道，以清静求仙。清静澹泊，实为修仙的纲要。

二 养形、驻颜与男女双修

道教主张生道合一，故修仙亦从养生入手，而仙人的形象，也大多美如少年，充满生气。《参同契》谓"道无阴阳，违天背元"，故道教亦不讳言男女之间的情爱和性生活，并将其提升为修道的仙术。因之，健身术、养生术、驻颜术、美容术、房中术，皆包含在修道的仙术之中。关于如何保养人的形体，如何以服药、洗浴、按摩诸术使人的皮肤和容貌美丽鲜嫩，如何调整男女性生活使身体壮健且得到幸福和补益，在道书中都有大量记载。据说彭祖就是以房中术等养形得仙的。唐代有一书生文萧，游西山时见一少女亭亭玉立，相互

女仙行功图

生爱慕之情，结为夫妇。原来少女即为仙人吴彩鸾，是大仙吴猛之女，她因和文萧结婚被贬人间十二年，以卖字为生，贬谪期满回西山修炼，夫妇同登仙界。还有汉末刘晨和阮肇入天台山采药，迷路山中而入仙境，逢二仙女招入府中。仙府之中金碧辉煌，刘、阮和二仙女在其中饮醇酒，品仙桃，食胡麻饭，

双双结为姻好，备极欢乐。刘、阮二郎与仙女同居半年，后忽思乡，二女挽留不住，遂返乡里，发现故乡面目全非，原来时间已过了数百岁之久了。这些优美的神仙故事反映了道教中仙人的风格和仙术的特点。因而全真道孙不二仙姑诗云："蓬岛还须结伴游，一身难上碧岩头，若将枯寂为修炼，弱水盈盈少便舟！"

三　服饵、仙药和金丹术

中国自古以草木药物疗病去疾，逐渐发现一些药物有健身延年之效。道士服用石菖蒲、灵芝、白术、菊花、枸杞、人参、鹿茸、黄精、首乌等养生，遂形成道教中的服饵派。某些药物和人的体质相合，产生奇效，便被称为仙药。仙药中之影响最大者，是道士以人工炼制的金液还丹。要之，中国的金丹术（外丹）始终和内丹学相互交融，都属于丹道的范畴，其目的在于在炼丹炉中模拟道家的宇宙论而炼制出一种固化了的"道"，服之可以得道成仙。它本身具有巫术的特征，其实验化学的成果只是一种副产品。道教史上的葛洪、狐刚子、张果等，被尊为炼丹的仙人。

四　丰富多彩的气功炼养术

"气功"一语，道教中原称为"气法"或"气术"，《管子》名之为"心术"，后世武术家采取道教炼气之术，称之为气功，遂使气功之名流传渐广。综合道教中属于现代气功范围的各类炼养方术，略分为炼养形、气、神三类功法。炼养形体的功法，主要有导引、按摩、叩齿、咽津、站桩、太极拳、五禽戏、八段锦、鸣天鼓、禹步等不同姿势的各类动功。在这些导引动作中，仍然要配合行气和存思。炼气类的功法，有行气、服气、闭气、吐纳、胎息、布气、辟谷、六字气、气禁、服日月光华、服元气、餐霞、饮露、服紫霄等多种功夫。炼神类则包括守一、存神、心斋、坐忘、定观、冥想、内视、守窍、存思日月星辰和仙境等功法。数千年来，方士和道士倾毕生之力习炼这些丰富多彩的功法，将老子、庄子的哲学变成了自己实际的身心体验。王玄甫修炼返观内照之术三十余年，能透视自己体内的五脏，并能于黑夜时暗中看书写字。这大概便是道家"疏瀹五脏，澡雪精神"而达到神智清明的仙人境界吧。气功亦是修道者通向仙人之路的津梁。

五　精研术数的预言家

魏晋时的管辂和郭璞，皆精研术数，能预言休咎，断人生死。唐代又有袁天纲、李淳风，精于历法和相术，预言天象及国运，名重一时。术数学自汉代大兴，代有传人。宋代又有徐子平、邵雍等，皆以术数名世，是修道有成的预言家。

六　追求超自然能力的方士

修道之士为了冲破异己的自然力量和社会力量的束缚，特别注意开发自身的人体生命潜能。道教中的各种法术，大多是由古代原始宗教的巫觋流传的巫术演变而来的，其目的在于追求超自然的能力。据明代王世贞《列仙全传》记载，玉子（章震）拜长桑子为师学道，有呼风唤雨、口吐五色云，眼见千里，飞腾变化，咒水为人治病之术。其徒太玄女（颛和）亦能变化万物，可起死回生。这些有超自然能力的方士有的为开发人体潜能而来，有的为研习道教法术而来。道士们认为，超越了现实社会和自然界，具有神通和法术，自然便进入了仙人的境界。

七　消灾治病、祈福劝善的道士

随着道教在封建社会中日益成长为伦理型的宗教，道士为人

消灾治病、祈福劝善也成了进入仙人之门的途径。据说唐代丞相李珏有一天梦游仙境，见仙洞中写着自己的名字而大喜过望。当时忽然进来两个仙童，告诉他名登仙榜的是和他同名同姓的平民百姓李珏。由于广陵的平民李珏一生纯孝而厚道，以卖米为业，活了百余岁。他以终生行善积德修炼自己的道德品质，从而达到了仙人的境界，由此可知成仙的条件是个人的品质而不是权势。民间道士为人消灾治病祈福也是积德，自然有利于他们品质和人格的提升。持戒诵经也有利于道士个人品德的修炼，使他们可以尽快达到仙人的标准。仙人的境界是真、善、美的统一，只有品德高尚的人才能进入仙人之门。

第二章　存思、导引、气法、健身术

　　道教的终极目标是修道成仙，因此发明了许多修道的仙术。下面我们将逐章介绍各类仙术的内容。

　　道学是一种"天人同构、身国一理"的学说，它将人体看作一个小宇宙，因之宇宙间的大道既可以用来治国，又可以用来治身。道教是一种"生道合一"的宗教，因之养生本身就是修道。道教提出"我命在我不在天"的口号，力图把人生的命运掌握在自己手中，向热力学第二定律关于人体熵效应，生老病死的规律提出挑战，因而在世界上所有宗教中独以研习修持仙术见长。治道学必须既懂学理，又知仙术，知学而不知术，是无法贯通道门学术的。道士们为了掌握个人命运还发展起一套预测社会和人生命运的占卜术数，这也属于方术的范围。道教养生方术的最高成就是内丹学。这门学问已独成体系，因此我们放在后面专门讨论。现在，我们先讨论内丹学之外的养生仙术，如存想、导引、诸家气法、服食、医药、房中术、美容术、健身术、武术等，还包括由丹道的研习而发展起来的外丹黄白术（地元丹法）。

　　道学历来将人体看作是由形（躯体结构）、气（生命结构）、神（心

理结构）三个层次组成的巨型动态开放系统，形、气、神三重结构不分离才能组成有生命有思想的人，形（肉身）、气（能量流）、神（意识）相分离就意味着死亡。因而道学的养生方术，也是从形、气、神三个层次入手展开人体修炼工程。按摩、导引、武术等健身方法是炼形的，各家行气之法、胎息、龟息等是炼气的，内视、存思、守一等法是炼神的。另外还有服药以补血，服气以补气，采光以养神等借外物以自固的养生法，形成了丰富多彩的道教健身术。

第一节　按摩、导引和武术

中国之按摩和导引，渊源于古代氏族社会巫的舞蹈动作。据说四千多年前的尧舜部落时代，中原地区天多阴雨，洪水泛滥成灾，先民因潮湿阴冷筋骨蜷缩生病，故巫教人舞蹈以舒展肢体，活动血脉而疗病。《帝王统录》引《教访记》云："昔阴康氏，次葛天氏，元气肇分，灾沴未弭，民多重腿之疾，思所以通利关节，是始制舞。"《吕氏春秋·古乐》亦云："民气郁阏而滞着，筋骨瑟缩不达，故作为舞以宣导之。"古字巫舞相通，原始宗教中这种巫舞和由此发展而来的导引术，后来被道教的道士继承。道教法事中不仅有大量敬神、祭神的舞蹈，而且由此发展出禹步及各种导引治病法。1984年初湖北江陵张家山247号汉墓（西汉初期）出土的《引书》，是秦汉时古人以导引行气疗病健身的珍贵文献。马王堆汉墓出土的帛画《导引图》，绘有四十多幅各种姿势的导引动作，有些图像注明"引聋"、"引膝痛"等字样，说明汉代不但方仙道以导引术修仙，庶民亦用之治病。《黄帝内经素问·导法方宜论》记载中原地平而湿，"故其病多痿厥寒热，其治宜导引按跷，故导引按跷者，亦从中央出也。"按跷为跷足按摩，亦属导引术的范畴，但二者稍有不同。古人以为导气令和，引体令柔，谓之导引，有宣导气血，锻炼肢体，疗病健身之效。按摩亦是自己或请别人折按肢体和推拿皮肉以疏通筋脉，有强身去疾之功。《孟子·梁惠王上》有"为长者折枝"的话，便是请他人为长辈按摩推拿肢体。道教中的导引和按摩之术多和存思、吐纳、行气等功法相互配合，作为修仙的一种手段。《庄子·刻意》云："吹呴呼吸，吐故纳新，熊经鸟伸，为寿而已矣。此导引之士，养形之人，彭祖寿考者之所好也。"《汉书·艺文志》载有《黄帝杂子步引》、《黄帝岐伯按摩》，《抱朴子·遐览》中也载有《导引经》、《按摩经》、《观卧引图》，这是我国最初研究导引、按摩之术的学术专著。

我国导引术中最核心的内容首推五禽戏。《后汉书·华佗传》云："古之仙者，为导引之事，熊颈鸱顾，引挽腰体，动诸关节，以求难老。吾有一术，名五禽之戏：一曰虎，二曰鹿，三曰熊，四曰猿，五曰鸟。亦以除疾，兼利蹄足，以当导引。体有不快，起作一禽之戏，怡而汗出，因以著粉，身体轻便而欲食。"华佗五禽戏是中国导引术中的宝贵遗产，人在静极生动时会自发地做出虎、鸟、熊、猿、鹿的五禽戏动作，这和五行学说中的五脏、五志生克关系完全对应，看来五禽戏是人体内部气血运行机制的外部表现，具有很高的科学价值。佛教在中国朝野上下赢得广大信徒后，传统文化亦喜托佛祖之名，例如名震中外的少林拳法和《易筋经》皆托名中国禅宗初祖菩提达摩所传。其实印度并无少林拳法和《易筋经》之流传，少林拳法实际上源于华佗五禽戏，"易筋"之说亦出于道教丹道的理论。少林拳法以龙拳、虎拳、豹拳、鹤拳、蛇拳最著，而少林五拳与华佗五禽戏之间的内部联系是显而易见的。导引术中除《华佗五禽戏》、《易筋经》外，尚有"八段锦"、"十六段锦"、《二十四气导引养生图》、《赤凤髓》"导引四十六式图诀"、冷谦《修龄要指》"导引却病歌诀"等较为著名。据《玄鉴导引法》记载："抱朴子曰，道以为流水不腐，户枢不蠹，

以其劳动故也。若夫绝坑停水，则秽臭滋积；委木在野，则虫蝎大半。真人远取之于物，近取之于身，故上天行健而无穷，七曜运动而能久，小人习劳而湛若，君子优游而易伤，马不行而脚直，车不驾而自朽。导引之道，务于祥和，俯仰安徐，屈伸有节。导引秘经，千有余条，或以逆却未生之众病，或以攻治已结之笃疾，行之有效，非空言也。今以易见之事，若令食而即卧，或有不消之疾，其剧者发寒热癖坚矣。饱满之后，以之行步，小小作务，役摇肢体，及令人按摩，然后以卧，即无斯患。"以上所论，便是道教导引按摩术的基本思想。

道教导引术之"八段锦法"，托名唐末五代内丹家钟离权所传，其歌诀云："闭目冥心坐，握固静思神；叩齿三十六，两手抱昆仑；左右鸣天鼓，二十四度闻。微摆撼天柱，赤龙搅水津；鼓漱三十六，神水满口匀；一口分三咽，龙行虎自奔。闭气搓手热，背摩后精门；尽此一口气，想火烧脐轮；左右辘轳转，两脚放舒伸；叉手双虚托，低头攀足频；以候逆水上，再漱再吞津。如此三度毕，神水九次吞；咽下汩汩响，百脉自调匀；河车搬运讫，发火烧遍身。邪魔不敢近。梦寐不能昏；寒暑不能入，灾病不能迍。子前午后作，造化合乾坤；循环次第转，八卦是良因。"此术将静坐、存思、咽津、按摩、吐纳诸术都结合进去，极具道教导引健身法的特色。另明代冷谦《修龄要指》载《导引却病歌诀》云："水潮除后患，起火得长安，梦失封金匮，形衰守玉关，鼓呵消积聚，兜肾治伤寒，叩齿牙无疾，升观鬓不斑，运睛除眼翳，掩耳去头旋，托踏应轻骨，搓涂自美颜，闭摩通滞气，凝抱固丹田，淡食能多补，无心得大还。"此项导引功夫不仅结合进守丹田、内视、守一等方术及饮食养生法，而且还融汇进美容术。例如"搓涂自美颜"句注云："颜色憔悴，所由心思过度，劳碌不谨。每晨静坐闭目，凝神存养，神气冲瞻，自内达外，以两手搓热拂面七次，仍以嗽津涂面搓拂数次，行之半月，则皮肤光润，容颜悦泽，大过寻常矣。"这是一种以两手按摩面部及用唾液涂搓等美容的方法。

　　道教导引术的一些流派向技击之术演化，形成道教内家拳，其中著名的便是张三丰创立的武当山内家拳法。道教内家武术讲究以柔克刚，不使蛮力，以通脉炼气为基本功夫，其武学理论和道家思想相通。内家拳除武当拳、八卦拳、形意拳、金家拳、太极拳等外，尤以近世王芗斋所创之大成拳最得道家之旨。据王芗斋所著《大成拳论》云："拳道之由来，原系采禽兽搏斗之长，象其形，会其意，逐渐演进，始汇成斯技。""然在技击方面言之，用力则力穷，用法则法罄，凡有方法便是局部，便是片面，非整体之学也。且精神不统一，用力亦不笃实，更不能感借宇宙力之呼应，神经已受其范围所限，动作亦似裹足不前矣。""习拳入手之法非止一端，而其结晶之妙全在神、形、意、力之运用互为一致。此种运用视之无形，听之无声，无体亦无象。如以有形而论，其势如空中之旗，飘摆无定，唯风力是应，即谓之与大气相应合。又如浪中之鱼，起伏无方，纵横往还以听其触，只有一片相机而动、应感而发和虚灵守默之含蓄精神。要在以虚无而度其有，亦以有处而揣其无，诚与老庄无为而无不为之学理相通。"[①] 王芗斋的大成拳扫去一切套路，将内家拳学发展到高峰。突出了道教理论的特色。大成拳的基本功站桩法，又融汇了道教导引术的精华。

第二节　辟谷、服气与采气

　　辟谷和服气之术，是早在秦汉方仙道中就流传的古老方术。盖古人心目中的神仙都是身轻如燕，体香肤洁，貌如处子，能腾

[①] 王芗斋：《拳道中枢站桩功》，大同市大成拳研究会1986年印，参考于永年先生提供的王芗斋遗稿手抄本录定。

云驾雾在名山大川自由遨游的人物。人要成仙,自然也须摈除污秽,服些珍奇轻香之物。人吃鱼肉和五谷、蔬菜,消化后不仅变成脂肪增加体重,而且还会排出粪便等污秽。因之道书中便有"欲得长生,肠中当清;欲得不死,肠中无滓","食草者善走而愚,食肉者多力而悍,食谷者智而不寿,食气者神明不死"的话,辟谷和服气也成了修仙的方术。《楚辞·远游》说:"餐六气而饮沆瀣兮,漱正阳而含朝霞;保神明之清澄兮,精气入而粗秽除",这是先秦神仙家辟谷、食气乃至采气的记载。在后汉黄老道及魏晋神仙道教中,辟谷食气有效的方士史不绝书。《史记·留侯世家》记载张良"乃学辟谷,导引轻身","愿弃人间事,欲从赤松子游耳!"《后汉书·方术传》记载:"(郝)孟节能含枣核,不食可至五年十年。又能结气不息,身不动摇,状若死人,可至百日半年。"曹植《辩道论》亦记:"余尝试郗俭,绝谷百日,躬与之寝处,行步起居自若也。"葛洪《抱朴子内篇·杂应》说:"余数见断谷人三年二年者多,皆身轻色好,堪风寒暑湿,大都无肥者耳。"其中"有冯生者,但单吞气、断谷已三年,观其步陟登山,担一斛许重,终日不倦"。《南史·隐逸传》亦载陶弘景"善辟谷导引之法,自隐处四十余年,年逾八十而有壮容。"《北史》中亦载有王远知、宋玉泉、徐则、孙道茂等,皆行辟谷道,以松叶、白术、茯苓自给,获健身延年

之效。唐代高道，更重视却谷食气之道，其中潘师正、孙智琼、徐灵府等居山食松果，行辟谷术，年近百龄。《旧唐书·隐逸传》载王希夷隐居兖州徂徕山，"尝饵松柏叶及杂花散"，"及玄宗东巡，敕州县以礼征，召至驾前，年已九十六。"又载潘师正师事王远知，"清净寡欲，居于嵩山之逍遥谷，积二十余年，但服松叶饮水而已"，享年九十八岁。足见道教辟谷成功者代不乏人。

辟谷又名断谷、却谷、休粮、绝粒等，因此术常和服气之术结合，故统称为"却谷食气"。马王堆汉墓帛书中的《却谷食气篇》，就是方仙道中流传却谷食气之术的证据。《太平经》卷五十二云"欲知其意胞中童，不食十月神相通"，是秦汉方仙道即以辟谷之术修仙通灵。早在晋代，据葛洪说，辟谷之术"近有一百许法，或服守中石药数十丸，便辟四五十日不饥；练松柏及术，亦可以守中，但不及大药，久不过十年以还。或辟一百二百日，或须日日服之乃不饥者。或先作美食极饱，乃服药以养所食之物，令不消化，可辟三年。欲还食谷，当以葵子猪膏下之，则所作美食皆下，不坏如故也。"（《抱朴子内篇·杂应》）后世道士辟谷之方大致并未脱开晋人却谷食气的路子，一般辟谷前先服葵子、胡麻、猪膏、大麻子等药物以润肠泻秽，防止肠胃粘连和大便中毒。辟谷多以减食法渐渐断谷，饥时可饮食少量由芝麻、黑豆、大枣、栗、酥、茯苓、黄精、天门冬、术、人参、柏叶、蜜等煮成的汤药，同时要咽津食气，逐渐适应休粮状态。本来行气至胎息境界，自然会发生辟谷现象。辟谷食气之法，其效果可以促进人体真气的运行，激发人体潜能，从而变化人的体质。现代人行辟谷食气之术，亦可减肥、美容，淘汰掉体内多余的脂肪和变异的细胞组织，从而更新体质，提高内气修炼的层次，仍有防病健身的效果。

服气之法，多和咽津、辟谷、吐纳、闭息、存思、守窍等方术相互配合，有服体外之气和服体内之气的分别。服体外之气时应和存思结合，有服五芽、六气、三气、紫气、雾气，甚至服五方灵气、日月光芒及星精月华等法。服体内之气有服五脏气及元气等法。孙思邈说："欲学此术，先须绝粒，安心气海，存神丹田，摄心静虑，气海若具，自然饱矣。""气若不散，即气海充盈，神静丹田，身心永固，自然回颜驻色，变体成仙。"（《存神炼息铭》）孙思邈所传为服体内元气法诀。其他还有《幻真先生服内元气诀》、《延陵先生集新旧服气经》及《云笈七签·诸家气法》等书所载服气法诀，都是道教服气法的典型之作。服内气之法，一般是先将体内浊气吐出，在吐气欲止时，带动体内元气上升至喉间，然后一口咽下，此体内随呼气上升欲出之气称内元气。例如《幻真先生服内元气诀》中"咽气诀"所述："服内气之妙在于咽气。世人咽外气以为内气，何以谬哉？吐纳之士宜审而为之，无或错误耳。夫人皆禀天地元气而生身，身中自分元气而理，每因咽及吐纳，则内气与外气相应，自然气海中气随吐而上，直至喉中。但候吐极之际，则辄闭口连鼓而咽之，令郁然有声汩汩。然后男左女右而下纳二十四节，如水沥沥分明闻之也。如此内气与外气相顾皎然而别也。以意送之，以手摩之令速入气海。""一闭口三连咽止。干咽号曰'云行'，湿咽取口中津液谓之'雨施'。初服气之人气未流行，每一咽则旋行之，不可遽至三连咽也。候气通畅然渐渐加之，直至于小成也。"显然服气法中所服之"内元气"和后世兴起的内丹学中"元气"概念尚不尽相同。至于存服体外之气，讲究以多入少出为要，例如司马承祯《服气精义论》中有

五气朝元图

"服三五七九气法"：徐徐以鼻吸气三次，以口吐死气一次，如此行三气法久熟，再以鼻纳气五次，吐一死气。五气法久熟，再行七气法。以鼻引七气口吐一死气。七气久之再行九气法。鼻纳九气口吐一死气。久久行之，最后将三五七九合并为二十四气，即二十四咽而一吐之，直至九九八十一咽而一吐之，此法以入气多吐气少为妙。另据《上清握中诀》载"服三气法"："常以平旦向日，临目，存青气、白气、赤气各如线，从日下来直入口中，挹之九十过，自饱便止。"这种服气法是和存思法配合而行的。

以存思为主的服气法，逐步发展为采气法。例如《上清握中诀》所载"服日芒法"及"服月芒法"，便是初期的采气工夫。"服日芒法"为："平坐，临目，直存心中有日象，大如钱，赤色，紫光，九芒从心上出喉至齿而回还胃中。良久，存见心胃中分明，乃吐气，漱液，服液三十九过止。一日三为之。"夜间可行"服月芒法"，即存想月亮在泥丸宫，月光芒四射，其白芒流入胃下至丹田。采日精可益身中阳气，治阳虚之症；采月华可滋补身中之阴，阴虚者可行之。日魂月魄可与身中之魂魄相感应，存思采服日月之阴阳，可增强身中阴阳的生命能量。随着道士修炼的层次不断提高，能够激发本身的元气和天地之气感应，便可以采天地之气。采气法往往不必像服气法那样由口、鼻而入于胃中或肺

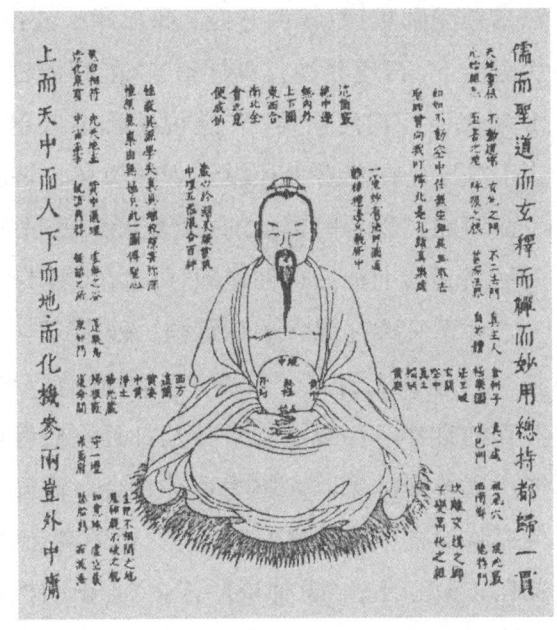

第二章 存思、导引、气法、健身术

安神祖窍图

中，而是离开呼吸器官及消化器官的系统，直接以经脉、关窍等学说为基础。如采日月精华法，可对日月而坐，存想日月精华吸入头顶百会穴，沿任脉降至丹田，再由督脉升至泥丸宫。日月为天地阴阳之精，《太上玄真诀服日月法》等多用存思，存左眼为日，右眼为月，日月交光，照彻泥丸，下耀五脏，入于明堂，化生五彩甘露，流入口中咽下，沿冲脉运转丹田。其他如由两手掌劳宫穴采松柏树木之气，用两足心涌泉穴采山川大地之气，以眉心印堂穴或祖窍穴感召虚空中先天一炁等，皆须用存思法或修炼到天人合一的高工夫层次才易于施行。

第三节 存思、守一和坐忘

魏晋神仙道教兴起之后，修炼方术由炼形、炼气逐渐转移到以炼神为重点，存思、守一、内视、守窍、心斋、定观、坐忘等法日益受到重视。《西升经·邪正章》云："道别于是，言有伪真；伪道养形，真道养神；真神信道，能存能亡；神能飞形，并能移山；形为灰土，其何识焉？"这说明修道者已体验到精神（即人的意识）本身存在着常人还没认识的奥秘，炼神比炼形更能开发人体生命潜能。魏晋时传世的《黄庭经》，就是一本以存思为主的道书。而后兴起的上清派神仙道教，便以炼神为主要的修持方法。

存思又称存想。司马承祯《天隐子》云："存，谓存我之神；想，谓想我之身。"《黄庭经》中设有五脏六腑四肢七窍等各种器官的身神，存想这些身神及日月星辰等神灵的炼神方法也叫存神。道教修炼家以人脑为百神总会，泥丸之神为诸神之宗，因之但存脑部之神，即能主宰全身，得返老还童之效。存神法的要点，贵在志诚心正。《思神诀》云："心正则神正，心邪则神邪。邪之与正，由悟不悟，悟则入正，迷则归邪。"（《云笈七签》卷55）。

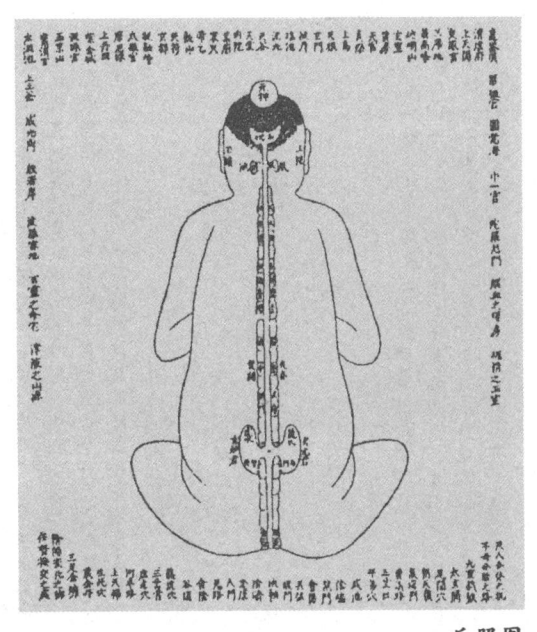

存思身神的方法实际上是内视法。内视又名内观，可以彻见体内五脏。另外，将自己的神光凝聚于一点，保存于一处，也是存神之法。以自己的神光返观内照自己躯体，可使灾病难侵。葛洪《抱朴子·地真》云："吾闻之师云，道术诸经，所思存念作，可以却恶防身者，乃有

反照图

数千法。如含影藏形，及守形无生，九变十二化二十四生等，思见身中诸神，而内视令见之法，不可胜计，亦各有效也。"可知早在晋代，存思的内容便已相当丰富。其中包括存思内景法和存思外景法。身内景象无非是五脏与五脏之气，另外就是身中的神真。其中存思泥丸之神真，又有所谓"默朝上帝法"，即存思太一帝君居泥丸宫，天地、日月、四象、八卦、仙山、琼楼环绕之，有如佛教密宗之"坛城"，专意内视，日久分明如真，头顶天门洞开，阳神即飞出去朝上帝。身外景象一为元气、日月星云雾等自然景观，二为身外之神灵，即三清、四御、玄女、老君、星官等。还有将存思内景与存思外景结合者，《云笈七签·杂修摄》有存思"影人"法，其法先存思分身作"影人"长三寸，令此影人在自身百脉之间穿动，又离身至天边取虚空中元气回至头顶入体内四肢百脉，无处不彻，并以影人配合行炁，起到调整体能的作用。

　　葛洪认为存思之法虽养生有效，但因方法烦多难学，"足以大劳人意。若知守一之道，则一切除弃此辈，故曰'能知一万事

第二章 存思、导引、气法、健身术

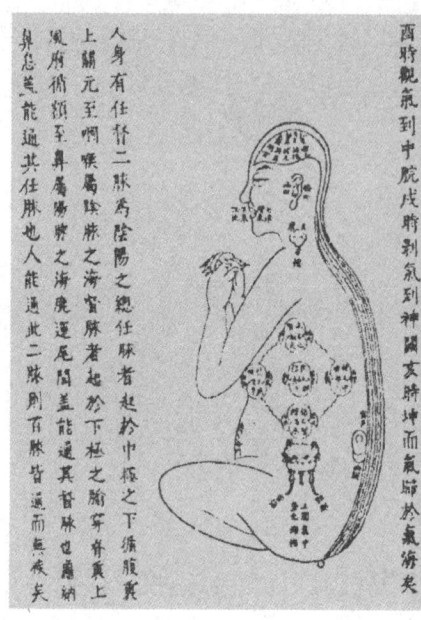

毕'也。"(《抱朴子·地真》)守一的思想源于老子,《道德经》云:"载营魄抱一,能无离乎?""是以圣人抱一为天下式。""昔之得一者:天得一以清,地得一以宁,神得一以灵,谷得一以盈,万物得一以生。"这个思想被《庄子》继承,《在宥》篇云:"我守其一,以处其和。故我修身千二百岁矣,吾形未尝衰。"《刻意》篇又云:"纯素之道,唯神是守。守而勿失,与神为一。一之精通;合于天伦。"一就是宇宙之万事万物乃至生命的"原型",就是元气,就是明觉之心,守一也是守神。《参同契》云:"抱一毋舍,可以长存。"《西升经》云:"丹书万卷,不如守一。"《太平经》云:"一者,数之始也,生之道也,元气所起也,天之大纲也,故守而思一也。子欲寿老,守一最寿。平气徐卧,与一相守。气若泉涌,其身何咎?是谓真宝,老衰自去。"(《太平御览》卷668引)足见存思守一的功夫,在道教炼神方术中占有重要地位。

葛洪认为"人能知一,万事毕",将守一的功夫分为"守真一"和"守玄一"两法。"守真一"是一种定观功夫,和释教"止观"法本质相同。其法先虚其身,空其心,内凝神思,身心冥于寂寂之中,气液相生,真水充盈,自可治未病之疾,消未起之患,有招神却恶之功。"守玄一"为存思泥丸之神灵,并思如己身历历分明,久之体内金水分形,能见自己身外之身,又称此法为分形之道。另外还有"守三一"之法，实际上是守窍之术。《太上灵宝五符序》云："泥丸、绛宫、丹田是三一之真焉。令子守之，则万毒千邪不敢伤矣。"《太上太真科》曰："一在人身，锁定三处，能守三一，初止不忘，三尸自去，九虫自消。"《元气论》亦说："夫修心是三一之根，炼气是荣道之树。有心有气，如留树留根，根即心也。存心即存气，存气即存一，一即道也。存道即总存三万六千神，而总息万机。"（《云笈七签》卷56引）守一之法，无非是凝神修心而已。

蟾光图

道教修心之法，以《庄子》所传"心斋"最为精当。《庄子·人间世》云："若一志，无听之以耳而听之以心，无听之以心而听之以气！耳止于听，心止于符。气也者，虚而待物者也。唯道集虚。虚者，心斋也。"首先专心一志，心息相依，内视返听，直至心气合一，心念顿止，渐入浑沌，最后达到一片虚境，便是心斋。此法以虚字为诀要，以听字入手，以止字转手，以忘我为究竟。《庄子》以孔子问颜回的对话讨论"心斋"，当颜回自称达到忘我的境界后，孔子便认为是心斋了。

炼神达到忘我的境界，也称为"坐忘"。《庄子·大宗师》云："堕肢体，黜聪明，离形去知，同于大通，此谓坐忘。"坐忘是一种无人、无我、无内、无外、无分别的与道合一的境界。彼我两忘，万境俱忘，了无所照，方是坐忘。司马承祯著《天隐子》、《坐忘论》详细阐述修习坐忘法的步骤。《天隐子》认为修道有五渐门："一曰斋戒，二曰安处，三曰存想，四曰坐忘，五曰神解。"

静坐讲义

"坐忘者何也？因存想而得，因存想而忘也。行道不见其行，非坐之义乎？有见不行其见，非忘之义乎？不行者，心不动也；不见者，形俱泯也。"《坐忘论》更详论坐忘修道的七个阶次，一信敬，二断缘，三收心，四简事，五真观，六泰定，七得道。坐忘之道，是炼神的高层次，是存思得道的境界。

第四节 行炁、布炁及胎息

《太上混元真录》云："行气一名炼气，一名长息。"先秦老庄道家之学早有"抟气致柔"、"吐故纳新"的提法，《庄子·大宗师》说："古之真人，其寝不梦，其觉无忧，其食不甘，其息深深，真人之息以踵，众人之息以喉。"这说明行气法是先从锻炼呼吸入手，通过调息、吐纳，使人的呼吸变长变深变细变匀，进而激发体内真气在全身经脉中运行，最后达到胎息的水平。踵息、真息、胎息都是指人体的内呼吸状态，道士这种模仿胎儿呼吸的修炼显然和他们追求返老还童的目标是一致的。

行气之术，祖述仙人王子乔和赤松子，早就流行于楚越、巴蜀一带。据记载，古代赫胥氏（《列子》称华胥氏）部落的先民"含哺而熙，鼓腹而游"（《庄子·马蹄》），在巫山之下，有"饮露吸气之民"（《吕氏春秋·求人》）。直到王乔、赤松"吸阴阳之和，食天地之精，呼而出故，吸而纳新"（《淮南子·泰族训》），传下行气之术，记载于屈原《楚辞·远游》篇中。战国时传世玉器《行气玉器铭》云："行气——吞则蓄，蓄则伸，伸则下，下则定，定则固，固则萌，萌则长，长则退，退则天。天几春在上，地几春在下。顺则生，逆则死。"意思是讲行气之法，当凝神聚气，运降丹田，入定固守，萌生真气，逆转督脉，上升泥丸。以天为鼎，以地为炉，依阴阳之机而修炼。顺此道者便长生，反之则夭亡。方仙道中这些行气法，汉唐两代发展到高峰，不仅在传统文化的哲学思想中形成有关气的学说，而且成为中国医学的理论基础，为唐末五代内丹学的形成作了准备。

行气之法，种类繁多，用以健身治病，多有奇效。明代袁黄《摄生三要》云："人身之气，各有部分。身中有行气、横起气、诸节气、百脉气、筋气、力气、骨间气、腰气、脊气、上气、下气，如此诸气，位各有定，不可相乱。乱则贼，大则癫狂废绝，小则虚实相陵，虚则痒，实则痛。疾病之生，皆由于此。"根据由气脉网络循环运行的人体观，行气自然可以治病。《养生延命录·服气疗病篇》云："凡行气欲除百病，随所在作念之。头痛念头，足痛念足，和气往攻之，从时至时（一时辰），便自消矣。时气中冷，可闭气以取汗，汗出辄周身，则解矣。行气闭气虽是治身之要，然当先达解其理。又宜空虚，不可饱满。若气有结滞，不得空流，或致发疮，譬如泉源不可壅竭。若食生鱼、生菜、肥肉，及喜怒忧患不除，而以行气，令人发上气。凡欲学行气，皆当以渐。"又说："凡

第二章 存思、导引、气法、健身术

温养圣胎图

行气，以鼻纳气，以口吐气，微而引之，名曰长息。纳气有一，吐气有六。纳气一者，谓吸也；吐气有六者，谓吹、呼、唏、呵、嘘、呬，皆出气也。凡人之息，一呼一吸，元有此数。欲为长息吐气之法，时寒可吹，时热可呼，委曲治病。吹以去风，呼以去热，唏以去烦，呵以下气，嘘以散滞，呬以解极。"六字气法为古代行气法之一，《云笈七签·诸家气法》所载行气种类还多。行气法不断发展，出现闭气法、龟息法、胎息法，胎息法是高层次的行气法。人达到胎息阶段，就可以布气为人治病了。《胎息秘要歌诀》云："修道久专精，身中胎息成。他人凡有疾，脏腑审知名。患儿向王气，澄心意勿轻。传真气令咽，使纳数连并。作念令其损，顿能遣患情。鬼神自逃遁，病得解缠萦。"胎息成就者，人体潜能得到开发，可以和天地之气相呼应，不但能行布气法，还可行气禁法。气禁法可以在百里之外治病禁毒，直至入山不畏兕虎，道书中多有记载。

　　葛洪对行气之术甚为推重，他说："故行炁或可以治百病，或可以入瘟疫，或可以禁虎蛇，或可以止疮血，或可以居水中，或可以行水上，或可以辟饥渴，或可以延年命。其大要者，胎息而已。得胎息者，能不以鼻口嘘吸，如在胞胎之中，则道成矣。初学行炁，鼻中引炁而闭之，阴以心数至一百二十，乃以口微吐之。及引之，皆不欲令已耳闻其炁出入之声，常令入多出少，以鸿毛著鼻口之上，吐炁而鸿毛不动为候也。渐习转增其心数，久久可以至千，至千则老者更少，日还一日矣。"（《抱朴子内篇·释滞》）胎息之修炼方法，先从伏气入手。《胎息经》云："胎从伏气中结，气从有胎中息。气入身来为之生，神去离形为之死。知神气可以长生，固守虚无以养神气。神行则气行，神住则气住。若欲长生，神气相注。心不动念，无来无去，不出不入，自然常住。勤而行之，是真道路。三十六咽，一咽为先，吐唯细细，纳唯绵绵。坐卧亦尔，行立坦然。戒于喧杂，忌以腥膻。假名胎息，实曰内丹。"胎息之术确是清净丹法的关键步骤，内丹工夫至小周天后也会自然出现胎息现象，但行气之术达到胎息（体呼吸）的手段却和内丹不同。《胎息杂诀》记载了胎息术的不同炼法。一说为："咽气满讫，便闭气存想，意如流水，前波已去，后波续处。凡胎息用功后，关节开通，毛发疏畅，即依此。但鼻中微微引气，想从四肢百毛孔出，往而不返也。后气续到，但引之而不吐也。功在于徐徐，虽云引而不吐，所引亦不入于喉中，微微而散。如此内气亦不流散矣。"一说为："又胎息之妙功，在无思无虑，体合自然，心如死灰，形如枯木，即百脉畅关节通矣。"（《延陵先生集新旧服气经》）《规中指南》云："澄心绝虑，调息令匀，寂然常照，勿使昏散。候气安和，真人入定，于此定中，观照内景，才若意到，其兆即萌，便觉一息从规中起，混混续续，兀兀腾腾。存之以诚，听之以心，六根安静，始息凝凝，不闭不数，任其自如。静极而嘘，如春沼鱼；动极而噏，如百虫蛰；氤氲开阖，其妙无穷。如此少时，便须忘气，合神一归混沌，致虚之极，守静之笃，心不动念，无来无去，不出不入，湛然常住，是谓真人之息以踵。"

达到胎息的途径，有专气致柔的伏气法、踵息法、闭气法、咽气法，也有虚极静笃的存思法、入定法等。胎息是调整人体血脉、腑脏乃至全身关窍、毛孔的内节律，使之和谐有序而出现的体呼吸现象，是修道者多年进行人体科学探索取得的实验成果。胎息之术，也是内丹家的基本法诀，是由气功转入丹功的阶梯，读者切勿轻心。

第二章 存思、导引、气法、健身术

法轮自转图 I

第三章　医药、服食和养生

　　医药学和养生学是中国道学重要的分支学科，又是道教仙术的重要内容。道教医药学大约分三个层次，内部核心层次是汤药及保健药品、针灸等，和现代的中医学范围相当；中间层次是气功、导引术等健身治病方法，相当于上文中的健身术；外围层次是符箓、咒语、药签及祝由、祭祀、驱鬼、盟誓等法术，这些法术在本书中略而不论，读者要了解道教中的斋醮、科仪、戒律、符箓、法术等内容可以参看专门的道教书籍。盖中国医药学源于先民治病的巫术，先民的原始宗教以为疾病是鬼神对人的谴告和惩罚，巫是鬼神和人之间交通的媒介，故巫可以用祭神驱鬼的方术疗病去疾。在中国医学史上最初巫医不分，其中祭祀神灵之法是祈求保佑之术，近世民间尚盛行不衰，如泰山碧霞元君祠每年接待的农村许愿、还愿的香客大多为求医治病而来。另一类针砭药石之术实际上源于巫的驱鬼之术，近世以符箓、神水等施术治病的道士当是这种巫术文化的遗存。养生学从广义上说几乎可以把道教的方术全包罗进去。在这里，我们采用现代医学和养生学的学科范围来界定道教方术的性质，仅从狭义的角度来论述医药、服食和养生的内容。

第一节 道教医药学

道教医药学继承了古代巫医治病的传统，它可分为医学和药学两部分。在中国医学史上，春秋战国时期由巫医阶段进化为方士医学阶段，当时名医扁鹊将"信巫不信医"作为"六不治"之一，说明当时巫医已经分家，世俗的中医学已不把祝由、祭祀、符水等精神疗法当作真正的医学看待，而道教医学则仍然保留了这些内容。《黄帝内经素问·移精变气论》云："余闻古之治病，惟其移精变气，可祝由而已。今世治病，毒药治其内，针石治其外。"说明世俗的中医学承认移精祝由为巫医治病的主要方法，方士医家已不用，道教医学却仍保存了祝由科的传统。然而就世俗的古代方士医学而论，《史记·扁鹊仓公列传》便记有汤液、醴酒、镵石、挢引、案抓、毒熨、割皮解肌、湔浣肠胃、炼精易形等内外科治疗方法及切脉、望色、听声、写形等诊断方法，自夏商周三代而至秦汉，有食医、疾医、疡医、兽医之分，有针灸、推拿、切割、汤药之别。王孟英《归砚录》云："考古治疾，无分内外，刀、针、砭、刺、蒸、灸、熨、洗诸法并用，不专主于汤液一端。"古代中医学以针砭、熨灸、食疗、导引、按摩、行气、汤药等并重，内科、外科、妇科、小儿科、五官科、皮肤科、精神病科俱全，道教医学恰恰继承了这个传统，加之以古代祝由科所传的精神疗法，都保存在道教医药学文献里。例如在《太平经》中就有"以乐却灾法"、"草木方诀"、"生物方诀"、"灸刺诀"、"神祝文诀"、"斋戒思神救死诀"、"冤流灾求奇方诀"、"知盛衰还年寿法"、"方药厌固相治诀"、"盛身却灾法"等，将人的疾病同社会环境、心理环境、道德伦理、宗教信仰、自然界日月星辰的变化联系起来考虑，体现了道教医药学的特色。我国早期

药书《神农本草经》，是体现仙道思想的药学著作，其中收入药365味，以合周天365日，药分三品，上品药声称有延年登仙之效。葛洪说："古之初为道者，莫不兼修医术，以救近祸焉。"（《抱朴子内篇·杂应》）葛洪本身就是个医学家，其他如皇甫谧、陶弘景、孙思邈、杨上善等人，皆是道教医药学家。唐代著名高道孙思邈（541～682）被后世尊称药王，享寿一百四十二岁，精通方药、针灸、导引、气法、房中诸医药养生之术。他著的《摄生论》、《保生铭》、《摄养枕中方》、《存神炼气铭》、《千金要方》、《千金翼方》等，在医药学史上占据重要地位。道学是中国医药学的理论基础，自古有"十道九医"之论。道家称"不为良相，便为良医"，良医既可医身，又可医国，这反映了道学文化"身国同构"的特征。我们前已说明，道教医药学大致包括三个部分的内容。其核心部分是仙药、本草、医方、针灸等，大致范围相当于世俗的中医学和中药学。二者的区别仅在于道教医药学多以延年益寿、还春驻颜的疗效为追求目标，其中有不少抗衰老方剂，甚至还有声称久服可以返老还童、长生成仙的"仙药"秘方，这同道教的教旨是吻合的。另外，道教药学以金石药、诸芝、滋补药为上品，这自然又和道士烧炼外丹黄白术的传统有关。道教医药学的中间层部分是导引、按摩、气法、辟谷、房中、存思、饮食疗养及起居禁忌等，这是靠自我摄养和调谐精、气、神来防病抗病的技术。道教医药学的外层部分是符水、药签、祝由、祭祀、斋醮等调整社会环境和心理环境的治疗方法，具有强烈的宗教特征。

由于道教医药学的中间层次（气法、导引等）已有专章探讨，斋醮、祝由、药签、符水、法术等本书存而不论，这里只重点研究其核心部分即仙药、本草、医方、针灸等。道教医学是一种社会医学，重视调节人的社会关系和心理因素，这是它的特征之一。它的另一特征是带有宗教性和人神交通的巫术倾向，例如其利用祭祀、符咒和药签治病就是证明。再就是道教医学以道教哲学的天人感应原理和阴阳五行学说作理论支柱，提出有道教特色的病因论。例如《太平经》中便以天地之气来解释病因，认为头疼是天气不悦，足疾是地气不悦，五内病是五行气相战，四肢病是四时气不和等。道教医学认为人体以气为本，治病就须调气，养气便能健身。《抱朴子内篇·地真》云："一人之身，一国之象也。胸腹之位，犹宫室也。四肢之列，犹郊境也。骨节之分，犹百官也。神犹君也，血犹臣也，气犹民也。故知治身，则能治国也。夫爱其民所以安其国，养其气所以全其身。"道教医学的身国同构之说，乃《黄帝内经》中的思想方法，也是道家和道教哲学的思想特色。道家之学，虽多言治身炼养之事，实则与治国用兵、自然物理、经世权谋之理相通，是参赞天地之化育的大学问，中国医学辨证施治之术是道家思想的应用，因之后世有"上医医国"，"不为良相，则为良医"之说。道教医学还将宗教神学引入医学，将身体各器官部位都配备身神来管理，从而把存神作为道教医学的治疗方法。《黄庭经》不仅设置了各脏腑器官之神，各有姓字服色（汉代以来以姓字论门第，以服色别贵贱），并且还以三尸神作为害人身制造疾病的祸根，故道教修炼把除三尸作为目标之一。《太平经》云：

真人问曰："凡人何故数有病乎？"

神人答曰："故肝神去，出游不时还，目无明也；心神去不在，其唇青白也；肺神去不在，其鼻不通也；肾神去不在，其耳聋也；脾神去不在，令人口不知甘也；头神去不在，令人眴冥也；腹神去不在，令人腹中央甚不调，无所能化也；四肢神去，令人不能自移也。夫精神，其性常居空闲之处，不居污浊之处也。欲思还神，皆当斋戒，悬像香室中，百病消亡。"

《黄庭经》设置的三部、八景、二十四真的身神体系和《太平经》的身神治理说，为道教存思通神、悬像还神、静思斋戒等治病方法提供了根据。道教医学还有一些特征，那就是它重养生、重预防、将医药同人的饮食起居结合起来。《抱朴子内篇·地真》云："是以至人消未起之患，治未病之疾，医之于无事之前，不追之于既逝之后。"以上都体现了道教医学区别于世俗医学的特色。

道教药学的特征，可从《抱朴子内篇·仙药》中看出，葛洪说："仙药之上者丹砂，次则黄金，次则白银，次则诸芝，次则五玉，次则云母，次则明珠，次则雄黄，次则太乙禹余粮，次则石中黄子，次则石桂，次则石英，次则石脑，次则石硫黄，次则石饴，次则曾青，次则松柏脂、茯苓、地黄、麦门冬、木巨胜、重楼、黄连、石韦、楮实。"另外，《仙药》篇还介绍了枸杞、天门冬、术、黄精、真珠、桂、胡麻、柠木实、甘菊、松实、五味子、远志、菖蒲、五芝（石芝、木芝、草芝、肉芝、菌芝）等，皆有却病延年、返老还童之效。这些道教药学认为有神奇作用的药品可分三类：一为金石类矿物药，乃外丹术的原料，故为道教所重。二为五芝，乃世间罕见的动植物和矿物、菌类，为珍奇之物，道士自然认为会有珍奇的药效。三为有滋补作用的草木药，取其补气血、健脑强体、补肾壮阳等药效。葛洪说："《神农四经》曰，上药令人身安命延，升为天神，遨游上下，使役万灵，体生羽毛，行厨立至。又曰，五芝及饵丹砂、玉札、曾青、雄黄、雌黄、云母、太乙禹余粮，各可单服之，皆令人飞行长生。又曰，中药养性，下药除病，能令毒虫不加，猛兽不犯，恶气不行，众妖并辟。"（《抱朴子内篇·仙药》）可见在道教药学中，将世俗中药学用以治病的药称作"下药"，而把延年益寿药称作"上药"，并和外丹黄白术相衔接。道教医药学笼罩在道教神学的气氛之下，将健身却病作为服丹成仙的准备，正如葛洪所说："先服草木以救亏损，后服金丹以定

无穷，长生之理尽于此矣。"(《抱朴子内篇·极言》)

由于道教神学对医药学发展的束缚，道教医药学基本上停留在经方医药学的阶段①。唐代之后，世俗的中医学脱开经方医药学的旧轨，和道教医药学分家，涌现出刘完素、张从政、李杲、朱震亨等著名医学家，将中医学发展到高峰。道教医药学却仍然发扬自己追求延年益寿的特点，提炼出大批健身、养生、延年、驻颜、美容、防老的医药方剂，丰富了祖国的医药学宝库。特别是唐代以后道教中内丹学取代外丹学成为修仙方术的主流，道教医药学逐渐减弱外丹黄白术的影响而发展出许多配合内丹、气法修炼的药方。内丹学无论清净丹法或男女栽接法，皆从调节人的性功能入手，以补精炼精筑基。因此道教医药学特别注意中医学中关于肾脏的研究。医家以肾为先天之本，五行属水，色黑，藏精舍志，主骨生髓，通于脑，其华在发，其窍在耳，为作强之官，出技能精巧。两肾中间一窍为命门，内藏先天无形之真水真火、真阴真阳，内丹之命功修炼皆须由此入手。补肾之药多以六味地黄汤（熟地黄、山药、山茱萸肉、茯苓、泽泻、牡丹皮）加味而成，盖熟地可滋肾，泽泻去肾中邪，山药补脾，茯苓去脾土之湿热，以防克肾水，山茱萸敛火润肝，丹皮补心去火，使心肾相交，立方极合辨证施治之道。另有四君子汤（人参、白术、茯苓、甘草）以补气，四物汤（当归、川芎、白芍、熟地）以补血，作为滋补虚损方剂的基础。其他如枸杞子、肉苁蓉、石菖蒲、淫羊藿、黄芪、何首乌等滋补药，亦随方加减。至今道书中保存有许多延寿、驻颜、抗衰老的方剂，其真实疗效如何，值得进一步研究。

----

① 汉晋时视医术为方技，职业医生为"方士"，治病的医书多为验方，称为"方书"，学医叫"为方"，治病有效称作"善为方"。马王堆汉幕出土的《五十二病方》，葛洪的《肘后备急方》，皆属经方医药学的作品。《后汉书·方术传》称华佗"精于方药"，荀彧说"佗方术实工"，说明华佗的身份便是方士。《隋书·经籍志》载医方二百五十六部，多有神仙养生之方，说明唐代以前的中医学一直和神仙方术相混。

第二节　服饵、美容和食疗

早在春秋战国时期，即传说西方昆仑山和海上三神山（蓬莱、方丈、瀛洲）乃仙人所居，上有吃了令人不死的奇药，于是齐威王、齐宣王、燕昭王及秦始皇，皆曾派人求取不死之药。燕齐一带的方仙道，亦专以服食却老方为秘传的神仙方术，祖述仙人羡门高、安期生之属。据《史记·封禅书》记载，汉武帝时，方士李少君以谷道、祠灶、却老方见武帝云："臣尝游海上，见安期生，安期生食巨枣，大如瓜。安期生仙者，通蓬莱中，

正月，立春

合则见人，不合则隐。"服饵派先是寻找仙药，后是自己按医方配药。其术流传到唐代，方药甚多，其大要在于补脑髓，健脾胃，滋养肾阴和肾阳，使内疾不生，外患不入，作为修道的基础功夫。从服饵药品的种类看，唐代以前仍以金石药为上品，包括丹砂、金玉、钟乳石、云母等，而后逐渐重视草木药和动物药，包括药草、灵芝、菌类、树脂、鹿角及某些动物的器官。唐代之后，服饵方多和内丹术相配合，制成膏、丹、丸、散、汤液等药剂，有却病健身之效。孙思邈《备急千金要方》云："凡人春服小续命汤五剂，及诸补散各一剂；夏天热，则服肾沥汤三剂；秋服黄芪等丸一两剂；冬服药酒两三剂；立春日则止。此法终身常尔，则百病不生矣。俗人见浅，但知钩吻之杀人，不信黄精之益寿；但识五谷之疗饥，不知百药之济命；但解施泻以生育，不能秘固以顺养。故

有服饵方焉。"又说:"故服饵大法,必先去三虫。三虫既去,次服草药,好得药力;次服木药,好得力讫;次服食药。依此次第,乃得遂其药性,庶事安稳,可以延龄矣。"

道书中四季服食药方甚多,据《四气摄生图》:春三月以茯苓、菖蒲、栝蒌、山茱萸、菟丝子、牛膝、细辛、续断、巴戟天、防风、山药、天雄、蛇床子、柏子仁、远志、石斛、杜仲、苁蓉共一十八味,炼蜜为丸,可治男子五劳七伤之症,补心肾,和气血,强身健体。夏三月服补肾茯苓丸,亦治男子虚损之疾。其方以茯苓、杜仲、附子、山茱萸、牡丹皮、泽泻、桂、山药、干地黄、细辛、石斛、苁蓉、生姜共一十三味为蜜丸,禁房事及冷猪、鱼肉。秋三月以茯苓、防风、白术、细辛、山药、泽泻、附子、紫菀、独活、芍药、丹参、苦参、桂心、干姜、牛膝、山茱萸、黄芪共一十七味为蜜丸,亦可补肾治五脏虚寒之疾。冬三月以茯苓、山药、肉桂、山茱萸、巴戟、干姜、白术、牛膝、菟丝子、细辛、防风、泽泻、柏子仁、牡丹皮、附子共一十五味炼蜜为丸,可治男子五劳七伤等虚损之症。以上方剂实际上皆为六味地黄丸加味而成。

正月,雨水

二月,惊蛰

第三章 医药、服食和养生

47

道书中所载去三虫方,并非皆指道教中的三尸虫,其中多有驱杀体内寄生虫的药方。如《备急千金要方·养性》中以漆、芫菁子、大黄、酒"以微火合煎为丸,先食服如梧桐子三丸,十日浊血下出鼻中,三十日虫皆烂下。"另有服食槐子去三虫方,以及服食茯苓膏方、黄精膏方、松脂方、胡麻方等。其中茯苓膏以茯苓、松脂、松子仁、柏子仁制成,显然有健脑滋补之效。道书中所述服饵方虽多有效,但亦须经医生辨证用药,不可妄服。据王秉衡《重庆堂随笔》云:"神仙服饵见于杂书者不一,或亦偶遇其人,然不得其法则反能为害。""尝见一人服松脂十余年,肌肤充悦,精神强固,自以为得力。久而觉腹中小不适,又久而病燥结,润以麻仁之类不应,攻以硝、黄之类,所遗者细仅一线,乃悟松脂粘附于肠中,积渐凝结,愈厚则其窍愈窄,故束而至是也。无药可医,竟困顿至死。又见一服硫黄者,肤裂如磔,置冰上痛稍减。"《洗冤录》云:"有人昵一婢而脱者,敛时启所盖被,异香四发,或以为登仙,实因服房药多麝脐通透之品故耳。"又云:"盖世间无一非生人之具,则无一非杀人之符。偶一相犯,即凝为毒,非特砒、鸩为然,而参、附为尤甚。人第沉溺于补之

一字,尽为迷惑,莫之或悟,反云服以参、附,亦不奏功,竟以委之天数,抑何愚之至,而天数之冤,何日得而洗哉!"事实证明,人参、附子等滋补药品,服用不对症,照样误伤人命。道书中所载之大量服饵方,是古人以生命的代价换来的,具有宝贵的医疗价值。我们要用现代的科学仪器去检验它,发掘它,使它们重新为现代人造福。

道教修炼方术以返老还童为目标,故鹤发童颜乃至青春常驻自然成了仙人的风貌。于是修道者研习驻颜药方和美容术,以使自己更接近仙人的外表。中国传统的医药学早就注意驻颜、美容药方,如马王堆医书《五十二病方》中就有除疣灭瘢的方剂,《神农本草经》亦称白芷可以"长肌肤,润泽颜色,可作面脂",白僵蚕"灭黑皯,令人面色好"。道教医药学家葛洪和孙思邈对驻颜、美容都有研究。《肘后备急方》中即有"治面疱、发秃、身臭、心昏、鄙丑方",其中包括治痤疮、去黑斑、染发、疗狐臭、去皱、嫩面、香体、熏衣、令皮肤光润如脂等疗法。《千金翼方》云:"面脂手膏,衣香澡豆,仕人贵胜,皆是所要",说明唐代化妆、美容之术已普及士族社会,头膏、面脂、澡豆、衣香等化妆品、美容药已广泛应用。《千金要方》辟有"面药"一节,收入美容药剂八十余方。王建《宫词》云:"月冷天寒近腊时,玉街金瓦雪漓漓。浴堂门外抄名人,公主家人谢面脂。"杜甫《腊日》诗亦云:"纵酒欲谋

三月,谷雨

第三章 医药、服食和养生

良夜饮，还家初散紫宸朝。口脂面药随恩泽，翠管银罂下九霄。"说明美容药在皇室宫廷中大量制造，并在腊日赏赐给臣下。唐、宋、明三朝道教进入宫廷，皇帝亦研习神仙方术和服食仙药以求驻颜却老。

道教驻颜方药中较有代表性的是"打老儿丸"，这个药方来自《西河少女传》这一有趣的神仙故事。据葛洪《神仙传》说汉时西河少女以杖笞

四月，立夏

一白发老翁，路人以为不平上前责问，少女却自称已至百龄，并说此翁乃是她的儿子，年至七十因不肯服家传秘药致老。此药亦名"神仙训老丸"，由山药、牛膝、远志、山萸肉、楮实、白茯苓、五味子、巴戟、石菖蒲、肉苁蓉、杜仲、舶茴香、续断、枸杞子、熟地黄共十五味药炼蜜为丸。"打老儿丸"滋肾补脾，交通心肾，资生气血，使邪火不生，肾水充盈，自然驻颜难老。此方去掉一味续断又名"还少丹"，《仁斋直指方》有载。

《千金要方》以猪胰、猪蹄、豆面、冬瓜仁、细辛、白术、土瓜根、白芷、防风、皂荚、白蔹、商陆制"千金洗面药"，又用作澡豆，可以作为美容药的代表。还有以桃花、杏仁、牛乳、

五谷杂粮

鸡蛋清、丹砂、轻粉、玉屑、珍珠、麋角之类药物配方涂面，可令面白嫩如玉。另有土瓜根（即黄瓜根鲜汁）、黄柏皮、大枣研细为膏，洗面却老去皱，令人颜如少女。用胡麻叶、大麻子、猪胆汁洗发可使头发光泽。《千金要方》中记载服食桃花（阴干为末）可细腰身。其他减肥方还有服荷叶灰、冬瓜及饮茶等。

《周礼·天官》将食医作为古代四医之一，这种药食同源的历史给中国医学奠定了注重食疗的传统。道教服食派将食疗作为修道养生的方术之一，在道书中记载了大量药酒、药茶、道菜、药膳及用蔬菜、水果、调料、鱼肉、禽蛋、粮食等食品治疗疾病的方法。其实《黄帝内经素问》中早有以五味、五谷、五畜、五果、五菜治病之说及当食品性质与药性矛盾时，应遵守"食忌"之事。《汉书·艺文志》载有《神农食禁》七卷，而后有《金匮要略》的食法、王叔和的《食论》，《隋书·经籍志》收集食疗著作四十余种，其中有《太官食经》、《崔氏食经》、《膳馐养疗》、刘休《食方》、马琬《食经》等。孙思邈的弟子孟诜（621～713）撰有《补养方》，后经张鼎增补为《食疗本草》，把饮食疗法推进一步，是我国食品营养学和治疗学的专著。此后食疗学续有发展，南唐陈士良又著有《食性本草》十卷。明代还有《救荒本草》一书问世，是专门记述野生植物的食用价值的。孙思邈撰《备急千金要方》

中有"食治篇"一卷，他在这篇的绪论中说："夫为医者，当须先洞晓病源，知其所犯，以食治之，食疗不愈，然后命药"，"若能用食平疴，释情遣疾者，可谓良工。"

食疗学的基本思想，是将各类食品按中医理论的药性学说分类，与人体腑脏的疾病相对应，从而提出治疗方案。孙思邈的"食治篇"就是道家营养疗法的专篇。他总结出肝病喜酸，宜食犬肉、麻、李、韭等；肾病喜咸，宜食豕肉、大豆、粟、藿等；脾病喜甘，宜食牛肉、稗米、枣、葵等；心病喜苦，宜食羊肉、麦、杏、薤等；肺病宜食辛，可用鸡肉、黄黍、桃、葱等。另外，以羊肝、牛肝等治"雀目"（夜盲症）；以海藻、昆布、鹿靥、羊靥（靥即甲状腺）治"瘿"（甲状腺肿）；以谷皮煎粥治疗脚气病等，皆是以食品治疗维生素等营养缺乏症的例子。其他如生姜、辣椒、大蒜、酒等，多为辛热之物，可通阳健胃，治胃腹寒症，但多食则生痰动火，损害目力，故目疾、温病、皮肤病多忌食。而西瓜等瓜果、蔬菜，性多寒凉，有清热、解暑、生津之功，故可治中暑、发烧、咽疼、大便燥结等病，但多食生冷，易损脾胃，故体虚、吐泻之症慎忌。猪头肉、公鸡肉、南瓜、芥菜等，为动风助火之品，易诱发旧病，故称作"发物"。食盐味咸，入肾经，为除热润下之品。食醋味酸，性收敛，可散瘀解毒，下气消食。雪梨味甘性寒，可润肺凉心，消痰降火。香蕉味甘性寒，有润肺肠、通血脉、填精髓之效。萝卜能消胀顺气；芹菜可健神止嗽。赤小豆

五月，芒种

可消肿解毒、清热止泻；红薯可补虚强肾，健脾强身。《隋书·经籍志》载有《神仙服食经》、《杂仙饵方》、《服食诸杂方》、《老子禁食经》、《四时御食经》、《食馔次第法》（梁有《黄帝杂饮食忌》）及多种《食经》，说明食疗著作自古多入道书，为道教医药学所采用。隋代还有谢讽作《淮南玉食经》，其中有发明豆腐的记载。

五月，夏至

此外，道教服食派还用药草作酒，称为仙酒，《太上灵宝五符序》载有多种神仙酒方。如地黄酒、术酒、胡麻酒、松脂酒、天门冬酒、五加皮酒、枸杞酒等，皆有滋补疗疾之功。如松脂酒方：以秫米、小麦曲酿之，取白松脂、天门冬、茯苓纳酒酿之，泥封三十日，即成。以药草配方作饮料，亦有健身之效。另有将药草和肉菜烹饪，成道菜、药膳，不但美食，亦可疗病健身。例如以冬虫夏草煲鸭肉，力可代参汤，为滋补性药膳。以动物肝脏配食可明目，一些兽肉及其阴茎食之可壮阳，骨髓、核桃肉等食之可健脑，鱼骨、牛骨等煲汤可壮腰补钙等，皆可烹饪为药膳。《食宪鸿秘》和《老老恒言》还载有大量药粥做法，其中如胡麻粥、莲子粥、羊肉粥、芡实粥、薏苡粥、山药粥等，皆有补益之功。总之，道教文化中这些营养学的宝藏，凝聚着神仙家数千年服食摄生的经验，值得进一步开发

六月，小暑

第三章 医药、服食和养生

六月，大暑

和利用。

最后，再谈一下道医和仙方。"哲学"一词，乃日本学者所译，近世胡适、冯友兰等著中国哲学史，乃是以西人的哲学观念格义中国传统文化，于是将中国哲人的思想活剥肢解，削足适履，将中国哲学搞得精华尽失。其实中国的哲学本质上是"道学"，因之将"Philosophy"对译为"道学"更为确切。中华民族传统医学的命运亦复如是，近百年来被"中医科学化"的利斧将真正的中国医学阉割殆尽，丧失了中医之魂，成了西医化的中医。其实中医的真实灵魂也是"道医"，中医就是"道医学"，道教医药学是中医的母体。扁鹊和华陀没有读过什么"医科大学"，更没得过博士学位，他们皆是因修道而成大医。道医本质上是道家术数学在人体医疗养生领域的应用，因之南京名医邹伟俊大夫称中医为驺衍之学。我在26年的内丹学调研活动中，收集到四百余个仙方，包括养生、却老、避瘟、驻颜、补气、壮阳及治疗各类恶疾奇症的仙方和丹药，希望机缘到时将其开发出来，使这份无形的宝贵遗产为国人服务。

第三节　衣食起居和摄生

丹家之目的并非为延年，而是为了得道成仙。道之原意为道路，是通达无碍之义，故能"道通为一"、"道通为虚"、"天人交通"、"上下交通"、"内外交通"、"虚实交通"，能交通即得道也。孔子

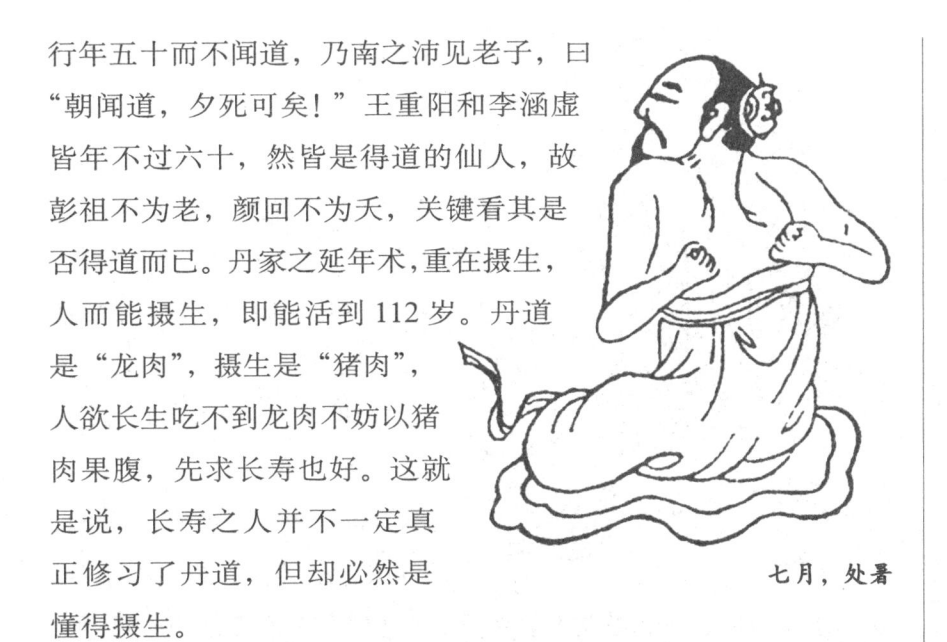

行年五十而不闻道,乃南之沛见老子,曰"朝闻道,夕死可矣!"王重阳和李涵虚皆年不过六十,然皆是得道的仙人,故彭祖不为老,颜回不为夭,关键看其是否得道而已。丹家之延年术,重在摄生,人而能摄生,即能活到112岁。丹道是"龙肉",摄生是"猪肉",人欲长生吃不到龙肉不妨以猪肉果腹,先求长寿也好。这就是说,长寿之人并不一定真正修习了丹道,但却必然是懂得摄生。

七月,处暑

东汉以来,黄老之术和养生术融合为一,故后世养生学之书多入于道家和道教。据《养生延命录》卷上第九,张湛《养生集》叙曰:"养生大要,一曰啬神,二曰爱气,三曰养形,四曰导引,五曰言语,六曰饮食,七曰房室,八曰反俗,九曰医药,十曰禁忌,过此已往,义可略焉。"以上十项,便是道教养生学的梗概。养生学的要害,在于不伤不损。葛洪说:"养生以不伤为本,此要言也。""禁忌之急,在不伤不损而已。"(《抱朴子内篇·微旨》)其基本方法,则要求饮食有节,起居有常。《黄帝内经素问·上古天真论》云:"上古之人,其知道者,法于阴阳,和于术数,食饮有节,起居有常,不妄作劳,故能形与神俱,而尽终其天年,度百岁乃去。今时之人不然也,以酒为

七月,立秋

第三章 医药、服食和养生

八月，白露

浆，以妄为常，醉以入房，以欲竭其精，以耗散其真，不知持满，不时御神，务快其心，逆于生乐，起居无节，故半百而衰也。夫上古圣人之教下也，皆谓之虚邪贼风，避之有时，恬淡虚无，真气从之，精神内守，病安从来。是以志闲而少欲，心安而不惧，形劳而不倦，气从以顺，各从其欲，皆得所愿。故美其食，任其服，乐其俗，高下不相慕，其民故曰'朴'。是以嗜欲不能劳其目，淫邪不能惑其心，愚、智、贤、不肖不惧于物，故合于道。所以能年度百岁而动作不衰者，以其德全不危也。"这段活，汇集了古代养生理论的精华，可以作为养生学的大纲。得养生之理，便是得道；与道相合，就是养生的根本原则。后世养生学著作甚多，明高濂《遵生八笺》，清曹庭栋《老老恒言》等书搜罗进不少衣食起居的养生法，其基本思想仍然是法于阴阳，和于术数，食饮有节，起居有常，不妄劳作，持满葆真，谨避风邪，精神内守，恬淡虚无，志闲少欲，乐天从俗，形劳不倦，心安不惧，生道合一这些内容。现综合诸家养生学著作的内容，举其大要，分而述之。

养生精要，首在慎动知戒。戒就是养生禁忌，其要害在于不伤不损。葛洪在《抱朴子内篇·极言》中列举了许多伤身损寿之事，认为这类事初不易觉，但积累日久，便要伤生。其中包括：唾不及远；行不疾步；耳不极听；目不久视；坐不及久；卧不至疲；先寒而衣；先热而解；不欲极饥而食，食不过饱；不欲极渴而饮，饮不过多；不欲甚劳甚逸；不欲起晚；不欲汗流；不欲多睡；不欲奔车走马；不欲极目远望；不欲多啖生冷；不欲饮酒当风；不欲数数沐浴；冬不欲极温；夏不欲极凉；不露卧星下；不眠中见肩，大寒大热，大风大雾，皆不欲冒之；五味入口，不欲偏多等。这些衣、食、住、行的禁忌，关键在于慎动。《易》曰："吉凶悔吝生乎动。"人的生命在于运动，但合乎自然规律的运动便长寿，悖逆医学、养生学的经验，违背人体的客观条件而妄动则凶。总起来说，衣要随天气寒暖及时更换，大汗湿衣不可久着。饮食要先吃暖物，后吃冷物，朝不可空腹，夜不可醉饱。且饮食不宜过饥过饱，不要偏嗜五味，不多食肥腻，更不可速食急饮，狼吞虎咽。食后不可即读书作文，不可饱食即睡。要摩腹步行，以助消化。居处要避风，大汗后不能冷水洗头，冷风吹头，入睡后更戒冷风袭体。睡宜护肩暖腹，不可裸体冒寒湿之气。居处宜土厚水深，阴阳适中，防止地气卑湿，闭塞阴暗等。因之有"避风如避箭，避色如避难，晨起戒嗔怒，少餐申后饭"之说，确为养生家经验之谈。

　　养生之要，又在于守中知节。知节就要懂得节制自己的欲望，凡事不可超过限度。守中则是无过无不及，恰到好处。元代忽思慧《饮膳正要》云："夫安乐之道，在乎保养；保养之道，莫若守中。守中则无过与不及之病。春秋冬夏四时阴阳，生病起于过软！盖不适其性而强。故养生者既无过耗之弊，又能保守真元，何患乎外邪所中也。"又说："善摄生者薄滋味，省思虑，节嗜欲，戒喜怒，惜元气，简言语，轻得失，破忧沮，除妄想，远好恶，收视听，勒内固，不劳神，不劳形，形神既安，病患何由而致也。故善养性者，先饥而食，食勿令饱；先渴而饮，饮勿令过。"葛洪《抱朴子内篇·极言》也特别

强调凡事超过限度则伤身。他列举有：才所不逮，而困思之；力所不胜，而强举之；悲哀憔悴；喜乐过差；汲汲所欲；久谈言笑；寝息失时；挽弓引弩；沉醉呕吐；饮食即卧；跳走喘乏；欢呼哭泣；阴阳不交等。医学家认为久视伤血，久行伤筋，久卧伤气，久坐伤肉，久立伤骨。视、卧、坐、立、行，谓之五劳。喜、怒、忧、思、悲、惊、恐，谓之七情。喜伤心，怒伤肝，忧伤肺，思伤脾，恐伤肾，悲伤神，惊伤气。七情动而伤人，谓之七伤。五劳七伤之病，皆由不知节制，失中过度而来。明代万全《养生四要》云："视过损明，语过损气，思过损神，欲过损精，谓之四损。人有耳目口鼻之欲，行住坐卧之劳，虽有所伤，犹可治也。惟五志之发，其烈如火；七情之发，无能解于其怀。此神思之病，非自己乐天知命者成败利钝置之度外，不可治也。"因而守中之要，重在七情；知节之要，寡欲为先。《颜氏家训》云："大喜荡心，微抑则定；甚怒烦性，稍忍即歇"，是真能节制七情者。抱朴子《养生论》云："所以保和全真者，乃少思、少念、少笑、少言、少喜、少怒、少乐、少愁、少好、少恶、少事、少机。夫多思则神散，多念则心劳，多笑则腑脏上翻，多言则气海虚脱，多喜则膀胱容风，多怒则腠理奔血，多乐则心神邪荡，多愁则头鬓焦枯，多好则志气倾溢，多恶则精气奔腾，多事则筋脉干急，多机则智虑沉迷。""体欲常劳，食欲常少，劳勿过极，少勿至饥。冬朝勿空心，夏夜无饱食。早起不在鸡鸣前，晚起不在日出后。"寡欲之重者，在于节欲，节烟，节酒。食色乃

九月，寒露

欲之大者，纵欲取乐，必然成灾。褚人获《坚瓠三集》载有《多少箴》，其词云："少饮酒，多啜粥；多茹菜，少食肉；少开口，多闭目；多梳头，少洗浴；少群居，多独宿；多收书，少积玉；少取名，多忍辱；多行善，少干禄。便宜勿再往，好事不如没。"梁章钜《退庵随笔》引《千金方》云："口中言少，心中事少，腹中食少，自然睡少，依此四少，神仙快了。"这些都是寡欲知节的养生格言。

养生之要，还在于调养法时。人体是一个动态平衡系统，它的内在节律是和整个宇宙的节律相互协调的。善养生者，必须保持人体的阴阳平衡不至失调，并使人体节律适应日月运转的自然节律。《黄帝内经素问·上古天真论》云："夫四时阴阳者，万物之根本也。所以圣人春夏养阳，秋冬养阴，以从其根，故与万物沉浮于生长之门。"因而对人体的调养，也要按照春生、夏长、秋收、冬藏的日月运行时间规律进行。春时木旺阳气升，又乍寒乍暖易引动宿疾。故当春之时，夜卧早起，广步于庭，放意远眺，以畅生气。饮食之味宜减酸益甘，以养脾气。可食麦与羊，用升阳宣散之药以却病。勤换衣服，以防风邪及反常之天气。治病之法宜汗吐，利针灸。高楼之上，贼风突袭背后及头部，为春时大忌，内丹家故有"神仙也怕脑后风"之说。多梳头，

多洗脚，进行足部按摩。夏月天地气交，万物花实，宜夜卧早起，使气得泄，以应养长之道。夏日心火盛，宜减苦增辛，以养肺气。天气炎热，阴气内伏，暑毒外蒸，不可大汗后冷水洗头，新沐发忌着冷风。"若檐下、过道，穿隙、破窗，皆不可纳凉，此为贼风，中人暴毒"（《寿亲养老新书》）。夏日食宜暖，不凉腹；慎食肥腻，多食蔬菜，可食菽（豆类）与鸡，不吃夜食。用药宜培补肾水，宜发汗，不宜针灸。夏日外出不可坐热石上，不可多食生冷之物，夜间不可露卧星月之下，不可头枕冷石。秋气肃杀，金旺木弱，宜早卧早起，与鸡俱兴，收敛神气，无外其志，以应收养之道。饮食之味宜减辛增酸，以养肝气。秋气燥，宜食芝麻与犬肉，以润其燥，少食烧、烤、油炸之物，禁寒饮并穿寒湿内衣。秋气容平，天气以急，地气以明，宜和平将摄，以缓秋刑。秋三月为旧疾发动之时，切须安养，治病不宜吐并发汗，令人消烁，惟宜针灸下利，进汤散以助阳气。冬气闭藏，天寒地冻，莫扰阳气。早卧晚起，必待日光，去寒就温，毋泄皮肤。劳动不可使汗出背冷，棉衣稍宜晚着，逐渐加厚。饮食之味，宜减咸而增苦，以养心气，可食黍及猪肉，以其热性抗寒，但不可多食

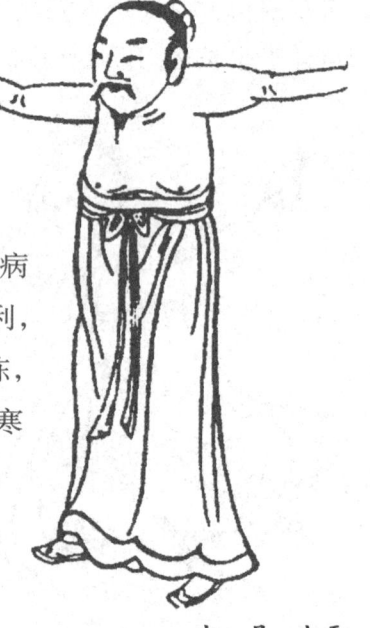

十月，小雪

十一月，大雪

葱。冬令宜用补药,可服食药酒,治病宜吐,特忌发汗,恐泄阳气。针灸、按摩、火罐,亦当慎用,莫扰阳气。酒食后渴,莫多啜茶,茶性寒,随酒入肾,易得腰脚重坠之疾。冬时沐浴以通血脉,但不可汗出过多,裸体受风。如果四季气候异常,亦应随机应变,以适应天地之气。

养生之法,疗病知术亦是关键一着。忽思慧《饮膳正要》云:"故善服药者,不若善保养;不善保养,不若善服药。"如果人们能既善于怡养性情,摄生有术,又善于服药却疾,自知医术,治在未病之前,则真是善养生者。《东坡志林》云:"养生者,不过慎起居饮食,节声色而已。节慎在未病之前,服药在已病之后。"养生术除导引、行气、站桩、按摩等法外,以陶冶情性的安乐法门为最优。明代石天基《却病歌》云:"人或生长气血弱,不会快活疾病作。病一作,心要乐。心一乐,病都却。心病还将心药医,便是长生不老药。"道书中安乐法还多,如"少欲为不伐之家;知足为安乐之国"。"粗茶淡饭饱即休,被破遮寒暖即休,三平二满过即休,不贪不妒老即休。"(陈直《寿亲养老新书》)安乐四药有"无事以当贵,早寝以当富,安步以当车,晚食以当肉"(《东坡志林》)。总之食取称意,衣取适体,题诗、作画、弹琴、书法、种植花木、养鸟养鱼,皆是赏心乐事,可为养生之法。万全《养生四要》云:"目者神之舍也,目宜常瞑,瞑则不昏。发者血之余也,发宜常栉,栉则不结。齿者骨之标也,齿宜数叩,叩则不龋。津者心之液也,津宜常咽,咽则不燥。背者五脏之附也,背欲常暖,暖则肺脏不伤。胃者,谷之仓廪也,

腹欲常摩,摩则谷不盈。头者清阳之会,行住坐卧,风雨不可犯也,犯则清邪中上窍,而头顶之疾作矣。足者浊阴之聚,行住坐卧,水湿不可犯也,犯则浊邪中下窍而腰足之疾作矣。养生者,宜致思焉。"《养生四要》以"却疾"为一要,制定多种药方,一年四季据身体疾病可选方服用,但无病切莫用药,以免无事生事。人至中年以后,多脾泄之病,方以健脾散(人参、茯苓、白术、甘草、山药、莲肉、薏苡仁、芡实、白扁豆)治之。又中年后多痰,有十病九痰之说。

十二月,小寒

痰为水谷所化,治痰以通气为主。肥人之痰从湿,瘦人之痰从火。前者以补脾益气为主,以益气化痰丸(南星、半夏,加入人参、白术、茯苓、甘草、陈皮、苍术、香附、枳实、苏子、白芥子、神曲、桔梗)治之。后者以补肾降火为主,用滋阴降火丸(熟地、天冬、茯苓、知母、黄柏、贝母、陈皮、苏子、桔蒌霜)治之。老年人补养用药,据明代何良俊《四友斋丛说》:"每日晨朝,宜以醇酒先进平补下元药一服,女人则平补血海药一服。无燥热者药后仍食羊臂粟米粥一杯压之,五味葱薤鹑膏等粥皆可。至辰时服人参平胃散一服,然后次第以顺四时软熟饮食进之。食后行一二百步,令运动消散。临卧时,进化痰利膈人参半夏丸一服。尊年之人不可顿饱,但频频与食,使脾胃消化,谷气长存。"以上食药兼用,甚得养生之旨。

十二月,大寒

第四节 睡方与睡功

　　人之一生，半在寝卧中度过，更有道家隐士，视"黑甜乡"为隐身之处，故不能不得睡中三昧。半山翁诗云："花竹幽窗午梦长，此中与世暂相忘。华山处士如容见，不觅仙方觅睡方"，可见睡亦有方。据道家养生学著作，卧处不可以首近火，不可当风，不可露天而睡。睡前必作轻微运动，揉眼、擦面、摩腹、刷牙、漱口、濯足、梳发、静心，令食物消化，再入寝。不可醉饱入睡，不可烛灯而睡，不可悬足，不可张口，不可覆首，要将一切计虑营谋消释，清心入睡。睡宜暖腹（丹家多穿兜肚护脐）、护肩颈，温足冻脑，食后右侧而卧，食远则左右皆宜。老年人要睡午觉，青年人寝不过午。因老年人气弱，故寝以养之，少壮阳气盛，昼寝反阳亢而致目昏头重之疾。明代郑瑄《昨非庵日纂》记载："《千金方》，云'半醉酒，独自宿，软枕头，暖益足，能息心，自冥目'。"清代曹庭栋《老老恒言》云："愚谓寐有操、纵二法。操者，如贯想头顶，默数鼻息，返观丹田之类，使心有所着，乃不纷驰，应可获寐。纵者，任其心游思于杳渺无朕之区，亦可渐入朦胧之境。最忌者，心欲求寐，则寐愈难。盖醒与寐交界关头，断非意想所及。惟忘乎寐，则心之操或纵，皆通睡乡之路。"又说："坐而假寐，醒时弥觉神清气爽，较之就枕而卧，更为受益。然有坐不能寐者，但使缄其口，闭其目，收摄

左睡功图

其心神，休息片时，足当昼眠，亦堪遣日。"以上可谓入睡之方。

明代周履靖《赤凤髓》载有《华山十二睡功图》，以入睡为行炁功夫，可以视为内丹功法的一种，相传此法乃华山高道陈抟所授。其睡功总诀云："夫学道修真之士若习睡功玄诀者，于日间及夜静无事之时，或一阳来复之候，端身正坐，叩齿三十六通，逐一唤集身中诸神，然后松宽衣带而侧卧之。诀在闭兑，目半垂帘，赤龙头抵上腭，并膝，收一足，十指如钩，阴阳归窍，是外日月交光也。然后一手掐剑诀掩生门，一手掐剑诀曲肱而枕之，以眼对鼻，鼻对生门，合齿，开天门闭地户，心目内视，坎离会合，是内日月交精也。功法如鹿之运督，鹤之养胎，龟之喘息。夫人之昼夜有一万三千五百息，气行八万四千里，是应天地造化，悉在玄关橐龠。使思虑神归于元神，内药也。内为体，外为用。体则合精于内，用则法光于外，使内外打成一片，方是入道工夫。行到此际，六贼自然消灭，五行自然攒簇，火候自然升降，酿就真液，浇养灵根。故曰：'玄牝通一口，睡之饮春酒，朝暮勤行持，真阳永不走'。凡睡之

右睡功图

毛玄汉降伏龙虎

功毕，起时揩摩心地，次揩两眼，则心身舒畅。"《性命圭旨·亨集》载有道教所传"五龙盘体法"，其诀云："东首而寝，侧身而卧，如龙之蟠，如犬之曲，一手曲肱枕头，一手直摩腹脐，一只脚伸，一只脚缩，未睡心，先睡目，致虚极，守静笃，神气自然归根，呼吸自然含育，不调息而息自调，不伏气而气自伏。"此法乃内丹家炼去睡魔，以达到《参同契》"寝寐神相抱，消息候存亡"，《庄子》"其觉也无忧，其寝也无梦"的境界。其法虽然入睡，仍常惺惺，心地湛然，以睡引元神合道。如此"开心宗之性，示不动之体，悟梦觉之真，入闻思之寂"，其诗云："元神夜夜宿丹田，云满黄庭月满天。两个鸳鸯浮绿水，水心一朵紫金莲。"

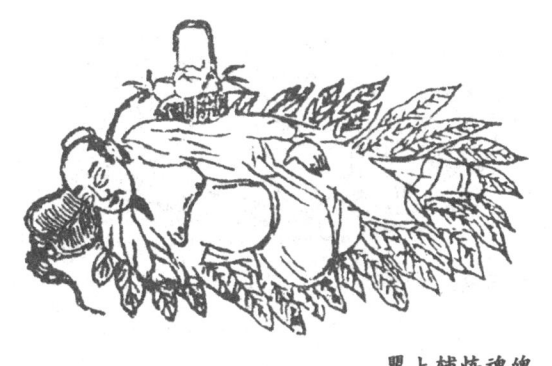

瞿上辅炼魂魄

侧身而卧之法，不必拘泥。仰身而卧，称作尸睡，儒门有睡不尸卧之戒，然道教谓"未学生，先学死"，能行胎息僵尸之功，亦是仙人境界。丹家将人之鼻喻为面部之山峰，两眼间鼻柱为"山根"（又称"祖窍"、"性户"、"观音堂"等）。两鼻孔中间之鼻柱根部，下接"人中"穴，亦名"山根"，以其恰在鼻下根部呼吸出入之交接处，以意摄此鼻口山根谓之"锁鼻"。意注此鼻根，心息相依，锁住气息之感觉，似将其移到肚脐之中，渐入混沌，真息悠悠而入睡，此即"锁鼻术"。吕祖诗云："高枕终南万虑空，睡仙常卧白云中。梦魂暗入阴阳窍，呼吸潜施造化功。真诀谁知藏混沌，道人先要学痴聋。华山处士留眠法，今与倡明醒众公。"据世传张三丰《蛰龙法跋》，《周易·随·象传》云："君子以向晦入宴息"。不曰"向晦宴息"而曰"入宴息"，其妙处正在"入"字，

第三章 医药、服食和养生

麻衣真人和调真气

"人"即睡法。以神入炁穴，坐卧皆有睡功，又何必高枕石头眠哉！今将世传华山陈抟《蛰龙法》睡功诀录于后，以见道教睡功之真谛：

龙归元海，阳潜于阴。人曰蛰龙，我却蛰心。默藏其用，息之深深。白云高卧，世无知音。

第四章　房中养生学

　　房中养生学在中国科学史上占据重要地位，曾使国际上一些性学家、医学家、优生学家给以很高的评价。马王堆竹书《合阴阳》、《天下至道谈》等出土在全世界引起震动，一切正直的学者是不应该将房中养生学的研究拒之于科学门外的。早在春秋战国之际，中国的神仙家就传出房中、服食、行气三派仙道，道教创立后，房中术一直依附道教而传，这也是不争的事实。陶弘景《真诰·运象篇》云："黄赤之道，混气之法，是张陵受教施化为种子之一术耳。"马王堆汉墓帛书《十问》亦将先秦时代的房中术重新展现在今人面前，舜帝、彭祖、容成、吕乐、文挚等古代贤哲原来亦研习接阴之道。《黄帝内经》中《素问》三十一、《太素》三、《针灸甲乙经》六以及后世医家之书多论房中，道书《太平经》倡兴国广嗣之术，《抱朴子内篇》称房中、行气、金丹为修仙的三大要术，五斗米道更以合气之术疗病去灾。至今《道藏》中仍保存有《洞真太微黄书天帝君石景金阳素经》、《上清黄书过度仪》、《洞真黄书》等，皆为古代房中著作。在中国礼教统治的氛围中，房中术是历代道士讳言的秘传方术，从来没有大张旗鼓地在社会上

修炼性意象

宣传，但直到清代也没有失传。道书中公开指责房中术的言论不胜枚举，这恰是道教中秘传有房中术的证据。北魏寇谦之自称太上老君授他天师之位，命他"除去三张伪法，租米钱税，及男女合气之术"，一些学者以为自此以后房中术在道教中失传，这实是浅学无知之见。据《魏书·释老志》称寇谦之虽断改了房中术中的黄赤一法，然"经契故有百余法，不在断禁之列。若夫妻乐法，但凭问清正之师，按而行之，任意所好，传一法亦可足矣。"这说明房中术在道教内部一直没有禁断，而房中养生学也受到历代养生家的重视。还有的学者为维护道教声誉，建议将道教中的房中术同社会上流传的宫廷秘戏之道严格区别，这也是不明道教文化兼收并蓄特征的迂腐之见。本来社会上流传的宫廷秘戏之道就由道教房中术中的"夫妻乐法"演化而来，个中界限又如何划分得清？至于艳史小说中所载房中器具，亦多为出自道教，泥水丹派还传有橐籥、上天梯、刀圭、独角牛（木蝉）等，局外人尚不知，小说中亦未载。近代著名高道易心莹在《寄玄照楼书》和《道教分宗表》中，也披露道教里的"调神宗"就是秘传房中术的道派。他介绍调神宗"别名房中。倡始者，素女、黄帝。宗法有百来事，其要有六。法门：节欲保身、禁忌方法、攻治众病、补救伤损、摄精固气、还阳补脑。"道教中自知房中法门是易造成流弊败坏道风的修持方术，因之对修持者加以森严的戒律。易心莹道长也在上述文献中讲清此术的利弊，他说："调神宗者：辨养生，禁嗜欲，而固摄精气，则驻颜不老。或者不察，以为采战之术，利己损人，信口雌黄，憎无学识，不经之甚矣。"其实对房中术的流弊古代高道早有明察，葛洪《抱朴子内篇·微旨》云："玄素谕之水火，水火煞人，而又生人，在于能用与不能耳。"

我们今天从道学的角度研究房中养生学，一是抛开宗教的是非圈子将其提到性科学的角度进行学术研究，而学术研究是没有禁区的；二是排除房中纵欲诲淫的流弊，以是否有利养生作为区分取舍的标准。房中养生学是有关性生活的养生学，也是古代的性科学。从现代学术的观点看，房中养生学标准下的房中术既是性卫生学和性医学，又是一门性技术乃至性艺术，它是一项宝贵的文化遗产。作为一个有五千多年文明的泱泱大国的科研人员，应该有气魄和胆识面对祖先留下的这些房中资料。在全世界科学昌明的今天，我们应当破除封建礼教伪君子们对性文化的偏见，将中国性文化的遗产融入世界文明的洪流中去。

由于宋明伪道学对道家性文化的禁锢，古代房中家创造了许多隐语来传播男女交接的方术。道书中将房中术隐名为"玄素"、"容成"、阴道、黄赤之道、黄书赤界之法、男女合气之术等。另外，戏道、隐戏、秘戏、闺戏、混气之法、合阴阳、赤炁、房室、房内、使内、近内、接内、御内、内事、神明之事、人事、房事、欲事、春事、庶事、阳事、房帏之事、行房、行阴、入房、交欢、欢合、交合、交媾、交接、接形、作强、人道、敦伦、御妇人术等，皆指性交或房中术而言。明白了这许多隐语和异名，研读古代房中资料就方便了。

第一节　房中养生学的文化渊源和见存文献

房中养生学的文化渊源，可以追溯到氏族公社原始宗教的生

殖崇拜。中国石器时代的生殖崇拜文化终于刺激先民的原始思维迸发出哲学的火花，创造出作为中国哲学轴枢的阴阳学说。一阴一阳之谓道，偏阴偏阳之谓疾，由此发展起来的性文化就是一种合阴阳的文化。殷周时期，在巫的神秘宗教仪式中，房中术也是一种通神疗病的巫术活动。而后到春秋战国时代，诸子百家蜂起，房中家亦为方术之一家。秦汉方仙道以方术求成仙，房中术亦为仙术之一，祖述彭祖、容成公、玄女、素女等。《汉书·艺文志》分方技为医经、经方、房中、神仙四类，房中八家有《容成阴道》、《务成子阴道》、《尧舜阴道》、《汤盘庚阴道》、《天老杂子阴道》、《天一阴道》、《黄帝三王养阳方》、《三家内房有子方》，房中家已托名黄帝、尧舜、汤盘庚等古部落酋长而传。《汉书·艺文志》云："房中者，性情之极，至道之际。是以圣王制外乐以禁内情，而为之节文。传曰：'先王之作乐，所以节百事也'。乐而有节，则和平寿考，及迷者弗顾，以生疾而殒性命。"可知房中术自古为历代帝王重视和实践，成为他们礼乐教化的组成部分，并用以宣情、节欲、疗病、延寿。《抱朴子内篇·遐览》载有《元阳子经》、《玄女经》、《素女经》、《彭祖经》、《陈赦经》、《子都经》、《张虚经》、《天门子经》、《容成经》，说明汉魏以来彭祖、容成、玄女、素女之书盛传，且又出现一些新的房中家。至《隋书·经籍志》，又有《素女秘道经》（并《玄女经》）、《素女方》、《彭祖养性》、《郯子说阴阳

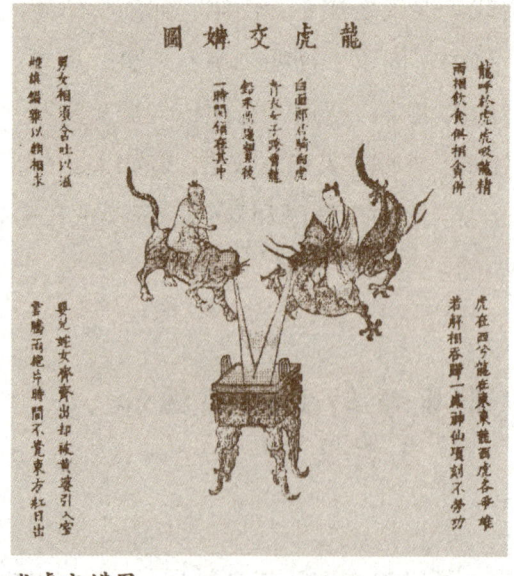

龙虎交媾图

经》、《序房内秘术》(葛氏撰)、《玉房秘诀》、《徐太山房内秘要》、《新撰玉房秘诀》等书收入医方类。可惜这些书大都散佚殆尽，人们无法详知当时房中养生学研究的确切水平。

　　幸而日本学者丹波康赖的《医心方》(写于984年)中收入不少流入日本的房中古籍，后来叶德辉从《医心方》中辑出《素女经》一卷、《素女方》一卷、《玉房秘诀》一卷(附《玉房指要》)、《洞玄子》一卷，连同敦煌卷子中白行简的《天地阴阳交欢大乐赋》残卷，于1914年汇入《双梅景暗丛书》中印出，这些大多为六朝及唐代流传之书。1951年，又有荷兰著名汉学家高罗佩，在日本编成《秘戏图考》，介绍了他曾寓目的《胜蓬莱》、《风流绝畅》、《花营锦阵》、《风月机关》、《鸳鸯秘谱》、《青楼剟景》、《繁华丽锦》、《江南销夏》等八部春宫画册的内容，并抄写了房中书《秘书十种》。其中有《洞玄子》和《房内记》(丹波康赖《医心方》第二十八卷)、《房中补益》(孙思邈《千金要方》第八十三卷)、《天地阴阳交欢大乐赋》、《某氏家训》(残页)、《纯阳演正孚佑帝君既济真经》、《紫金光耀大仙修真演义》、《素女妙论》以及《风流绝畅图》、《花营锦阵》两种春册题辞，前四种为唐以前书，后六种为明代房中作品。《既济真经》、《修真演义》为同类阴阳双修派内丹学著作，非高罗佩所能解。此类书还有明代洪基《摄生总要》中的《房术奇书》、《种子秘剖》等，包括朱权《房中炼己捷要·五字妙诀》，陈希夷《房术玄机中萃纂要》。此外，陶弘景《养性延命录·御女损益篇》、孙思邈《千金要方·房中补益》、元代李鹏飞《三元延寿参赞书》、朝鲜学者金礼蒙《医方类聚》中《房中补益》及《修真秘诀》，包括《抱朴子内篇》、《黄庭经》中有关房中部分，皆反映了古代房中养生学发展的水平。特别是1973年长沙马王堆三号汉墓出土竹简《十问》、《合阴阳》、《天下至道谈》和帛书《养生方》、《杂疗方》，揭开了我国先秦房中养生学的真面目。其他还有一些遗存的有关房中术的文献资料，不外是道家各类丛书、

丹经中的房中资料，医家各类医药养生著作中的房中资料，小说家所著野史、艳史、笔记、淫秽小说中的性描写资料等三个部分。例如《黄帝内经》、南朝褚澄《褚氏遗书》、南宋陈自明《妇人良方》、元代朱震亨《格致余论》、五代刘词《混俗颐生录》、明徐春甫《古今医统大全·房中切度篇》、明万全《广嗣纪要》、明高濂《遵生八笺》、明张介宾《宜麟策》、明岳甫嘉《种子篇》及王焘《外台秘要》、沈金鳌《妇科玉尺》、汪昂《勿药元诠》、龚廷贤《寿世保元》等大量医药养生著作，其中都有房中术、性医疗保健、优生学的资料。《金瓶梅词话》、《肉蒲团》、《株林野史》、《绣榻野史》、《痴婆子传》、《昭阳趣史》、《艳异编》、《灯草和尚传》、《绿野仙踪》等色情小说中有大量男女性生活的描写，《品花宝鉴》、《弁而钗》等书且有同性恋的描写，还有《九尾龟》、《嫖经》等书，学者不难从中搜寻出有用的房中术乃至男女双修法的资料。再有王文禄编《百陵学山丛书》、《说郛》、《夷门广牍丛书》及《道藏》中亦不时发现房中术著作，例如《云笈七签》中的《王屋真人口授阴丹秘诀灵篇》、《道枢·容成篇》、《太微黄书过渡仪》、《洞真黄书》以及《道藏精华》中的《三峰丹诀》、《玄微心印》、《采真机要》、傅金铨《济一子道书》、《证道秘言》、《紫闱秘书》、《证道一贯真机易简录》等，保存有男女双修内丹工夫的宝贵资料。愚谷老人《延寿第一绅言》、龙遵叙《食色绅言》、《男女绅言》、《东坡养生集》、枚乘《七发》等作品，对研究房中养生学亦有参考价值。笔者经眼的见存房中养生文献略如上述，人们已不难从中梳理出我国房中养生学的大致脉络。

第二节　房中养生学的历史发展简况

先秦房中养生学已发展到相当高的水平，且和长生修仙的目标联系在一起，被称为"天下至道"，为秦汉方仙道视为仙术承传下来。《天下至道谈》云："人产而所不学者二：一曰息，二曰食。非此二者，无非学与服。故贰生者食也，损生者色也，是以圣人合男女必有则也。"人生下来，除了吃饭、喘气不用学习外，其他不实践服事则不能掌握技巧，房中养生更是需学而知之的艺术和科学。《天下至道谈》、《合阴阳》将房中男女交接同导引、行气相结合，讨论了男女性高潮的体征、性欲反应、性心理、体液分泌及其气味、性交姿势等问题，奠定了后世房中学说的基础。《十问》竹简讨论了用柏实、牛羊奶、动物阴茎、睾丸之类滋阴药物可以补精壮阳，防止性器官疾患及其功能早衰的措施，以及性交技术、性心理、性生活宜忌等问题。秦汉方仙道有燕赵方士之服食、秦晋方士之房中、楚越巴蜀方士之行气三派之传，房中家亦是受人尊崇的有道之士。汉武帝之后，儒学和礼教虽然成为占据统治地位的意识形态，但仍然没有轻易否定房中术，而是以儒教礼乐的外衣去粉饰它，强调了其中节欲的内容。汉代大儒董仲舒《春秋繁露·循天之道》云："养身以全，使男子不坚牡不家室，阴不积盛不相接。""天气先盛牡而后施精，故其精固。""是故新牡十日而一游于房，中年者倍新牡，始衰者倍中年。"这实际上也是讨论按天地之气规律行房的房中术。科学家张衡《同声歌》云："洒扫清枕席，鞮芬以狄香。重户结金扃，高下华灯光。衣解巾粉御，列图陈枕张。素女为我师，仪态盈万方。众夫所希见，天老教轩皇。乐莫斯夜乐，没齿焉可忘！"可知东汉时《天老杂子阴道》、《素女经》、《玄女经》等重要房中养生学专著已传世，且有春宫图画以供男女交接所取法，官宦之家可依之享受房中之乐。《素女经》中的房中术已很成熟，其中介绍了九种不同的性交体位和姿势，称"交接九法"，将房中术提到性享受和性艺术的高度，并形成了一套合阴阳的理论。《周易参同契》就是在这种文化背景下问世的。

汉末魏晋时期，房中养生学又兴盛一时。早期道教中即教授房中术，作为养生修道的手段。张陵祖孙在四川以房中术治病，深得民心，后来此术深入巴蜀豪门世族及山林隐逸之中，蜀人精于此术，竟千百年承传不绝。《广弘明集》载北周·甄鸾《笑道论》云："臣年二十之时，好道术，就观学。先教臣《黄书》合气，三五七九男女交接之道，四目两舌正对，行道在于丹田，有行者度厄延年。教夫易妇，唯色为初，父兄立前，不知羞耻，自称中气真术。今道士常行此法。"由此可见早期道教和魏晋神仙道教中风行房中术之状况。据《博物志》记载，曹操招致方士入许昌，其中"甘始、左元放、东郭延年行容成御妇人法，并为丞相所录，行其术，亦得其验。"《后汉书·方术传》也记载冷寿光、甘始、东郭延年、封君达，"率能行容成御妇人术，或饮小便，或自倒悬，爱啬精气，不极视大言。"可知当时房中术配合宝精、喝尿、倒悬等功法，是驻颜延寿的还年之道。其后左慈将房中术传至江南，葛洪师事郑隐得房中秘诀。《抱朴子内篇·释滞》云："玄素、子都、容成公、彭祖之属，盖载其粗事，终不以至要者著于纸上者也。志求不死者，宜勤行求之。""此法乃真人口口相传，本不书也。虽服名药，而复不知此要，亦不得长生也。""房中之法十余家，或以补救伤损，或以攻治众病，或以采阴益阳，或以增年延寿，其大要在于还精补脑之一事耳。"还精补脑之术因法诀不同有层次高低之分，男女双修的内丹工夫就是以采阴益阳的还精术入手的。

隋唐时期，中国的封建王朝实力雄厚，社会较为开放，道教兴盛，男女之间的性生活受到社会重视，房中养生学的研究也有长足发展。魏晋以来，隐逸之风盛行，文人学士有所谓隐入"温柔乡"者。唐代诗人才子和女冠酬唱，将饮酒狎妓视为风流，亦入"温柔乡"中求房中之乐。

唐代房中书增多，除《隋书·经籍志》所录房中养生学著作外，唐代还有《葛氏房中秘术》、《冲和子玉房秘诀》两书传世。其中最有代表性的，是道教医药学家孙思邈的《备急千金要方·房中补益》篇。日本学者丹波康赖之《医心方·房内》卷，所征引亦为隋唐间房中书。纵观当时的房中养生学著作内容，大致可以划分为四个层次。其一是返老驻颜、修道成仙，这是房中术追求的最高层次的目标。房中养生工夫中的采气术、添油术、还精术、合炁术，都属于为达此目标研习的方术。这是《周易参同契》秘传的同类阴阳双修内丹工夫，得诀者少，为少数修仙的高道才能掌握。然而在先秦《合阴阳》、《天下至道谈》的竹简中，房中家就一直追求修道成仙的目标，这决定了中国房中养生学和国外其他民族为调节性生活而发展的性技术具有不同特色。其二是交接有术，快乐无损，这是提高性艺术，促发性高潮，得到性享受，又防止色淫伤身的目标。社会上层皇室、官僚、贵族家庭妻妾成群，他们性生活的色欲需要促进了房中秘戏之道的发展。房中术中的观察性欲反应之法，变换交接姿势之法，多交少泄之法及房事禁忌等皆为此而设。白行简的《天地阴阳交欢大乐赋》显然是这种追求性快感的代表作。另有女性为获得性快感的"青娥术"，亦颇合女性的生理需求。实际上，人们学得性技术，追求性享受，也应该是人类性生活的正当需要。其三是攻治众病、益身延寿，这是利用房中养生学疗病去疾、补救伤损，调节生理、心理的平衡，从而达到强身健体、增年延寿的目标。房中养生学或者借用医药、导引、行气等方术治疗男女性疾患，或者靠调整性交姿势、利用性技术来治疗本身的其他疾病，行七损八益之道，皆属于这方面的内容。西方现代医学家注意到防治男女性功能疾病的研究，但对利用房中术作医疗手段治疗人体疾患尚缺乏认识。其实人的心理、生理疾病很多都和性器官及其功能的生理、心理因素有关，用调整性生理、性心理因素的方法治愈疾病是毫不足怪的。房中术在医疗上的应用是中国性科学的一个创造。中国的性医学自古

在世界上处于领先地位,自是近世以来性科学被划为禁区,医院没有性学门诊,男科病治疗反而落后欧美,这种封建礼教压抑科学的现象必须从根本上改变,中医界才能开发性文化遗产为人类造福。其四是授精种子、优生优育,这是为掌握最佳交合对象和时机,以获得优良子嗣的目标。在礼教统治的中国社会,生男育女传宗接代无疑是伦理纲常的头等大事,因此儒家学者也希望研习房中术为种子广嗣服务。初传《太平经》的黄老道方士,就曾以兴国广嗣之术来诱惑汉朝帝王,这说明道教为适应家长制宗法社会从一开始就注意发展房中养生学中这一层次的内容。房中术有不少治疗妇科和男科疾病的方药;有选择女人、掌握性交时机的方法;有调整性心理、性生理因素以养精蓄锐交合种子的方法;还有布孕、养胎、胎教之法,皆是为此而设。以上房中养生学四个层次的内容在唐代是兼顾的,男女的爱情生活也在文学作品中有充分的表现,但在宋明以后由于受君权专制政治的压抑则畸形发展。

宋元时期,家长制的封建宗法政权越来越专制,程、朱理学的影响日益扩大。程朱理学培养出一批满口仁义道德、伦理纲常的伪君子,他们控制了国家的意识形态,提出"存天理,灭人欲"的口号,将两性之间的接触视为"男女之大防",说什么"饿死事极小,失节事极大",野蛮地压迫和扭曲妇女的人格。尤可骇怪者,妇女缠足之风亦渐兴起,束缚于闺房的小脚女人被看作礼教妇德的体现。这段时期的史志目录对房中养生学著作没有记载,但在医学家和养生家的著作中仍然涉及房中术的内容。如陈自明《妇人大全良方》、朱震亨《格致余论》、李鹏飞《三元延寿参赞书》等为这一时期的代表作。这些书加强了治疗不育症、节欲、胎教及妊娠宜忌的讨论,显然这也是儒教推崇生儿育女的需要。

贫苦农民出身的朱元璋爬上明帝国的皇位后,愚昧残暴的家天下独裁政治逐渐登峰造极。维护宗法礼教的程朱理学占据统治地位，对妇女的压迫更是日益深重。清帝国沿袭了明代的文化专制，又加之以野蛮的民族压迫，特别是雍正、乾隆两代皇帝大兴文字狱，多次禁书、毁书，使传统文化受到摧残。这时正是西方诸国工业革命、文艺复兴、人权觉醒的时代，中华帝国却与世界潮流背道而驰，明朝的穷奢极欲，清朝的禁锢封闭，给中华民族种下了落后挨打的祸根。礼教仁义道德、伦理纲常的牢笼扭曲了人生的观念，反而使社会生活更为腐败黑暗，男女性生活和房中术也是畸形发展的。例如从图画上看，唐代仕女裸胸露脐的健康体魄自宋代渐渐消失，明代则紧衣高领，道貌岸然。明代以后妓院遍及名都大邑，嫖妓纳妾成风，同性恋和性变态现象也很普遍。入清以来，人们的审美观念亦畸形变化，男性粗犷健壮的阳刚之美被社会否定，女性化的文弱书生成了美男子的标本。男人欣赏闭锁深闺的病态女性，缠足致残的"三寸金莲"成了性欲的刺激物。明代皇室和贵族家庭淫乱成风，《金瓶梅词话》、《绣榻野史》等淫秽小说描写了贵族妻妾成群的家庭性生活。这样，妇女成了贵族男性泄欲的工具，房中术的性享受和性艺术方面获得畸形发展，大量春宫画册的出现及春药、房戏工具的应用就是证明。儒生、官僚还把妇女当成传宗接代的工具，房中养生学的种子优生方面也有发展，一些医学和养生学著作在择偶受孕广嗣育子上有精到的研究。内丹家和道士又把女子当成炼丹的鼎器，由此发展出了男女双修功夫的多种门派。明代梅毒传入中国，官僚贵族的穷奢淫欲和嫖妓、贪男色造成了性病的流行，房中术中的性医学研究也有进展。明代房中养生学的研究成果和著作在社会上流传较多，但到清代雍正、乾隆两期禁毁殆尽。在有数千年家长制宗法政治传统的中国，男女两性关系一直是最敏感的社会问题。近代叶德辉因出版《双梅景暗丛书》名声扫地，房中术遂成为学者们望而生畏的禁区。

　　明清两朝是实行儒学文化专制主义的时代，也是历史上性禁

锢最严重的时期。性禁锢本质上也是对社会思想的禁锢，因之一个社会的性开放程度、妇女的解放程度，也是社会政治自由度的晴雨表。把中国占人口半数的女性禁锢起来，对女性实施性压迫，这大概是儒学维护君权、父权、夫权三纲最"高明"的政治策略，由此换取君权家长制社会的长治久安。近世以来中国社会的性禁锢一直延续着，直到"改革开放"的时代才被青年一代的新思潮所冲垮。

第三节　房中养生学的理论原则和房中术的基本内容

　　房中术大致分为采阴合炁的修仙术，交欢销魂的秘戏术，调谐身心的医疗术，优生布胎的种子术四大门类，包含有性艺术、性心理学和性医学等多项内容。房中养生学的基本理论，和道教哲学、术数学、中医学的基本理论是相通的，即都是以阴阳五行学说、天人感应原理、藏象经络理论、精气神形的人体观等为基础。它的原则首先是法于阴阳，合于术数。《洞玄子》曰："人之所上，莫过房欲，法天象地，规阴矩阳。悟其理者则养性延龄，慢其真者则伤神夭寿。"独阳不生，独阴不长，人如阴阳不交，必多病而不寿，故须阴阳交合，而交合之法，亦须与天地相参，与日月相应，其"坐卧舒卷之形，偃伏形长之势，侧背前却之法，出入深浅之规，并会二仪之理"，都符合术数学的规律。其他如性交体位、时日选择、性交宜忌，都是以阴阳八卦、天干地支、五行数术安排的。房中养生学的原则还有宝精固肾，以人疗人。房中养生学以固肾补肾为本，以宝精炼精为要。肾气不至，玉茎不坚；精气不泄，可以延年。孙思邈《千金要方》引彭祖话"以人疗人，真得其真，故年至四十，须识房中之术"。双修派亦讲竹破竹补，人破人补，因之"以人疗人"是房中医疗术的基本思想。房中养生学再一原则是天人交感，采取盗机。《黄帝阴符经》提出"盗"和"机"的概念，成为房中采补派乃至阴阳栽接内丹功夫的依据。内丹家以男女交感之术盗取天地造化之机，采取虚无先天一炁，取得房中回春还年之效，是高层次的内丹功夫。房中术采补和栽接之法甚多，层次有高低

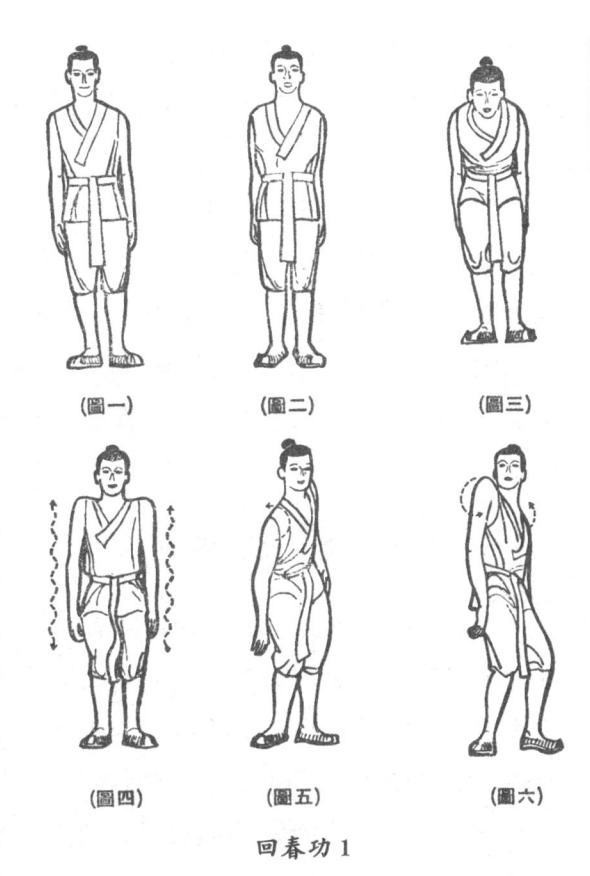

（图一）　（图二）　（图三）

（图四）　（图五）　（图六）

回春功1

深浅，但都以天人感应的原则掌握时机而用功。另外，男唱女和，合炁通神，也是房中养生学的基本原则。《洞玄子》云："男唱而女和，上为而下从，此物事之常理也。若男摇而女不应，女动而男不从，非直损于男子，亦乃害于女人。"《玄女经》也说："阴阳者相感而应耳，故阳不得阴则不喜，阴不得阳则不起。男欲接而女不乐，女欲接而男不欲，二心不和，精气不盛，加以卒上暴下，爱乐未施。男欲求女，女欲求男，俱有悦心，故女质振感，男茎强。"房中术是一种男女从心理、生理到技术都须相互配合的性活动，只有男欢女乐，情感相融，才可以引发性高潮的到来，否则反而带来伤损。性交时精、气、神的运用，是进行养生保健，优生种子，销魂享乐的关键技术，也是阴阳采补和栽接之道的要

害功夫。男女神交氤合，可以留正去邪，达到房中术所追求的采氤、交欢、疗疾、种子四个不同的目标。中国医学亦有"人运中兴"之说，以为国运皆有中兴，人道亦可再振。《景岳全书》所谓"盖在天在人，总在元气，但使元气无伤何虑衰败。元气既损，贵在复之而已。""故人于中年左右，当大为修理一番，则再振根基，尚余强半。"陶弘景讲"天道自然，人道自己"，人运中兴全靠自己。肾藏精气，为人身生命力的根基，不知房中术而纵欲则动摇根本，知房中之术则能培根固本，达到人运中兴的目的。以下再简述房中术的具体内容。

一　择人而交，知时而动

房中术以追求优生种子为目的者，对择偶之男女都有一定标准。孙思邈《千金要方》云："凡妇人不必须有颜色妍丽，但得少年未经生乳，多肌肉，益也。若足财力，选取细发，目睛黑白分明，体柔骨软，肌肤细滑，言语声音和调，四肢骨节皆欲足肉，而骨不大，其阴及腋皆不欲有毛，有毛当软细。不可极于相者，但蓬头蝇面，槌项细喉，雄声大口，高鼻麦齿，目睛浑浊，口颔有毛，骨节高大，发黄少肉，隐毛多而且强，又生逆毛，与之交合，皆贼命损寿也。"孙思邈所论择女之术，不仅适用了种子术，亦大致适用于采氤、疗疾等术。《广嗣纪要·择偶篇》记有"螺、皱、鼓、角、脉"为婚配"五种不宜"。螺为交骨如环，骨盆狭窄；皱即阴道盘曲，处女膜闭锁，为石女；角为两性畸形，为阴阳人；脉为原发性闭经。王冰《玄

珠妙语》讲男子不育症有"天、漏、犍、怯、变"五种。天为男子先天无性能力，为天宫，如生殖器官发育不全；漏即滑精早泄；犍即被阉割阴茎或睾丸；怯为阳痿不举；变为性变态，同性恋、女性化或其他性恋畸变。《石室秘箓·子嗣论》又称男子有六病，"一精寒也，一气衰也，一痰多也，一相火盛也，一精少也，一气郁也"。其中包括肾精寒，肾阳衰，精子稀少，阴虚火盛，湿邪重，肝气郁滞等。又称女子十病，"一胞宫冷也，一脾胃寒也，一带脉急也，一肝气郁也，一痰气盛也，一相火旺也，一肾水衰也，一任督病也，一膀胱气化不行也，一气血虚而不能摄也。"以上男子六病，女子十病，都是从优生广嗣的角度而言，列举的影响生育的中医腑脏经络病变。此外《玉房秘诀》、张介宾《妇人规·基址》等书亦有精辟之论，兹不俱引。

至于交合的最佳时机，以明代岳甫嘉《种子篇》所论最确，他说："夫天地生物，必有氤氲之时；万物化生，必有乐育之时。如猫犬至微，将受妊也，其雌必狂呼而奔跳，以氤氲乐育之气，触之而不能自止耳。此天然之节候，生化之真机也。世人种子，有云'三十时辰两日半，二十八九君须算'，此特言其大概耳，非的论也。《丹经》云：'一月止有一日，一日止有一时。'凡妇人月经行一度，必有一日氤氲之候于一时辰间，气蒸而热，昏而闷，有欲交接不可忍之状，此的候也。于此时逆而取之则成丹，顺而施之则成胎矣。其曰'三日月出庚'，又曰'温温铅鼎，光透帘帏'，皆言其景象也。当其欲情浓动之时，子宫内有如莲蕊初开，内人洗下体以手探之自知也，但含羞不肯言耳。男子预密告之，令其自言，一举即中，必多成男。何也？阳以静胜阴之动，阴动必先靡，阳静必后动，此《易》坤求乎乾，地天泰之义也。"

二　房事有节，当知宜忌

啬精寡欲，以自然规律节制房事，也是中国房中术的基本原

则。色欲过度则伤肾，房事无节则精竭，故养生之要，节欲知戒为先。《遵生八笺》以为"阴阳好合，接御有度；入房有术，对景能忘；毋溺少艾，毋困青童；妖艳莫贪，市妆莫近；惜精如金，惜身如宝；勤于服药，补益下元；外色莫贪，自心莫乱；勿作妄想，勿败梦交；少不贪欢，老能知戒；避色如仇，对欲知禁"，皆可延年。万全《广嗣纪要》还有"三虚四忌"之说，凡遇虚忌禁止性交。"三虚者，谓冬至阳生，真火正伏；夏至阴生，真水尚微，此一年之虚也；上弦前，下弦后，月廓空，此一月之虚也；天地晦冥日月，此一日之虚也。遇此之虚，须谨避之。四忌者，一忌本命正冲，甲子、庚申、晦朔之日；二忌大寒、大暑、大饥、大饱之时；三忌日、月、星、辰、寺观、坛庙、灶、冢、墓之处；四忌触忤恼怒，骂詈击搏之事。"张介宾《妇人规·子嗣》亦云："凡神前庙祉之侧，井灶冢枢之旁，及日月火光照临，沉阴危险之地，皆不可犯，倘有不谨，则夭枉残疾。"另外，个人身体和心理状况亦有禁忌，如在喜怒、忧怨、恐惧、疲劳、病后、虚弱时皆不可行房。酒醉入房为房事之大忌。其他如饱食未消、传染病未愈，以及忍大小便交合，多生疾病。女子的经期、孕期、产期和哺乳期，皆宜节制房事。

为了优生种子，房中术亦对男女婚嫁年龄有限制。《褚氏遗书》说："合男女必当其年。男虽十六而精通，必三十而娶；女虽十四而天癸至，必二十而嫁。皆欲阴阳完实，然后交合。"《三元延寿参赞书·欲不可早篇》说:"男破阳太早则伤其精气,女破阴太早则伤其血脉"。男子不足十六岁而御女泄精,易得早衰阳痿之疾,伐性伤命;斲丧天元,乃至夭殇。女子天癸未至而交配,造成月经错乱,阴气早泄,命根不牢。再就是性交泄精的频率,据《医心方·施泄篇》说:"年二十盛者日再施,嬴者可一日一施;年三十盛者可一日一施,劣者二日一施;四十盛者三日一施,虚者四日一施;五十盛者五日一施,虚者十日一施;六十盛者十日一施,虚者二十日一施;七十盛者可三十日一施,虚者不泻。"又有施精以春生、夏长、秋收、冬藏之规律安排之说,以及将交合时间定于夜半向辰之际的看法。性交泄精以人的体质强弱、年龄、季节、恢复程度而决定其频度,不必强求一律。《食色绅言》云:"士子读书作文辛苦,最宜节欲。盖劳心不节欲则火动,火动则肾水耗,水耗而火炽则肺金受害,传变为痨瘵。"知识分子特别是著书立说的学者,切戒纵欲丧精,否则引动痰火肾虚之症,伐命伤生。

三 宝精壮阳,七损八益

欲学房中之术,首先当知七损八益之道,能避七损,得八益,行聚精、炼精之法养精蓄锐,才可逐步提高性艺术。岳甫嘉《医学正印·种子篇》云:"夫聚精之道,一曰寡欲,二曰节劳,三曰惩怒,四曰戒醉,五曰慎味。"精成于血,凡逞欲、过劳皆耗血,故须寡欲节劳。怒伤肝而动心君之火,醉冲动血气,皆伤精气。味能生精,慎味可养精。"炼精之法,全在肾家下手。内肾一窍,名玄关;外肾一窍,名牝户。真精未泄,乾体未破,则外肾阳气至子时而兴,人身之气与天地之气,两相吻合。精泄体破,而吾身阳生之候渐晚。有丑而生者,次则寅而生者,又次则卯而生者,有终不生者,始与天地不相应矣。炼之之诀,须半夜子时,即披衣起坐,两手搓极热,以右手将外肾兜住,以左手掩脐而凝神于内肾约半个时辰,久久习之,而精自旺矣"(《种子篇》)。孙思

邈《千金要方·房中补益》云："善摄生者，凡觉阳事辄盛，必谨而抑之，不可纵心竭意以自贼也。若一度制得，则一度火灭，一度增油。若不能制，纵情施泻，即是膏火将灭，更去其油，可不深自防？"双修派彼家丹法之"添油术"，即由此而来。《玉房秘诀》还有以房中术壮阳之法，"其法令女正卧，两股相去九寸，男往从之，先饮玉浆（女舌下津液），久久乃弄鸿泉（阴道口，又称金沟），乃徐内玉茎，以手节之，则裁至琴弦、麦齿之间，敌人淫欲心烦，常自坚持，勿施泻之。度三十息，令坚强，乃徐内之，令至昆石，当极宏大。大则出之，少息劣弱，复内之，常令弱入强出。不过十日，坚如铁，热如火，百战不殆也。"此术也被双修派丹家发展为"铸剑"之法。

七损八益，为房中家所必知。《天下至道谈》云："八益：一曰治气（导治精气），二曰致沫（化致唾沫），三曰知时（测知时机），四曰蓄气（蓄养精气），五曰和沫（调和阴液），六曰窃气（潜积精气），七曰持赢（持盈保满），八曰定倾（定止倾倒）。七损：一曰闭（精道闭塞），二曰泄（气液外泄），三曰竭（精气衰竭），四曰勿（阳痿不举），五曰烦（心绪烦乱），六曰绝（欲绝力尽），七曰费（费力无补）。"据《天下至道谈》，修炼八益之道，可以导引之术治气；以咽津行气法致沫；以调情嬉戏知时；以柔和性交法和沫；以交

而有节法积气；以静心吞气法持盈；以弱入强出法定倾，从而提出一套用八益、去七损的性技术。《素女经》提出八益为：固精、安气、利脏、强骨、调脉、蓄血、益液、导体。共八套房中性技术。如"六益曰蓄血，男正偃卧，令女举尻跪其上，极内之，令女行七九数，数毕止，令人力强。又治女子月经不利，日七行，十日愈。"七损为：绝气、溢精、杂脉、气泄、机关厥伤、百闭、血竭。这七种病，亦有七套房中术性活动来医治。如"杂脉者，阴不坚而强用之，中道强泻，精气竭；及饱食讫交接伤脾，令人食不化，阴痿无精。治之法，令女人正卧，以脚钩男子尻，男则据席内之，令女自摇，女精出止，男勿快，日九行，十日愈。"此为夺脉之疾，以女仰卧钩男臀而动，阴液流出，男不射精之法而治之。《广嗣纪要·协期篇》云："男女交合，男有五伤。一者男与女交合之时泄精少者，为气伤。二者交合之时精出而勃者，为肉伤。三者交合之时泄精而多者，为筋伤。四者交合之时，精出而不射者，为骨伤。五者交合之时玉茎不坚，虽坚而不久者，为肾伤。"又引《养生经》云："精清者肉伤，血精者筋伤，精赤者骨伤。如此伤者，病乃生焉。"又曰，"女有五伤之候：一者阴户尚闭不开，不可强刺，刺则伤肺。二者女兴已动欲男，男或不从，兴过始交，则伤心，心伤则经不调。三者少阴而遇老阳，玉茎不坚，茎举而易软，虽入不得摇动，则女伤其目，必至于盲。四者女经水未尽，男强逼合，则伤其肾。五者男子饮酒大醉，与女子交合，茎物坚硬，久刺之不已，女情已过，阳兴不休，则伤其腹。"另外，张介宾认为命门火衰，精气虚冷；七情劳倦；思虑忧郁太过；突遇惊恐等，皆可导致阳痿之症，并提出相应治疗方案。《素女方》等房中书亦有多种治疗男女性功能失调的方剂。

四　先戏两乐，心毋怵荡

《天下至道谈》云："先戏两乐，交欲为之。"《十问》云："接

阴之道，以静为强，平心如水，灵露内藏，款以玉策，心毋怵荡。"《洞玄子》亦云："凡初交会之时，男坐女左，女坐男右，乃男箕坐，抱女于怀中。于是勒纤腰，抚玉体，申燕婉，叙绸缪，同心同意，乍抱乍勒，二形相搏，两口相哝。男含女下唇，女含男上唇，一时相吮，茹其津液，或缓啮其舌，或微咬其唇，或邀遭抱头，或逼命拈耳，抚上拍下，哝东哑西，千娇既申，百虑竟解。乃令女左手抱男玉茎，男以右手抚女玉门。于是男感阴气，则玉茎振动，其状也，峭然上耸，若孤峰之临迥汉；女感阳气，则丹穴津流，其状也，涓然下逝，若幽泉之吐深谷。此乃阴阳感激使然，非人力之所致也。势至于此，乃可交接。"《玉房指要》也说："凡御女之道，务欲先徐徐嬉戏，使神和意感良久，乃可交接。"男女俱有悦心，情投意合，相偎相抱，称作房事的"情机"，这是性唤起的工夫。

综而言之，交接之时，心情要平静，去掉一切精神负担。特别是不要有对性生活能否成功信心不足的忧虑，更不要有恐惧心理，思想不要紧张，便不会发生阳痿等精神上的性障碍。同时要相互嬉戏，刺激发欲带，令男女阴阳二气感应，激发起自然的性欲，再开始性交。

五　性动协期，征备乃交

古代房中家已认识到男子性冲动出现较快；女子性冲动出现

稍迟，且多依赖情绪的鼓动及全身接触，故力图使男女的性冲动相互协调，称作协期。《景岳全书》云："迟速乃男女之合机也。迟宜得迟，速宜见速；但阴阳情质禀有不齐，固者迟，不固者速。迟者嫌速，则犹饥待食，及咽不能；速者畏迟，则犹醉添杯，欲吐不得。迟速不侔，不相投矣。以迟遇疾，宜出奇由径，勿逞先声；以疾遇迟，宜静以自持，挑而后战，能反其机，适逢其会矣。"只有男女的性欲曲线达到同步，才能得到双方最佳性享受。又说："二火乃男女之阳机也。夫君火在心，心其君主也；相火在肾，肾其根本也。二火相因，无声不应。故心宜静，不静则火由欲动，而自心挑肾。先心后肾者，以阳灼阴，出乎勉强，勉强则气从乎降，而丹田失守，已失元阳之本色。肾已足，肾足则阳从地起，而由肾及心。先肾后心者，以水济火，本乎自然，自然则气主乎升，而百脉齐到，斯诚化育之真机。"男子见女色心动，阳物勃起，贪如虎吞，急速冲动泄精，随即痿顿而败，皆是先心后肾勉强而为，所谓心有余而力不足。因而先肾后心，乃房中成功的重要条件，只有肾精巩固，阴阳之气相感而动，出乎自然，全身精气激发，必能坚而持久，男女性欲协期，共同达到性高潮。《三元延寿参赞书》云："欲不可强"，力不胜而强举，精不足而强交，强为房劳，乃寻死之道。

男女性欲冲动，达到性交的条件，必然出现许多体征，只有这些体征完备了才可性交。《天下至道谈》云："怒

而不大者，肌不至也；大而不坚者，筋不至也；坚而不热者，气不至也。三至乃入。"《玄女经》又称"玉茎不怒，和气不至；怒而不大，肌气不至；大而不坚，骨气不至；坚而不热，神气不至。"《广嗣纪要》云："若痿而不举者，肝气未至也，肝气未至而强合，则伤其筋，其精流滴而不射矣。壮而不热者，心气未至也，心气未至而强合，则伤其血，其精清冷而不暖也。坚而不久者，肾气未至也，肾气未至而强合，则伤其骨，其精不出，虽出亦少矣。"可知阴茎的怒（勃起）、大、坚、热、久为男子行房的条件。竹简《合阴阳》云："戏道：一曰气上面热徐徐响，二曰乳坚鼻汗徐徐抱，三曰舌薄而滑徐徐屯（傅），四曰下液股湿徐徐操，五曰嗌干咽唾徐徐撼。此谓五欲之征，征备乃上。"明代万全则有更精细的观察，《广嗣纪要·协期篇》云："女有五至者，面上赤起，媚靥乍生，心气至也；眼光涎沥，斜觑送情，肝气至也；低头不语，鼻中涕出，肺气至也；交颈相偎，其身自动，脾气至也；玉户开张，琼液浸润，肾气至也。五气俱至，男子方与之合，而行九一之法，则情洽意美，其候亦有五也：娇吟低语，心也；合目不开，肝也；咽干气喘，肺也；两足或曲或伸，仰卧如尸，脾也；口鼻气冷，阴户沥出沾滞，肾也。有此五候，美快之极。"

另外，《素女经》亦有女子五欲、九气之说，描述了女子性冲动的体征。"素女曰：五欲者以知其应。一曰意欲得之，则屏息屏气；二曰阴欲得之，则鼻口两张；三曰精欲烦者，则振掉而抱男；四曰心欲满者，则汗流湿衣裳；五曰其快欲之甚者，身直目眠。"又《玄女经》云，"玄女曰：伺其九气以知之。女人大息而咽唾者，肺气来至，鸣而吮人者，心气来至，抱而持人者，脾气来至；阴门滑泽者，肾气来至；殷勤咋人者，骨气来至；足拘人者，筋气来至；抚弄玉茎者，血气来至；持弄男乳者，肉气来至。"其中缺载"肝气来至"，肝主目，盖女子眼迷目挑，泪光莹莹，则肝气来至。九气皆至，交欢必畅，如或一气不至，则刺激阴蒂以感召之。

六 浅内徐动，以和为贵

《素女经》云："欲知其道，在安心和志，精神统归，不寒不暑，不饱不饥，定身正意，性必舒迟，浅内徐动，出入欲稀，以是为节，慎无敢违，女既欢喜，男则不衰。""黄帝曰：阴阳贵有法乎？素女曰：临御女时，先令妇人放平，安身，屈两脚，男人其间，衔其口，吮其舌，拊搏其玉茎，击其门户东西两房。如是食顷，徐徐内入，玉茎肥大者内寸半，弱小者入一寸，勿摇动之，徐出更入，除百病。勿令四旁泄出。玉茎入玉门，自然生热，且急，妇人身当自动摇，上与男相得，然后深之，男女百病消灭。浅刺琴弦，入三寸半，当闭口刺之，一二三四五六七八九，因深之，至昆石旁往来，口当妇人口而吸气，行九九之道讫，乃如此。"房中家称为"九浅一深"之法，《医心方》也记载，"阴阳之和在于琴弦、麦齿之间。阳困昆石之下，阴困麦齿之间，浅则得气，远则气散。"《万密斋妇科》称"男女交媾，浅则女美，深则女伤，故云重载即成忧。"可见阴茎插入不宜过深，在女阴内一寸至二寸之间为宜。

《玉房指要》云："交接之道，无复他奇，但当从容安徐，以和为贵，玩其丹田，求其口实，深按小摇，以致其气。"房中术禁止性交"卒上暴下"，提倡从容安徐，以和为贵。

七 体位多姿，见效知快

讲求房事体位，是取得性享受，提高性艺术的关键技术，同时又有性保健的作用。马王堆竹简《合阴阳》已有"十节"等交合姿势的记载，其后《素女经》、《玉房秘诀》、《洞玄子》等书又有"九法"、"三十法"等更多样的交合姿势。这些交合姿势略有前入式、后入式和侧入式三大类型。每项体位中，根据交合两方用力的动作不同，又有所谓"十修"、"九状六势"等多种交合方式。

《合阴阳》和《天下至道谈》中将"虎游"、"蝉附"、"尺蠖"、"麋

拥"、"蝗磔"、"媛据"、"蟾蜍"、"兔鹜"、"蜻蛉"、"鱼嘬"十种仿生动作称作"十节"或"十势"。《玄女经》将"龙翻"、"虎步"、"猿搏"、"蝉附"、"龟腾"、"凤翔"、"兔吮毫"、"鱼接鳞"、"鹤交颈"九种仿生动作称为"九法"。这种将仿生学应用于性生活的技术，反映了我国古代房中艺术的水平。《洞玄子》继之又提出三十法，其中包括叙绸缪、申缱绻、曝鳃鱼、麒麟角（以上四势为交接前抚爱嬉戏姿势）、蚕缠绵、龙宛转、鱼比目、燕同心、翡翠交、鸳鸯合、空翻蝶、背飞凫、偃盖松、临坛竹、鸾双舞、凤将雏、海鸥翔、野马跃、骥骋足、马摇蹄、白虎腾、玄蝉附、山羊对树、鹍鸡临场、丹穴凤游、玄溟鹏翥、吟猿抱树、猫鼠同穴、三春驴、秋狗。其中龙翻即仿龙之翻腾，取女下男伏位；虎步则为后入式，如虎之行走；兔吮毫则男卧女跨其上，背头向足，俯头按玉茎而刺，如兔吮取毫毛；鸳鸯合则令女侧卧，拳两脚，安男股上，男于女背后骑女下脚之上，竖一膝置女上股，内玉茎；海鸥翔则是男临床边，擎女脚以令举，男以玉茎入于子宫之中。道教中流传下来的房中家著作虽然描述男女性交体位花样多变，却无有肛交、口交等性交动作。而在道书外的小说、春宫画中多人淫乐的姿势，乃至西藏《欲经》及藏密无上瑜珈中之64式嬉戏交接之法，当作别论。

《合阴阳》还有"十修"，"一曰上之，二曰下之，三曰左之，四曰右之，五曰疾之，六曰徐之，七曰稀之，八曰数之，九曰浅之，十曰深之"，这是讲阴茎刺激阴道的方向、力度、深浅、频度的。《洞

玄子》又有九状六势之说："凡玉茎或左击右击，若猛将之破阵，其状一也；或缘上蓦下，若野马之跳涧，其状二也；或出或没，若临波之群鸥，其状三也；或深筑浅挑，若鸦曰之雀喙，其状四也；或深冲浅刺，若大石之投海，其状五也；或缓耸迟推，若冻蛇之入窟，其势六也；或疾纵急刺，若惊鼠之透穴，其状七也；或抬头拘足，若苍鹰之揄狡兔，其状八也；或抬上顿下，若大帆之遇狂风，其状九也。""或下捺玉茎，往来锯其玉理，其势若割蚌而取明珠，其势一也；或下抬玉理，上冲金沟，其势若剖石而寻美玉，其势二也；或以阳锋冲筑璇台，其势若铁杵之投药臼，其势三也；或以玉茎出入攻击左右辟雍，其势若五锤之锻铁，其势四也；或以阳锋来往磨耕神田、幽谷之间，其势若农夫之垦秋壤，其势五也；或以玄圃、天庭两相磨搏、其势若两崩岩之相钦，其势六也。"

男女性器官相互交接摩擦，使性敏感区受到刺激，导致性高潮的极度快感。这时可观察女子的一些体征效验，以判断其是否得到快感。《素女经》云："十动之效：一曰两手抱人者，欲体相薄阴相当也；二曰伸其两腿者，切磨其上方也；三曰张腹者，欲其泄也；四曰尻动者，快善也；五曰举两脚拘人者，欲其深也；六曰交其两股者，内痒淫淫也；七曰侧摇者，欲深切左右也；八曰举身迫人，淫乐甚也；九曰身布纵者，肢体快也；十曰阴液滑者，精已泄也。见其效，以知女之快也。"《素女妙论》说："先将两手掌摩热，坚把握玉茎，次用浅抽深入之法，耐久战，益快美，不可太急；不可太慢，又勿尽意深入，深则有所损焉。刺之琴弦，攻其麦齿，若其美快之极，女子不觉噤齿，香汗喘吁，目合面热，芳蕊大开，滑液溢流，此快活之极也。"先秦竹简《合阴阳》又记述了女子性交过程中的"八动"（接手、伸肘、直踵、侧钩、上钩、交股、平踊、振动），《天下至道谈》又记述了女子发出的"五音"（喉息、喘息、累哀、吹、啮），从而观察女子的性欲要求和性快感的程度。《合阴阳》甚至还讲了交接十个回合而出现的"十已之

征",一回毕出现清新凉爽感觉；二回毕闻到烧骨头的焦香气味；三已闻到焦臊味；四已阴道有油膏状物泌出；五已闻到稻谷般清香之气；六已阴部滑润；七已能持久；八已如凝脂，九已如胶漆，十已滑润又觉清凉之感。此时女子鼻汗唇白，手脚颤动，尻不沾席，说明大功告成，精气入脏，产生神明。房中家已注意到性交时人的嗅觉，以及信息激素在促进性高潮中所起的作用。

八　弱入强出，闭精少泄

　　房中家要求男子在阴茎尚未十分坚硬时插入，在女子阴道中感应阴精而坚硬起来，完成交合动作后趁阴茎坚硬时抽出，并节制泄精。《天下至道谈》要求射精后"怒而舍之"，莫待萎缩再出，抽出后"静身须之"，以保持精气盈满。《玉房指要》云："弱而内之，坚强急退，进退之间，欲令疏迟。"《医心方》说："女当津液流溢，男即须退，不可死也。必须生还，如死出，大损于男，特宜慎之。"房中家还特别强调性交时要闭精少泄，或数交一泄，直至闭固勿泄。《天下至道谈》云："神明之事，在于所闭，审操玉闭，神明将至。"《十问》亦云："长生之稽，侦用玉闭。玉闭时辟，神明来积。积必见章，玉闭坚精，必使玉泉毋倾，则百疾弗撄，故能长生。"孙思邈《千金要方·房中补益》云："凡精少则病，精尽则死，不可不思，不可不慎。数交而一泄，精气随长，不能使人虚也。若不数交，交而即泄，则不得益。泄之精气自然生长，但迟微，不如数交接不泄之速也。"《素女经》还以采女和彭祖、素女和黄帝的问答阐明闭精少泄的益处。"采女问曰：交接以泻精为乐，今闭而不泻，将何以为乐乎？彭祖答曰：夫精出则身体怠倦，耳苦嘈嘈，目苦欲眠，喉咽干枯，骨节懈堕，虽复暂快，终于不乐也。若乃动不泻，气力有余，身体能便，耳目聪明，虽自抑静，意爱更重，恒若不足，何以不乐也。"又说："一动不泻则气力强，再动不泻耳目聪明"，直至"十动不泻，通于神明"。

《玉房秘诀》记述了利用以上诸原则交合的方法："夫阴阳之道，精液为珍，即能爱之，性命可保。凡施泻之后，当取女气以自补。复建九者，内息九也；厌一者，以左手杀阴下，还精复液也。取气者，九浅一深也。以口当敌口，气呼以口吸，微引而咽之，致气以意下也。至腹，所以助阴为阴力。如此三反，复浅之，九浅一深，九九八十一，阳数满矣。玉茎坚出之，弱内之，此为弱入强出。"此处记载了《参同契》中"阴道厌九一"之法，并讲了采气、还精之术。

九　采气吞津，还精补脑

孙思邈《千金要方·房中补益》云："采气之道，深接而勿动，使良久气上面热，以口相当，引取女气而吞之，可疏进退，意动便止，缓息眠目，偃卧导引，身体更强，可复御他女也。数数易女，则得益多。""先与女戏，饮玉浆。玉浆，口中津也。使男女感动，以左手握持，思存丹田，中有赤气，内黄外白，变为日月，徘徊丹田中，俱入泥丸，两半合成一团，闭气深入勿出入，但上下徐徐咽气，情动欲出，急退之，此非上士有智者不能行也。"《玉房秘诀》亦声称男子多采女人阴气则益阳，女子多采男子阳气则益阴，阴阳二气相互补益，令人老有美色，有驻颜之效。并讲女子采阳之法，"与男交，当

安心定意，有如男子未成，须气至，乃小收情志，与之相应，皆勿振摇踊跃，使阴精先竭也。"《玉房指要》则进一步说："还精补脑之道，交接精大动欲出者，急以左手中央两指却抑阴囊后，大孔前，壮事抑之，长吐气，并啄齿数十过，勿闭气也。便施其精，精亦不得出，但从玉茎复还，上入脑中也。""若欲御女取益，而精大动者，疾仰头张目，左右上下视，缩下部，闭气，精自止。"还精补脑之术，被历代房中家看作是要害步骤，后世男女双修派内丹家更以"存、缩、抽、吸、闭"五字诀为采战之法。其实精液被截断不泄，不可能流入脑中，只能逆回精囊，须以炼精化气法化掉，牵动背后督脉引起反应，有精气入脑的感觉。不得法者，甚至会使精液逆流入膀胱，反致疾病。还精采气，搬运填脑之法诀甚多，洪基《摄生总要》云："交合之间，须要缓缓进，迟迟退，不可躁急，勿令气喘，战攻时多，须要少歇，待其安静再加抽添。若其将泄，速退灵根半步或出户，不可急行。"此外尚有提吸蹬扳、吹笛呵气之法，吹灯吸酒、栽葱展缩之术，不一而足。其中所传三峰采战秘术，修炼梅子金丹法诀，可以看出房中术和道教同类阴阳派内丹功法是相互联系的。

　　中国古医书、丹经、手抄秘本中所载房中养生资料甚多，尚需进一步破译、鉴别，分男炼、女炼两个系统整理出来。内丹学的"逆转任督"功夫，即发轫于房中养生学的"还精补脑"之术。此术在丹道中又据功力不同分别称作"子午周天"、"取坎填离"、"抽铅添汞"、"运药过关"等，尤以同类阴阳丹法所必需。内丹学盖由先秦的服食、房中、行气三派仙术融汇发展而来，因之房中养生学的资料整理和研究，是一项有重要科学价值的学术工程。这项学术工程之完成尚需时日，今则仅举其十之三、四而已。

第五章 外丹黄白术

秦汉以来，方仙道以五金、八石为药物炼制长生不死仙丹的方术，称作炼丹术。唐代以来，道士们又将以人体的精、气、神为药物炼制仙丹的方术也称炼丹术。于是，这种人体内的炼丹术叫内丹术，原来以矿物药为原料的炼丹术则名为外丹术。在道书中，黄白是金银的隐名。方士们试图将贱金属的铜、铁、铅等点化为贵金属金银，发展出人工制造药金、药银的方术，称作黄白术，也即是炼金术。在本书中，我们将炼金术和炼丹术简称为金丹术，以同欧洲语言的 alchemy 相当，亦称为外丹黄白术。内丹学形成后，外丹学中的黄白术被称作地元丹法，有天元神丹、人元大丹、地元灵丹之分类，故外丹黄白术亦归于丹道的仙术。

第一节 外丹黄白术的历史演变

中国炼金术的方技，起源于殷商时期的冶金铸造业。社会生产的发展带来原始科学的发展，工匠们在作坊中的冶金铸造技术

汞	硫黄	铅
胡粉	砂	铜
金	云母	丹砂

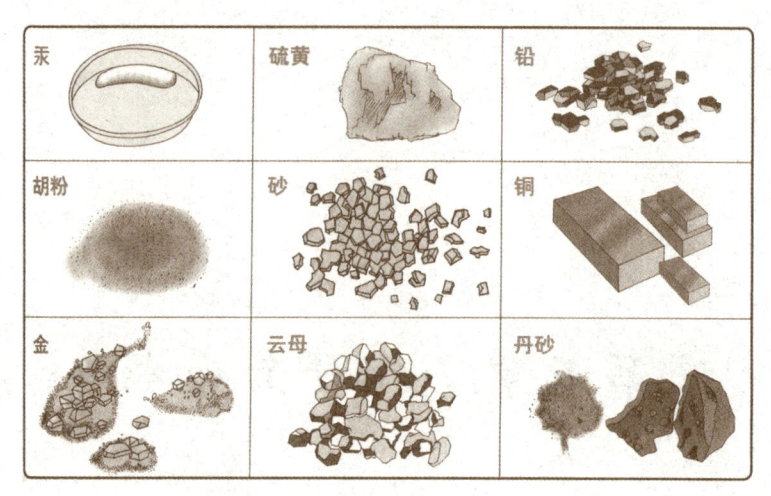

化学药品

工艺转化成方士们实验室中的炼金术。由考古发掘可知，我国殷商时冶金铸造技术非常高超，一些保存下来的青铜器珍品，即使采用现代技术也难以制造。《周礼·考工记》记述了多种合金的制造规范，铁器的使用更拓宽了工匠们的知识视野。春秋战国时期，金、银、铜、铁、锡、铅、汞、硫等元素的伴生矿物及其合金的性质，已为从事冶金铸造业的手工业者所熟悉。

  我国金丹术起始于秦汉时期，这在全世界是最早的。春秋时期的神仙家，确信自然界存在着吃了可以长生不死的药物，这是神仙服用的仙药，于是寻求不死之药成为求仙的目标。《战国策·楚策》和《韩非子·说林》记载有人献不死之药于荆王，《史记·封禅书》亦记载齐威王、齐宣王、燕昭王、秦始皇都曾派人入海寻求不死之药。战国时方仙道已注意到美玉、黄金、丹砂、水银的与众不同的物理、化学性质，丹砂和水银已被用于墓葬中保存尸体。中国的外丹黄白术本是冶金铸造业的副产品，大约在战国时墨家学派的方士已开始实验炼金术。盖因墨派的组成，本以手工业者为主，古代百工之士亦称方士，其中当不乏精于冶金铸造的工匠。秦汉之季，墨家学派和方仙道合流，精于炼金术的

第五章 外丹黄白术

工匠加入方士集团，促使方仙道从寻找天然仙药转变为人工炼制药金、丹砂，这便是中国金丹术的发轫。所谓药金、药银实际上是含有不同成分的铜合金，它们被认为是诸药之精，胜过自然的真金银。据《史记·封禅书》记载，方士李少君对汉武帝说："祠灶则致物，致物而丹砂可化为黄金，黄金成以为饮食器则益寿，益寿而海中蓬莱仙者乃可见，""于是天子始亲祠灶，遣方士入海求蓬莱安期生之属，而事化丹砂诸药剂为黄金矣。"这种以丹砂点化药金，又以药金制造饮食器而益寿的思想，不仅透露了炼金术确实起源于冶金制造工艺（造饮食器），又说明方仙道的服饵派方士已经将这种冶金工艺转化为实验室操作的炼金术了。方士们用丹砂点化药金，又将药金和饮食联系起来，也说明中国炼金术和炼丹术相互承袭，炼金的目标主要不是致富，而是追求长生不死。淮南王刘安曾招致方士著《枕中鸿宝苑秘书》，言神仙黄白之事，属于炼金术的专著。前汉末，史子心为傅太后炼制药金，但不再作饮食器，而是作延年药服饵之，这说明炼金术正在转化为炼丹术。前汉末至后汉初，一批丹经出世，《正统道藏》中的《黄帝九鼎神丹经诀》、《九转流珠神仙九丹经》、《太清金液神丹经》、《三十六水法》据考其主要部分即那时传出的丹方，这标志着炼丹术已积累了丰富的实验资料。

东汉以来，外丹黄白术在黄老道中承传，方士们坚信服食神丹乃升仙之要。最初的炼丹家称丹砂为还丹，以金液为至宝，认为服食还丹、金液后就能返老还童，不朽不坏，对丹药的毒性还缺乏认识。汉末阴长生《自叙》云："不死之要，道在神丹。行气导引，俯仰屈伸，服食草木，可得延年，不能度世，以至乎仙。"又云："黄白已成，货财千亿，使役鬼神，玉女侍侧。今得度世，神丹之力"（《神仙传》卷四）。在汉代黄老道金丹派道士看来，炼制神丹是升仙的阶梯，其他方术（如导引、气法、医药）仅有延年益寿的作用。以黄白术制造伪金银可使"货财千亿"，是炼

丹的准备步骤。汉代俗传王阳能作黄金，即以黄白术造铜合金，以此致富，用伪金易好车马衣服（《汉书·王吉传》）。方士们制造的药金、药银被当作货币使用甚至进入国库，亦起于汉代。早期道教成立前后，张陵、阴长生、鲁女生、封君达、左慈、魏伯阳等，皆曾研习外丹黄白术，《列仙传》和《神仙传》中，也记述了一些汉代道士服炼神丹的事迹。盖汉代外丹黄白术经书，乃在少数道士间师徒秘传，金丹药物价钱昂贵，不易实行，偶有道士服丹药致死，人们也以为是"尸解"升仙了。因之汉代《古诗十九首》虽有"服食求神仙，多为药所误"之叹，但人们认为那是服饵派道士寻药不当所致，炼制神丹中毒的问题尚不突出。汉代对后世影响最大的丹经，是魏伯阳所著《周易参同契》，这是一本划时代的丹道学著作，给金丹派道士以巨大的影响。《参同契》借金丹术法象论男女合炁之术，以日月运行的易学规律为内丹术、外丹术提供了一个普适的理论框架。

　　魏晋南北朝时期，金丹术获得长足的发展，特别是葛洪《抱朴子内篇》问世，将金丹术向社会公开，是中国金丹术发展的转折点。葛洪说："余考览养性之书，鸠集久视之方，曾所披涉篇卷，以千计矣，莫不皆以还丹、金液为大要者焉。然则此二事，盖仙道之极也。服此而不仙，则古来无仙矣"（《抱朴子·金丹》）。葛洪如此推崇服食还丹、金液，使金丹术成为丹道学的重要修炼方术。道教中飞炼金丹、黄白之风，也影响到信奉儒教的士族社会。魏晋时何晏等士族名士服食五石散（又名寒食散，为白石英、紫石英、石钟乳、赤石脂、礜石。后因礜石有猛毒，改为石硫黄），竟酿成波及整个士族阶层的颓风。南北朝时，连皇帝也热衷于炼制金丹黄白，想习金丹术登仙。《魏书·释老志》云："天兴中，仪曹郎董谧因献服食仙经数十篇，于是置仙人博士，立仙坊，煮炼百药，封西山以供薪蒸，令死罪者试服之，非其本心，多死无验。"随着金丹术经书传向社会，道士为帝王炼制金丹，对丹药的毒性也开始有了认识。北齐文宣帝令道士张远游炼成葛洪推崇的那种九转金丹，也不敢即服。据《北史·艺术传》记载："有张远游者，文宣时，令与诸术士合九转金丹。及成，帝置之玉匣云：'我贪人间作乐，不能飞上天，待临死时取服'。"南朝著名高道陶弘景，也曾为梁武帝萧衍炼丹。《南史·隐逸传》载："弘景即得神符秘诀，以为神丹可成，而苦无药物。帝给黄金、朱砂、曾青、雄黄等。后合飞丹，色如霜雪，服之体轻。及帝服飞丹有验，益敬重之。"葛洪、陶弘景、狐刚子，都是著名炼丹家，有不少金丹术著作传世。

第五章 外丹黄白术

隋唐以来，外丹黄白术发展到极盛时期。著名高道苏元朗、孙思邈、张果等，虽为内丹家，亦皆精通外丹黄白术。唐代还有一批专门为皇宫炼制丹药的道士，称作"供奉山人"，如著名炼丹师柳泌、赵归真等，即曾为皇帝炼丹。唐代道书《通幽诀》云："气能存生，内丹也；药能固形，外丹也。"盖隋唐之初内丹术虽传开，尚和五代内丹家所传炼精化气、炼气化神、炼神还虚之功夫不同，而是将诸多行气炼养之法统称内丹。至于外丹术，则指烧炼金石药物以服饵养生之法。梅彪《石药尔雅》载有唐代外丹师炼制的仙丹名称及服食书目，可知唐代炼丹术之兴盛。据《昭德先生郡斋读书后志》："《日月玄枢论》一卷，右唐刘知古撰。明皇朝为绵州昌明令。时诏求丹药之士。知古谓神仙大药，无出《参同契》，因著论上于朝。"盖外丹黄白术发展到唐代，需要系

魏伯阳炼丹图

统的金丹理论，于是只好回头到《易经》中去寻找，《周易参同契》的理论框架无疑恰好迎合了炼丹师的需要。因而在唐代，《参同契》、《龙虎经》、《金碧经》成了金丹术的理论著作，阴阳五行、四象八卦、龙虎铅汞之说成了炼丹师的指导思想。唐以前之炼丹师以黄金、丹砂为宝，丹经亦多为炼制金液、还丹的实验记录，药物虽用隐名，但尚无阴阳八卦龙虎之说。唐代以来，传统的金砂派炼丹师亦套用《参同契》的理论体系以为说，并将服饵丹药和医疗养生结合起来，著名的丹师如孙思邈、孟诜、刘道合、张果、陈少微等皆为这一派的传人。另外，由于外丹黄白师对《周易参同契》的文字理解不同，又有铅汞派和硫汞派之争。以硫汞说解《参同契》的道士，多是以硫黄和水银人工制造丹砂(HgS)的化学实验家，他们认为硫黄是"太阳之精"，水银是"太阴之精"，二者合成的丹砂是"大药之祖"、"金丹之宗"。铅汞派炼丹师则完全泥于《参同契》的龙虎铅汞之说，擅长于发展金丹术的理论体系，从而将外丹和内丹统一在一个由相同术语编织的框架里。当时受到皇帝宠信的道士柳泌、赵归真，皆为铅汞派丹师，他们炼制的仙丹实为氧化汞(HgO)和氧化铅(PbO)的混合物。《列仙谭灵》云："赵归真探赜玄机，以铅制汞，见之者无不竦敬。"韩愈《故太学博士李君墓志铭》述柳泌丹法云："其法以铅满一鼎，按中为空，实以水银，盖封四际，烧为丹砂云。"这显然是依《参同契》"以金为堤防，水入乃优游"的表面文字曲解而来的丹法，生成的铅和汞的氧化物皆有大毒，结果将唐帝毒死而招杀身之祸。其他炼丹师如孟要甫、郭虚舟、李真君、乐真人、金陵子诸人，皆依《参同契》而主铅汞说。从金陵子《龙虎还丹诀》看，他对丹砂、硫、汞、铅的化学性质皆很熟悉，反映唐代外丹师化学知识甚为丰富。唐代之丹药，除了汞的硫化物及氯化物可用于医药外，铅、汞、砷的氧化物皆有剧毒。大量服丹中毒的事实引起社会的警觉，尽管道士们将中毒猝死讳称为"白日升天"并作出宗教性的解释，发展到极盛阶段的外丹术仍然迅速衰落下去，被同样以《参同契》为纲领的内丹术取而代之。

黄白术在唐代亦曾极盛一时。据戴君孚《广异记》载，隋末有道者居太白山炼丹砂，合成大还丹，化赤铜为黄金。成弼劫杀道者得其丹法，后为唐太宗以铜造黄金数万斤，得五品官，此即大唐金。成弼金百炼益精，传至外国，以为宝货。（《太平广记》卷四百引）《三洞群仙录》亦载唐洛阳尉王琚之侄王四郎，学道炼制药金，色如鸡冠，可在金市换钱，西域胡商专此伺买。盖唐代药金为精于炼丹术的道士制造，黄白术尚为社会所尊重，药金不仅可充当货币使用，且可销往外国。《旧唐书·孟诜传》记载："诜少好方术，尝于凤阁侍郎刘祎之家，见其敕赐金。谓祎之曰，此药金也，若烧火，其上有五色气。试之果然。则天闻而不悦。"唐武则天时药金进入国库，可赐于大臣。炼丹家能够鉴别真金和药金，药金价值低于真金。

五代至宋朝，内丹术发展成熟，奉《周易参同契》为丹经之祖，借用外丹术语，以外丹烧炼的鼎炉、药物、火候作为内丹精气神修炼的法象。外丹术虽然衰落，但仍有传人。南唐时丹师独孤滔，撰《丹方鉴源》，已能粗略地按化学性质对药物进行分类，将"金银"（金属）、"诸黄"（砷类）、"诸青"（铜类）、"诸灰"（钾类）等化学成分相近的药物放到一起。其"诸草汁篇"又列入二十种鲜草药汁用于金丹术，如五枝草（结砂子）、章陆（拔锡）、苍耳子（抽锡晕）、天剑草（煮汞）、栀子（淬金）等。五代时有炼丹师日华子，一生烧炼外丹黄白，有著作传世。宋张邦基《黑庄漫录》卷三，记载宋神宗以前在翰林金丹阁仍有朝廷设置的炼丹炉。文学家苏轼、苏辙亦曾烧炼过丹药，但宋人多不肯轻易服丹，因而中毒致死的事较为稀少。宋代还有《丹房须知》、《诸家神品丹法》等重要炼丹著作出世，《通志·艺文略》所载宋代流传外丹黄白著作数量亦超过前代。沈括《梦溪笔谈》记载了宋代烧炼外丹黄

白的事实。其他如《渑水燕谈录》、《青箱杂记》、《老学庵笔记》、《铁围山丛谈》皆有关于外丹黄白术的记载。宋代皇帝亦曾令黄白师烧炼药金，制造金牌、金带赏赐近臣，甚至烧药金银以助国费或用以向辽、金等敌国进贡。值得注意的是，魏晋时外丹黄白术皆用金石药，制备方法以烧炼升华为主且辅以水溶解法。唐宋外丹黄白术所用仪器较精致多样，方法亦复杂，且参用草木药，已涉及多种化学反应。

元明时期，内丹学在道教中占据统治地位，迫使外丹黄白术反而向内丹靠拢。这样，外丹黄白术著作又借用精、气、神、黄婆、乌兔、安炉立鼎、调和阴阳、配合乾坤等内丹术语，皆奉《参同契》、《悟真篇》为祖经，在炼丹炉中模拟人体内丹搬运精气的作用，弄得内外丹经从文字上几乎难以辨别。另外，南宋、辽、金时又兴起三元丹法之说，将那种据说服后可以立地飞升、成为天仙的外丹称为天元神丹；将内丹术称人元大丹；将黄白术叫地元灵丹。元明间内丹学中的同类阴阳栽接法和自身阴阳清修法分途而立，又有将全真道北宗清净派丹法称作天元丹法，将全真道南宗同类阴阳丹法称作人元丹法，将外丹黄白术称作地元丹法的说法。这样，外丹黄白术和内丹学融入一个丹道学术体系中，成为内丹学的补充。在内丹家看来，由于双修丹法"法、财、侣、地"条件难备，正好先用地元丹法的点金术筹集钱财，张三丰真人与沈万山烧炼黄白术的事迹成了丹家的榜样。同时，丹道家仍然相信有一种天元神丹，当内丹功夫达到高境界后，服用这种丹药才不致毒死，而且能脱胎换骨，飞升天界。这样，元明间内丹家皆修习外丹黄白术，特别是明代外丹术又较兴旺，有《庚辛玉册》、《造化钳锤》、《黄白镜》、《乾坤秘韫》等书传世。明代皇帝和贵族亦有服丹药者，《明史》中《陶仲文传》和《顾可学传》皆记述明世宗用道士烧炼丹药之事。另外，明代江湖术士借黄白术烧银骗财的事时有发生，败坏了黄白术的声誉，药金、药银再难以作货币使用，民间商人亦学会辨别伪币以防受骗。

清代外丹黄白术更趋衰微。由于中国外丹术和黄白术皆是以延年益寿为目标，而不像西方点金术士那样完全为了发财，再加上炼丹术制得的仙丹同时又是点化金银的丹头，外丹经过一番手续大都能化作药金，因之外丹术的衰落必然导致黄白术的衰落。清代既然不能以伪金银（铜合金）来充当金银货币，黄白术遂失去了应用的价值。清代内丹家傅金铨，撰《证道秘书》收入《外金丹》，是一种典型的以内丹术语和理论诠释外丹的书，反映了明清以来内外丹合一的趋势。然直至清末尚有《金火大成》问世（初刊于1874年，后改为《金火集要》重刊），这说明外丹黄白术仍有传人。

民国以来，复有陈撄宁等在上海烧炼外丹黄白，历时十年因日寇侵华而中断，重复了古人的一些实验。另有四川丹医张觉人，著《中国炼丹术与丹药》（四川科学技术出版社，1981），将炼丹术归入医药养生的正路上去，在中国炼丹史上具有特殊意义。在现代社会里，以黄白术制造伪金银的路已行不通，而炼制丹药治病，却仍然是值得探索的事业。

第二节　炼丹家的思想脉络和理论体系

中国外丹黄白术最根本的出发点，显然是想以人工炼制一种服后可以登仙的长生不死之药。数千年来，中国炼丹家为了同死亡作斗争，付出了多少代人的追求和探索。人类这种解脱生死的努力不是徒劳的，它给后人留下了可贵的思想资料和不断攀登的足迹。当现代科学和哲学使我们可以从更高的角度审视前人遗留的这张外丹黄白术的画卷时，应特别注意古人思想

的轨迹及其中闪烁的智能光芒，因为古人和今人的智慧是能够相通的。

关于古代炼丹家的思想，我们可从葛洪《抱朴子内篇》中找到线索。炼丹家烧炼外丹黄白，首先在于他们相信自然界处在不断变化之中，物类受气不定，物类嬗变乃自然规律。葛洪说："变化者，乃天地之自然，何为嫌金银不可以异物作乎？譬诸阳燧所得之火，方诸所得之水，与常水火，岂有别哉？""铅性白也，而赤之以为丹。丹性赤也，而白之而为铅。云雨霜雪，皆天地之气也，而以药作之，与真无异也"（《抱朴子·黄白》）。据此，葛洪批评那些固守儒家教条的愚人，"狭观近识，桎梏巢穴，揣渊妙于不测，推神化于虚诞，以周、孔不说，坟籍不载，一切谓为不然，不亦陋哉？"（《抱朴子·黄白》）又说水精椀本是合五种灰以作之，愚人却以"水精本自然之物，玉石之类"，不相信人工可以制造。"愚人乃不信黄丹及胡粉，是化铅所作。又不信骡及驱骡，是驴马所生。云物各自有种。况乎难知之事哉？"（《抱朴子·论仙》）葛洪这种以人工合成自然物质的变化观，为外丹黄白术的化学实验提供了理论根据，他否定客观物质的界限，又为追求超自然力的道教方术敞开了门户。外丹黄白术恰是这种自然的化学实验和超自然的神仙方术的奇妙混合，因此古代炼丹家坚信"我命在我不在天，还丹成金亿万年"（《抱朴子·黄白》）。

人工既然可以制造出和自然界中天然物一样的东西，而天然物千千万万，炼丹家为什么偏选中丹砂和黄金作代表呢？原来古人观察到丹砂在烧炼中能变回自己的本来面目，黄金则可以长久不变，认为服用丹砂可以返老还童，吞食金液可以长生不死。葛洪说："夫金丹之为物，烧之愈久，变化愈妙。黄金入火，百炼不消；埋之，毕天不朽。服此二物，炼人身体，故能令人不老不死。此盖假求于外物以自坚固，有如脂之养火而不可灭，铜青涂脚，入水不腐，此是借铜之劲以抃其肉也。金丹入身中，沾洽荣卫，非但铜青之外傅矣"(《抱朴子·金丹》)。这种"假求外物以自坚固"的思想，由来已久。秦汉乃至先秦古墓中用丹砂、金玉之类随葬尸体，就是这种思想的反映。葛洪说："金玉在九窍，则死人为之不朽。盐卤沾于肌髓，则脯腊为之不烂，况于以宜身益命之物纳之于己，何怪其令人长生乎？"(《抱朴子·对俗》)1968年河北满城中山靖王刘胜墓出土金缕玉衣，就是当时流行这种思想的例证。先秦时人们认为最宝贵的东西是美玉，《山海经·西山经》记载峚山有"玉膏"，乃黄帝所服，"瑾瑜之玉为良，坚栗精密，浊泽而有光。五色发作，以和柔刚。天地鬼神，是食是飨；君子服之，以御不祥。"《河图玉版》云："少室山，其上有白玉膏，一服即仙矣。"汉代以来，黄金更为神仙家所重。魏伯阳《周易参同契》说："巨胜尚延年，还丹可入口，金性不败朽，故为万物宝，术士服食之，寿命得长久。"葛洪援引《玉经》说："服金者寿如金，服玉者寿如玉也。"(《抱朴子·仙药》)炼丹家显然认为服食金玉，可以使人体吸收金玉那种"不朽"的灵气；服食还丹，当然是想得到那种"返还"的性质。葛洪进一步说："凡草木烧之即烬，而丹砂烧之成水银，积变又还成丹砂，其去草木亦远矣，故能令人长生，神仙独见此理矣。"(《抱朴子·金丹》)

需要研究的是，在炼丹家那里，还丹、金液和黄白的真实面目究竟是什么？这是解开外丹黄白术之谜的钥匙。还丹的真义是丹砂，即红色硫化汞(HgS)晶体，这是毋庸置疑的。《广弘明集》卷九载北周甄鸾《笑道论》云："烧丹成水银，烧水银成丹，故曰还丹"，这不仅说明当时公认丹砂即还丹，同时又可看出由于炼丹家没有精确的化学知识，将烧水银而成的红色氧化汞(HgO)也误认为是硫化汞而称还丹。当时道士只凭物理外观辨识化合物，在他们看来，"还"乃"返还"之意，"丹"乃"赤色"之名而已。中国外丹黄白术的石药有四黄（雄黄、雌黄、砒黄、硫黄）、五

金（金、银、铜、铅、铁）、八石（丹砂、礜石、石胆、硇砂、鹏砂、矾石、戎盐、硝石）等，各家说法不一。《太古土兑经》云："金银铜铁锡谓之五金，雌雄硫砒名曰四黄，朱汞鹏硇硝盐矾胆命云八石。"黄白术常用的有铜及曾青、胆矾、空青等铜矿石以及雄黄、砒黄、礜石等点化铜成铜砷合金的药剂。药金、药银的成分除铜砷合金外，还有含锡、铅、锑、金的铜合金，名目繁多。炼丹家最重视的石药有丹砂、铅、汞、硫等，这都是炼制还丹的常用原料。汞是化学元素中唯一的液态金属，比重大，银白色，天然汞由丹砂矿慢慢氧化析出，称作水银。汞可烧炼为红色的升丹（又名三仙丹，即氧化汞），又可和硫化合成红色丹砂，并且还能从丹砂中烧炼出来，这些特性被炼丹家惊为神奇。铅呈黑色，质软，有延展性，熔点较低（327℃），化学性质较活泼，在木柴燃烧的温度下就可从方铅矿中冶炼出来，因此它是先民最早认识的金属之一。铅能烧炼为黄色密陀僧（PbO）和红色铅丹（Pb_3O_4），又能生成白色胡粉，化学性质也引人注目。由于汞和铅都能烧炼成丹，它们被炼丹家选中就理所当然了。炼丹家传有"伏汞为丹，可坐玉坛"的话，以为炼丹的关键步骤在于用铅丹等氧化剂或硫制伏汞的挥发性使之返为红色还丹。丹是红色之物，而红色在氏族社会的原始宗教中象征着血液和生命。山顶洞人的人骨化石遗址发现赤铁矿粉[1]，甘肃出土的石器时代墓葬中亦发现赤色丹砂[2]。后来丹砂和水银多应用于墓葬，秦汉王侯的古墓以丹砂和水银作墓葬品是很普遍的，显然也是因丹砂和神秘的生命永存观念有联系。从丹砂冶炼水银的"抽汞法"大约在战国时期已被应用，而秦汉方士已掌握制造金汞齐的方法及汞与丹砂（含氧化汞）的化学反应知识。红色丹砂和白色水银之间相互转化的种种奇妙化学性质在古代炼丹家眼中无疑更具有神秘性，使他们相信这就是那种多

---

[1] 贾兰坡：《山顶洞人》，龙门联合书局，1951。
[2] 安特生：《甘肃考古记》，北京农商部地质调查所，1925。

年寻找的返老还童仙药。另外，炼丹家甚至认为丹砂可以转化为黄金，而黄金又恰恰体现了长存不朽的气质。这种思想由来已久，《管子·地数》云："上有丹砂者，下有黄金，""上有铅者，其下有银。"河岸的矿床中丹砂和黄金确实是共生的，根据其比重丹砂在上而黄金在下。即使在丹砂和黄金的原生矿中，由于地质年代的不同也分别处于上下两个地层。另外，方铅矿（PbS）往往和辉银矿（Ag_2S）共生，这证明《管子·地数》篇的记载一般说是不错的。在炼丹家那里，药金不过是黄色有金属光泽的物质，丹是红色之物，将丹经过一定手续转变为黄色之物，就是丹化为金。葛洪说："《仙经》云，丹精生金。此是以丹作金之说也"（《抱朴子·黄白》）。《黄帝九鼎神丹经诀》中所记"九鼎丹"，皆可经过一定手续炼为药金（黄色化合物），凡炼制得丹药，则试以作金，"金若成，世可度；金不成，命难固"，以丹作金被看作识别还丹的鉴定实验。唐代张九垓《金石灵砂论·释还丹》云："言还丹者朱砂生汞，汞反成砂，砂返出汞。又曰白金黄石，合而成金，金成赤色，还如真金，故名还丹。"看来还丹除了能由汞返还之外，还有返还为金的一层意思。炼丹术中出现"金液"方，就是同神丹可化为黄金的思想相联系的。汉代出世的《太清金液神丹经》就记载了"以一铢神丹投水银一斤，合火则成黄金"，将此金以绣囊裹之，入华池（溶解了硝石等药的醋，又名苦酒、左味）中，金的"精液"便转入醋中，这种含有金之神炁的醋即为"金液"。一些炼丹文献也有以真金或药金在动物脂肪中煮炼以造金液之法，《抱朴子内篇·仙药》载"两仪子饵销黄金法"云："猪负革肪三斤，醇苦酒一斗，取黄金五两，置器中煎之，出炉，以金置肪中，百入百出，苦酒亦尔，餐一斤金，寿毕天地"，其法仍是以转移进金性的脂肪或醋作金液服用。这样看来，所谓金液，并不单指液态金或金盐的溶液，而是一种象征性的吸收了金性的液体，而炼丹家的金是包括药金的。金属的药性可以转移到溶液中的思想，大

概是古人观察固体药物的溶解现象以及用水煎煮中草药提取药液治病的事实外推而来的。马王堆汉墓出土帛书《五十二病方》中载治箭毒创伤可"煮铁，饮之"，就是想用铁的药性克制箭头上的铁毒。现代化学证实，金和铜、银都是化学元素周期表第一副族元素，标准电极电位都在氢以下，并且随原子量的增加而下降。金熔点极高，比银软，展性好，化学稳定性甚强，常温下不和卤素化合，亦不受强酸强碱的腐蚀。金能溶于王水（HNO_3+4HCl），可和汞生成金汞齐（含金量超过15%时为固体）。河北藁城县台西商代遗址古墓出土金箔[①]，说明我国先民对黄金的应用是很早的。西汉时方士和工匠已能熟练地将鎏金术应用于金属器皿制造工艺，魏晋至唐由于《三十六水法》的传播，促使炼丹家实验出一些试图溶解黄金的方法，甚至有服食黄金者。唐张九垓《张真人金石灵砂论》认为黄金、白金（银）、丹砂都是可以服食的，但也认识到它们的毒性。张九垓说："金生山石中，积太阳之气熏蒸而成，性大热，有大毒"；"银者，白金也"，"微热有小毒"，"不可单服"；"服光明砂、紫砂（皆天然HgS）者，未经法度制炼，则灰质犹存，所以不能长生者也"。"世人若纯服光明砂、紫砂，别无配合制度，以求不死，去道弥远"。张九垓是中唐时期的炼丹家，他认为天然的金、银、丹砂必须经过炼制才能服用。看来炼丹家以药金、药银及人工合成之丹药来代替天然金、银、丹砂服用，大概也是避免服食药物中毒的一条途径，尽管人工合成外丹黄白的毒性有时比天然物还大。我们从还丹、金液、黄白术的真相中，可以透视出古代炼丹家在寻求不死仙药的道路上认真探索的一片苦心。

从现存的外丹黄白术著作看，制造药金、药银的黄白术著作大多是一些实验记录，而炼丹术著作自魏晋之后却有逐渐理论化的趋势。例如汉代的"黄帝九鼎神丹"、"太清金液神丹"以及葛

[①] 河北省博物馆等：《藁城台西商代遗址》，文物出版社，1977。

第五章 外丹黄白术

洪所传古丹方大多是一些实验记录，所用药品尚可分析，而陶弘景所传晋代"太上八景四蕊紫浆五珠绛生神丹"用药就颇令人费解，原来其中以二十四味药应二十四神之气，是以天人感应原理为指导思想的。这样，丹方中所用并非是合成硫化汞之类还丹的化学反应所必需的药物，而是反应物、产物乃至整个炼丹过程都按天人感应原理和阴阳五行学说而设计的。其实，天人感应和阴阳、五行、三才、四象、八卦、天文律历的体系，是汉代以来中国一切学术的理论框架，新兴的外丹黄白术缺少科学的化学理论指导，只好回归到这种传统思维的体系中去。《太清石壁记》（唐丹师楚泽编）卷上所载"五石丹法"云："五石者是五星之精。丹砂，太阳荧惑之精；磁石，太阴辰星之精；曾青，少阳岁星之精；雄黄，后土镇星之精；礜石，少阴太白之精。右以此五星之精，其药能令人长生不死。"《九转流珠神仙九丹经》卷下载"淮南神仙方"，凡七物，"因物类所著，生自然之道，故服之合以六律，上应七星"。这实际上是把天地日月星辰等自然界看作是一个大宇宙，炼丹炉则是一个小宇宙，以小宇宙的药物和大宇宙的日月星辰对应，以炼丹过程来模拟阴阳五行的自然之道。

唐代外丹黄白术兴盛，炼丹家在烧炼石药的化学实验中努力探索各种理论，其中一些外丹著作应用了《周易参同契》的理论体系，使天、地、人相互感应的学说在外丹黄白术中发展成熟。《周易参同契无名氏注》云："乾，天也；坤，地也；是鼎器也。设位，是阴阳配合也。易者，是日月，是药。药在鼎中，居乾坤之内。"

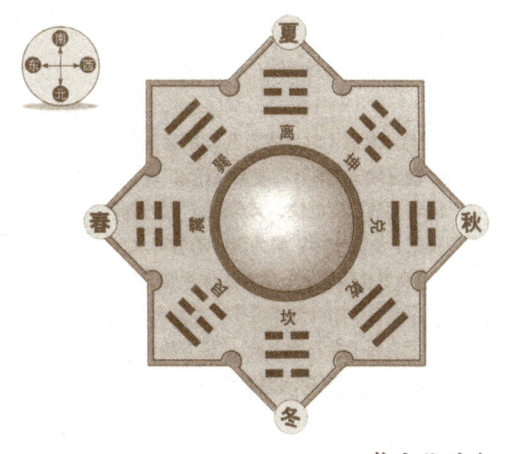

八卦方位时令

坎为月，是铅；离为日，是汞。""设位者，是炉上列诸方位、星辰、度数，运乾坤，定阴阳也。"以上是对"乾坤设位"一句的注释。《参同契》主张"日月为易"，将日月运行规律为核心的象数易学体系应用于金丹术，将外丹和内丹纳入同一个框架之中。这样，炼丹家以汞铅为日月，为离坎，象二仪；以水火药物应天地人三才；以白金、朱砂、黑铅、水银为四象。黑铅即方铅矿，属阴，为玄武，其卦为坎，属北方壬癸水。白金为方铅矿中共生的辉银矿，丹家误以为银由铅中而生，为水中金，银为白虎，其卦为兑，属西方庚辛金。朱砂属阳，为青龙，其卦为震，位于东方甲乙木。汞由砂中而生，即木能生火，为朱雀，其卦为离，即南方丙丁火。[①]另以雄黄或硫黄居中宫戊己之土位。《大丹铅汞论》云："抱太一之气为八石之首者，朱砂也。砂中有汞，汞乃砂之子也。抱太一之气为五金之首者，铅也。铅中有银，银乃铅之子也。"古人将铅银的共生矿石称黑铅，以为由烧炼方铅矿所得之银为铅之"精"，烧炼出来的铅黄华（铅的氧化物）是铅之"气"，金属铅为"质"。《阴真君金石五相类》云："铅黄华为气，铅精银为骨，铅质是肉，三才全用，不失纯元之体。"炼丹家以为铅中生银，象丹砂生汞一样，是完全对应的。[②] 因此将黑铅、丹砂、汞、银定为四象，这恰同《参同契》的理论模式相合，以为四象齐全，五行圆满，便是掌握了天地造化的枢纽。炼丹家从《参同契》的理论出发，极力推崇以铅汞为金丹术的基石，以为铅汞感应二十四气，汞为七十二石之尊，铅为"五金之主"（《参同契》云"五金之主，北方河车"），

---

① 《大丹记》等丹经以朱砂红色，居南方火位，为朱雀；汞青色，居东方木位，为青龙；银白色，居西方金位，为白虎；铅黑色，居北方水位，为玄武。同时将丹砂推为八石之首，将铅推为"五金之主"。

② 《丹论诀旨心鉴》引《金碧经》云："炼银于铅，神物自生。灰池炎烁，铅沉银浮，洁白见宝，可造金黄芽。"这是从铅银共生矿石中用"吹灰法"炼银的记录。铅矿中共生有银矿和丹砂中含汞是本质上不同的，但炼丹家从传统的四象五行图式出发，将方铅矿和单质铅不加区分，误以为铅中含有银，这是传统的阴阳五行四象八卦理论模式不能解释此类化学反应，反而对炼丹家的化学实验造成理论束缚。

为天地之至灵，惟二宝可造还丹，余皆非法。炼丹家认为要造还丹，首要之务在于识得真铅、真汞，真汞为真龙，真铅即真虎，于是唐代之后内外丹经充满了龙虎铅汞之说。《诸家神品丹法》载《真龙真虎口诀》云："真龙者是丹砂中水银也，因太阳日晶降泄真气入地而生也，名曰汞。真虎者是黑铅中白银也，因太阴月华降泄真气入地而生，号曰铅。"炼丹家以为识得了真龙、真虎，等于找到了自然界中最有灵气的物质，以之炼丹，则最易发生天地人的感应，将宇宙间自然造化的灵气都凝聚到炼丹炉中。

在炼丹家的心目中，炼丹炉就是一个缩小的宇宙。《九转灵砂大丹资圣玄经》中说："鼎有三足以应三才，上下二合以象二仪，足高四寸以应四时，炉深八寸以配八节，下开八门以通八风，炭分二十四斤以生二十四气，阴阳颠倒，水火交争，上水应天之清气，下火取地之浊气。"因之，炼丹过程和宇宙中的物质自然变化是对应的。自然界本身也是一个大炼丹炉，铅汞等灵物在宇宙中经过日光月华的漫长锻炼也会形成自然还丹。《丹论诀旨心鉴》云："有上仙自然之还丹，生太阳背阴向阳之山。""自然还丹是流汞抱金公而孕也。有丹砂处皆有铅及银。四千三百二十年丹成。"丹砂乃自然界物质经天符照耀的精气所化，据《通幽诀》说，"日月之华气照耀天地，太阳、太阴冲和之气交媾受气一千八十年，结精气丹砂"。"天符照耀又一千八十年，成丹砂"。"天符运动照耀丹砂，养育又一千八十年，天火化为太阳造化，阳气受足"。"天符又照耀一千八十年，合四千三百二十年"，乃成"天铅自然还丹"。天符能发泄万物化生而成形，运动返本而成精。炼丹家在丹炉中模拟天符运动，浓缩了自然界的时间，炼成金丹大药。"金丹是日月运动自然成丹。因燧人改火，后圣用之，同于天火造化。""后圣用火喻爻象，月计三百六十时，年计气候四千三百二十时，合四千三百二十年。喻合天符，自然还丹。"（《通幽诀》）仙人服食自然还丹，可永生天界；世上炼丹炉中浓缩的小宇宙与天地造

化大宇宙同途，道士服了炉中仙丹，亦可飞升仙界。①

　　炼丹家为了使控制丹炉温度的火候符合自然界天符的运动，又提出一种用火直符理论。《还丹肘后诀》云："直符法喻：如十一月建子，阳气始生，夏至一日阴气始生，是天地阴阳进退，一年十二月用事也。一月故有六候，直符潜伏，五行出没，交会刑克并在其内。"直符用事以乾坤等十二辟卦对应十二月，每卦六爻为六候，每候五日，以卦爻的阴阳消息喻一年三百六十日之火候。十一月为复卦，为丹炉举火之时，初爻用火二十四铢，以法二十四气。每日亦"从子到辰巳为直符，从午到戌亥为直事，体法卦象，定火数也"（《参同契五相类秘要》）。炼丹用火的卦爻铢两之说，皆据《参同契》的象数学演化而来。如《还丹肘后诀》所载，"用火不失斤两，节候有准，渐渐如蒸物，年月满足，自然成功。急则飞走，缓则不伏，但依直符爻象则金火自伏矣。"

　　还需指出，中国外丹黄白术毕竟是一种古老的化学实验，炼丹家在实践中不断摸索新的理论。有些炼丹家将中医方剂学中药物君臣佐使配伍理论移置到炼丹术中来，如《参同契五相类秘要》云："夫大还丹用铅为主，用水银为君，硫黄为臣，雄黄为将，雌黄为佐，曾青为使，君臣配合，主将拘伏，使佐宣通，虽用借为旁助，久久为伏火灰矣。"还有些炼丹家受《参同契》"同类易施功兮，非种难为巧"等话的启发，试图对当时金丹术掌握的金石药物进行分类，《参同契五相类秘要》、《太古土兑经》等都做过这种尝试。宋代《灵砂大丹秘诀》认为利用铅汞等石药炼丹，皆是没得真传，真正的抱一灵砂大丹，实际上还是由硫黄和水银炼成的。从现存外丹著作看，炼丹家对硫、汞、铅几个主要元素

---

① 参见金正耀《道教与科学》（中国社会科学出版社，1991）所引有关资料。其中提到《指归集》、《土宿本草》中有自然界中的汞感阴阳之气，会逐步演变为丹砂，再变为银，直至演化为金的思想。

的单质及化合物的化学性质已相当熟悉。

宋代之后，中国外丹学的演变有两个分立的趋势。其一是向医药学靠拢，丹方多用草木药，炼丹术变为制药学。宋代著名的《太平惠民和济局方》中多收丹药，如南岳魏夫人"震灵丹"、"经进地仙丹"、"玉华白丹"，皆来自炼丹家之手。外丹书《神仙养生秘术》，却有多种草木药丹方。而医家的方剂中又多用金石药。这反映了丹道和医道合流的趋势。其二是外丹学又有和内丹学相互统一的趋势，共奉《参同契》、《悟真篇》为丹经之祖，提出天元神丹、人元大丹、地元灵丹之说，外丹著作也采用龙虎、乌兔、精气神等内丹术语。明清外丹著作，更有完全模拟内丹而烧炼者，称为以内事（内丹）为法，而修外事（外丹）。如清初玉枢真人王建章《仙术秘库·炼外丹仙术》云："外丹之术，出自广成子"，"广成子以心肾之间，有真气真水；气水之间，有真阴真阳，配合大药，可比于金石之间而隐至宝。乃于崆峒山中，以内事为法，而炼大丹。八石之中，惟用朱砂，砂中取汞。五金之中，惟用黑铅，铅中取银。汞比阳龙，银为阴虎；以心火如砂之红，肾水如铅之黑；年火随时，不失乾坤之象；月火抽添，自分文武之宜。筑三层之炉，各高九寸，外方内圆，取八方之气，应四时之运。立鼎取象，包藏铅汞，无异于肺液；硫黄为药，合和灵砂，可比于黄婆。三年小成，服之可绝百病；六年中成，服之自可延年；九年大成，服之

第五章 外丹黄白术

南岳魏夫人华存

山东 吴玉玲绘

而得飞升。"傅金铨《证道秘书·外金丹》所传外丹法诀，在理论上和内丹学融为一体，以金火、药物、池鼎为三要件，以采取先天一炁、超脱砂汞、过三关、返还生子、补全神气，二仪成圣，结为大丹为法诀。其《外金丹·金火直指》述"池鼎要法"云："夫鼎有内有外，外鼎者，铅鼎、瓷鼎是也；内鼎者，黄金、白金是也。""故取白金八两，如法停对，入混元池内，逍遥池中，九九数终，癸尽壬真，得太乙含真之炁，投以外药，锻炼成黄酥，能伏后天砂汞。砂汞成真，白金不伤，岂非炼后天而还先天，成鼎器之语哉！虽识此鼎，必假盆池。池有数种：灰池，乃煎铅洗鼎，腾铅池也。踵息池，乃炼精化炁，招摄先天真一之池也。硬池，乃退阴符，安精凝神池也。硫珠池，乃婴儿过关，分刚决炼阳炁之池也。飞仙池，乃炼炁化神池也。"这实际上是将外丹器具，皆冠以内丹名目，将外丹学和内丹学相统一。《金火直指·真母要诀》云："汞自砂中产出，则砂为母，汞为子，理甚明白。欲要死汞，先须死砂，砂母既死，汞子奚逃！死砂之法，必赖金铅。以铅为父，以砂为母，铅属坎卦，砂为离卦，故坎离之交，则铅之精气泄于砂腹之中，含而有孕，结成圣胎。"这种丹法实际上仍是承袭《参同契》理论的铅汞派炼丹术，是以在炼丹炉中模拟内丹程序为丹法纲要的。

另外，还有将内丹修炼和外丹烧炼直接衔接的丹法，认为先修内事（内丹），再炼外事。常人服外丹多中毒而死，但如丹家内事修炼有成，便成了有特异体质之人，再炼外事，服食天元神丹，不仅不会毒死，反而会脱骨换肉，白日飞升。更进一步，即是以内丹功夫的天人感应之超自然力直接炼天元神丹。《仙术秘库·吸收乌兔仙术》云："故烧炼之家，口吸日精月华，眼接日精月华，收日月之精华，以成炉中之精华，精华既得，大丹结矣。""以人身之乌兔，采引日月之乌兔，收精吸华，岂难事哉！"亦有以阳燧取日精，方诸取月华，摄集日精月华，以丹士之元神使之无质生质，而成大丹，此术匪夷所思，不能以现代化学理论解释，是一种以心灵转化物质的实验。这是以太虚为鼎，太极为炉，无为为丹基的最上一乘丹法。另外《铜符铁券》之地元九池诀、人元九鼎诀、天元九天诀，皆为外丹，天元丹法亦不用凡火，"太阳乃天之真火"，"若以木石凿拨而取，其性燥烈，非自然之意，不若当正午火旺之时，以大镜向日取之，亦是真火，故云日魂，以象真汞为真种，以足神丹之用。""取水必赖方诸，乃月华升上，就水结形，性是纯阴。除中秋之望，余月不取。"明陆西星《玄肤论》亦说："天元谓之神丹，神丹者上水下火，炼于神室之中，无质生质，九转数足而成白雪，三年加炼化为神符，得而饵之，飘然轻举，乃药化功灵圣神之奇事也。其道则轩辕之《龙虎（经）》、旌阳之《石函（记）》言之备矣。地元谓之灵丹，灵丹者点化金石而成至宝，其丹乃银铅砂汞有形之物，但可济世而不可以轻身，九转数足，用其药之至灵妙者铸为神室，而以上接乎天元。乃修道之舟航，学人之斧资也。"这样，炼丹炉中的炼丹过程实际上是模拟由道生成的自然物质再向道反演和复归的过程，是一种逆向的宇宙演化图式，由此炼成的仙丹本身就是一种物化了的道，服丹后便可与道合一，得道成仙了。另外，炼丹时还要筑坛祭神，悬镜挂剑，履行严格的宗教仪式。这说明炼丹术又有宗教性的特点。

综上所述，可以得出如下结论：

> 中国外丹黄白术，是以研制长生不老药为出发点的。炼丹术首先是一种模拟宇宙反演的自然之道的操作体系，它不仅包含古老的化学实验，而且还包括人体精神和宇宙物质相互作用的探索以及追求超自然力的宗教活动。仙丹本身是一种物质化了的道，它是道学的宇宙论、阴阳五行物质观、天人感应原理等哲学思想的体现。

第三节　金丹术的操作程序与化学反应

一　金丹术的操作程序

中国的炼丹术，由于要在炼丹炉中模拟天地日月阴阳自然之道，用炼丹家的话说是要夺天地造化之功，盗四时生成之务，因而以火法反应为主。火法之外，还辅有水法反应，如丹经《三十六水法》等，用醋酸和硝石的溶液以溶解一些石药，金液的制造即属水法反应。另外，黄白术中以药剂（多为砷化物）点化铜、铅、汞等称作色染法。《太古土兑经》云："若以银变金，以色染之法"；"夫变铜以色染之"；"黄矾能出染一切金石"。这是在熔融状态下加入砷化物等点化药制有色合金的方法。就火法反应而论，其中即包括飞法（即升华；又有水飞法，即在清水中研磨药物，倾去液体而留沉淀，如飞朱砂、飞雄黄等），抽法（即蒸馏；又有抽汞法，实为分解丹砂蒸发水银蒸汽取汞），研法（即研磨，可将药物粉碎，有的在研磨中起反应，如汞和硫黄研磨制"青砂头"），点法（加入少量药使较多物质突然变化，如以砒点红铜熔液成白铜，以盐卤或石膏点豆浆成豆腐），伏法（制伏，如以硫制伏汞使之不飞走而生成硫化汞，其他如制法、死法，皆大同小异）等。《丹房须知》等书介绍了炼丹的程序和设备，有择友、择地、丹室、禁秽、丹井、取土、造炭、添水、合香、坛式、采铅、抽汞、鼎器、药泥、燠养、中胎、用火、沐浴、开炉、服食等二十一种步骤。今择其要者略为介绍，以示炼丹术之大意。

（一）准备

首先须选择有外丹黄白术知识之三人，结为道侣。道侣三人要斋戒盟誓，同心协力，分工轮换，昼夜不停。其次择一清净吉利之地，不得邻近古墓、废井、污秽之处。丹士须穿新衣履，身体洗浴干净，不食葱蒜等，令香烟长久不绝，谓之禁秽。合香法，以降真香、丹参、苏合香、老柏根、白檀香、沉香、白胶香七味拌蜜合之。

(二) 作屋

屋即丹室，相当于化学实验室。丹室须安静、清洁，不必太高大，宜选名山吉地，高墙厚壁，不闻喧嚣之声，不使僧尼、女人、鸡犬入内，屏绝谤道之人。《黄帝九鼎神丹经诀》载，丹士作屋宜"施带符印，清心洁斋，除去地上旧土三尺，更纳好土，筑之令平。又更起基，高三尺半，勿于故丘墟之间也。屋长三丈，广一丈六尺，洁修护以好草覆之。泥壁内外，皆令坚密。室正东正南开门二户，户广四尺，暮闭之。"(《飞丹作屋法》) 还有屋中央安灶，地下埋符等仪式。又须择地修丹井，取近山石脚，泉水清白味甘，乃阳脉之水，炼丹最灵。丹井露天通星月，去滞滓，方可使用。《铜符铁券》云："鼎随药置，室依鼎修。一间一鼎，三鼎三房。高一丈六尺，阔一丈四尺。四隅令空，重廊绕行。""四面置牖，或

外丹炼制图

开或闭，凿顶通气，招瑞纳祥。"正南开门，确守威严。其法式稍有不同。

（三）立坛

炼丹炉安在坛上，因之炼丹先要立坛。坛又称丹台，分三层，以象天地人三才，每层开八门，下层高一尺二寸，阔五尺五寸；中层高一尺，阔四尺五寸；上层高八寸，阔三尺五寸。坛之南方一尺远处埋生朱（未炼制之朱砂）一斤，北方埋石灰一斤，东方埋生铁一斤，西方埋白银一斤。坛上三尺悬古镜一面，下置宝剑一口，并安置五星灯、桃木板、香炉、水盆等物。《铜符铁券》"坛台直义"所述坛台还要大，亦分三层，分八角，开八门，中透台中心，虚径五寸，以通风火。其"符镜直义"云"八方悬镜"，"四隅挂剑"。立坛时还有焚香、符简、添水、祭咒等仪式。

（四）安炉

炉又称灶，乃是承纳鼎釜的器具，一般称置鼎之具为炉，纳釜之具为灶。丹炉安置在坛上，样式较多，偃月炉、既济炉（水上火下）、未济炉（火上水下）、百眼炉、八卦炉等，为炼丹时生火加热之用，近代多用铁、泥、陶质的火炉。《铜符铁券》"垣郭直义"云："垣郭以安鼎。用土日取五方土，以水飞过，以楮汁和成块，捣炼熟，形如锅釜，高九寸，厚九分，离鼎宽一寸九分，口略敞而圆。"垣廓亦名丹灶。

（五）置鼎

鼎又称匮，汉代用土釜，近代亦有用铁锅、阳城罐者，实际上即是反应室。鼎可用金、银、铜、铁、陶瓷等质料作成，称金鼎、银鼎等。另外，铁釜、赤土釜、神室、混沌、匮、盒子、铛、瓶、坩埚、罐、筒等，皆指鼎一类的反应器。鼎的种类还有《修炼大丹要旨》里的朱砂鼎，《庚道集》里的白虎匮、黄芽匮，《铅汞甲庚至宝集成》里的涌泉匮和丹盒，《金丹大要》里有悬胎鼎，"鼎周围一尺五寸,中虚五寸,长一尺二寸。状似蓬壶,亦为人身之形,分三层,应三方。鼎身腹通,直令上中下等均匀入炉八寸,悬于灶中,不着地,悬胎是也。"另有一种以鸟卵的蛋壳作成的神室,如《上洞心丹经诀》中"作神室法",用鸡蛋八个,以醋浸之,后在顶上微开一小孔,约小指大,倾出蛋清蛋黄,洗净,外以上等京墨涂之,干燥后用为神室。《铜符铁券》将鼎器和神室分开,鼎置于炉内,一年一鼎,可以更换。而神室则是更直接的反应器,再置于鼎中,用银丝十字扎住,一月一换。鼎分坎鼎、离鼎;神室上乾下坤,两片相合,形如鸡子,外圆内方,而为中黄,中虚寸余,以生灵汞,能受天地之精英,水火之养育。安炉置鼎时,炼丹家须行祭炉的仪式。

(六)辨药

以《参同契》的理论炼丹,须要辨别真铅真汞。《丹房须知》载采铅法和抽汞法,以黑铅(方铅矿)中银为真铅,丹砂中汞为真汞。其他炼丹常用石药:硫黄、雄黄、曾青、石胆、大鹏砂、牙硝等矿石的形状、颜色、产地,丹经中都有记载,炼丹家只有善于识别这些石药的真伪和质量,才能采药炼丹。何况丹经中药物多用隐名,炼丹家首要之务是识别药物隐名,懂得各种石药的化学性质,才可依法临炉,防止中毒、爆炸等意外事故。《石药尔雅》等道书,皆为丹士辨药而作。

(七)固济

固济又名密封、泥法,即用药泥将反应器封闭起来,以防加热时走丹。药泥的作用不仅涂在鼎器结合处以固济防漏,而且还有绝缘体使升温不急骤的用处,有时甚至直接参与反应。泥法中以六一泥较著名,制法先以矾石(一用胡粉)、戎盐、卤碱、礜石烧之,后加入左顾牡蛎、赤石脂、滑石三物,和醋为泥,共七物,隐名"六一"。另外,唐代丹家以为六一泥乃汉魏方士故弄玄虚,主张以二种药为泥即可固济。丹经中的泥法还有黄土纸筋泥、灶

灰盐水泥、盐土泥、罐子泥、蚓蝼土戎盐等。盐泥乃用盐水调黄泥（黏土）成糊状，越烧越硬，以赤石脂调盐水封口亦甚坚固。《丹房须知》云"黄土、蚌粉、石灰、赤石脂、食盐，各一两为末，水或蜜调用之，名六一泥"，亦是一说。

（八）用火

丹家用火，方法繁多。炼丹有用炭火（《丹房须知》有造炭法，将炭木粉碎，以糯米捣为丸，晒干用）、马通火、牛粪火、糠火（温养用）等。火法又有养火、顶火、燠、炮、煿、煅等，如在鼎之顶部养火谓之"贴顶养"，在罐底加热名平底火或底火，火焰到达罐中部称转角火、中火、半罐火，火焰到达药面叫作齐药火、顶火，剧烈加热称武火，轻微温养称文火等。丹家之秘，重在火候，炼丹有武火、文火之分，有进火、退符、沐浴之别（《丹房须知》以钵研三千遍为沐浴）。《铜符铁券》云："天地变化，本于阴阳，阳变阴合，运于乾坤。乾爻六九五十四，坤爻六六三十六，四时信之。乾策二百一十六，坤策一百四十四，共三百六十。修炼大药，于十二时辰进退，阳火阴符，各吐寒暄，运入中宫神室，互生变化，产育真精。火是药之父母，药是火之子孙，口传心授，惟专于火，太阴过宫（十五月圆之后），以临阴乡衰魄之位。火候直机，尽于九六十五之数。"其实因鼎器大小不同，药品用量各异，火候须临炉详定，不必拘于三年、十月之期，其要在于先文后武，使之充分反应，不可先妄用武火急骤升华，以致水银升天之弊。

（九）开炉

《丹房须知》云十月丹成，全阳归坤，五行气足，龙吟一声，色转为紫，如五彩琅玕，飞着上鼎，此时丹士宜斋戒沐浴更衣，焚香祷告，开鼎取药。在炼升药时，有擦盏一法，即不断以冷水擦上盖以降温。升于鼎盖之丹药，用羽毛（或小棕刷）扫取，注意其颜色分别收集，以辨别产品和产量。

(十) 服食

《丹房须知》记载丹药炼成后，须先放入蜡球内浸在东流水中出火毒，再放入竹筒内蒸之以出水毒，后制成丸药备服。《太清石壁记》"服诸丹法"云"取枣肉裹如大豆，日服一丸"。用枣肉为丸是古代丹家长期积累的经验。著名丹药"中九丸"，可治骨关节结核、瘰疬、痰核、风湿性关节炎等阴症。在洒尔弗散未出世前，为治梅毒良药，现亦试用于癌瘤。张觉人《中国炼丹术与丹药》载其制法，并说："有一段时间，我曾改用面粉为丸，很奇怪，给兔食之，兔即死亡；而以枣肉制成的丸，兔食之，并无死亡，尚找不出原因。"显然枣肉有解丹毒的作用。另外，炼丹家还有"守仙五子丸"，以余甘子、覆盆子、菟丝子、五味子、车前子五味配成，可解丹药之毒，亦有以甘草汤、伏龙肝汁、生绿豆汁解毒者。随着服丹中毒事故的不断发生，道士无法一律以尸解、换骨成仙之兆、去三尸除宿疾之验候等宗教性语言来解释，亦逐渐认识了丹药的毒性，并进而探索缓解毒性的办法。

中国外丹黄白术在操作中发生的化学反应较复杂，这是因用药混杂造成的。下面我们根据外丹黄白师追求的目的，将其化学反应略分为五类，即制还丹、黄白、金液、秋石、丹药的化学反应，并分别予以研究。

二　金丹术的基本化学反应

（一）炼制还丹的化学反应

葛洪《抱朴子·金丹》所说"丹砂烧之成水银，积变又还成丹砂"的制还丹反应，根据不同的反应条件，其物理化学作用也有不同。

(1) 天然丹砂在密封的赤土釜中灼烧，加热至250℃时，丹砂熔解、沸腾，烧至583.5℃时，丹砂升华，在上釜结为纯净的

紫红色晶态硫化汞。《黄帝九鼎神丹经诀》制丹华的反应，即是此类。

(2) 如果炉温较高，火候适当，也有可能发生硫化汞的分解及合成反应：

$$HgS \xrightarrow{\triangle} Hg\uparrow + S\uparrow \xrightarrow{冷却} HgS$$

(3)《广弘明集》卷九载北周甄鸾《笑道论》云："烧丹成水银，烧水银成丹，故曰还丹"，由于当时道士尚不能用化学分析区别 HgS 和 HgO，故将 HgO 也误认为还丹。

$$HgS + O_2 \longrightarrow Hg + SO_2\uparrow （抽汞法反应）$$
$$2Hg + O_2 \longrightarrow 2HgO$$

(4) 唐代直接以硫黄和水银造丹砂，《九转灵砂大丹》及孙思邈的"小还丹方"等，皆用"水银一斤，石硫黄四两"，硫稍过量，使汞完全反应。

$$Hg + S \xrightarrow{研磨} HgS（青砂头）\xrightarrow{\triangle} HgS（红色晶体）$$

(5) 铅汞法在灼烧时，先生成铅汞齐，后各自被氧化。汞被氧化为氧化汞(HgO)，铅被氧化为铅丹，即四氧化三铅(Pb_3O_4)。另外，葛洪所谓"黄丹及胡粉，是化铅所作"（《论仙》），黄丹为密陀僧(PbO)，胡粉为碱式碳酸铅〔$Pb(OH)_2 \cdot PbCO_3$〕，乃是用醋和铅作用制成的。

（二）制造黄白的化学反应

晋代炼丹家狐刚子有《出金矿图录》一卷，其书已佚，但《黄帝九鼎神丹经诀》卷九录有其中内容，是讲金银矿的冶炼的，其"作炼锡灰坯炉法"大概是"吹灰法"炼制金银的记载。隋代苏元朗《宝藏论》记载了多种药金、药银的名目，其中多为铜砷合金。铜砷合金含砷量在10%以下为砷黄铜，即金黄色的药金，含砷在10%以上为砷白铜，即药银。用雄黄（硫化砷为主，As_4S_4）、雌黄（三硫化二砷为主，As_2S_3）、砒石（氧化砷，As_2O_3）、礜石（砷黄铁矿，FeAsS）点化铜为药金、药银的黄白术又称"丹阳法"。《神异经》载："丹阳铜似金，可煅以为错，涂之器。故《淮南子》曰，饵丹阳之伪金，即此也。"孙思邈《太清丹经要诀》中"造赤雪流朱丹法"，是制造单质砷的化学反应：

$$As_2S_2 + 2Sn \xrightarrow{\triangle} 2SnS + 2As$$

葛洪《抱朴子·仙药》记载以三物（硝石、松脂、猪大肠）和雄黄共炼，也能还原出金属砷，这在化学史上是个了不起的成就。

《抱朴子·黄白》中还记述了"金楼先生所从青林子受作黄金法"，其法用锡(Sn)和赤盐（铝、钾、铁的硫酸盐、氯化铵等），$KAl(SO_4)_2$、NH_4Cl、灰汁[石灰水$Ca(OH)_2$]以马粪火加热30天，"发火视之，锡中悉如灰状，中有累累如豆者，即黄金也。"这是在碱性介质中以熔融状态的锡作还原剂使硫酸根还原制得金黄色的鳞状硫化锡晶体(SnS_2)。这种硫化锡呈金的色泽和辉光，即是药金，现代用作制"铜金粉"的油漆材料。

《抱朴子·黄白》还有"角里先生从稷丘子所授化黄金法"，以矾石水、丹砂水、曾青水、雄黄水等在铁器中灼烧而制紫磨金。实际上，丹砂水是

葛洪炼丹图

以丹砂、石胆、硝石等制成的铜盐溶液（见《黄白·作丹砂水法》），其余矾石水、曾青水、雄黄水等亦是含铝、铜、砷、汞、铁等的可溶性盐类。这些盐类被还原为多种成分的铜合金，呈暗红色或紫色，便称为紫磨金。还有所谓"小儿作黄金法"，是简便的制药金法，将熔融铅的表面被硝酸盐氧化为菱形黄色氧化铅，也称作黄金。另外，以醋酸、醋酸铜、硫酸铜处理含有大量铜和少量金（4%）之合金，可产生永久性的紫色光彩；铜锑合金也呈紫色，都是紫磨金。

（三）金液和水法反应

《三十六水法》中记述了古代炼丹家在溶液中进行的水法反应，即在盛有药醋的溶解槽（丹家称为华池）内溶解某些金属和硫化物。醋酸中添加的药物主要是硝石（KNO_3），将醋酸、硝石和需溶解的金属密封在竹筒内放置三个月之久，即可将金属溶解。这些金属不仅包括铅、锡等，还有难溶的银和金。

银（Ag）一般不溶于醋酸，但在亚硝酸盐存在的情况下，亚硝酸离子可以氧化金属银为银离子，从而促使银溶解。铅虽不溶于稀硝酸，但在亚硝酸盐存在时，亦能溶于醋酸液中。

$$Ag + NO_2' \longrightarrow Ag^+ + NO$$

金（Au）的溶解是和汞（Hg）先形成金汞齐，然后在配有雄黄、寒水石、紫游女（铁矿水）、磁石水、硝石、丹砂的醋溶液中，溶解掉汞，从而使金分子析出形成胶体溶液。另外，这些矿物药中混有碘化物，在溶液中形成碘酸盐（IO_3'），这大概是溶液中加入硫化铁使碘还原的结果。在碘酸盐存在的硝石和醋酸溶液中，金元素甚至可以被空气中的氧气氧化，从而溶解金属金。

汞和砷的硫化物（丹砂、雄黄）可以被溶解在华池（含硝石的药醋）中，这是可以被证实的。本来硫化汞（HgS）不溶于水、醋酸,甚至于沸腾的浓硝酸中亦不溶解。然而《抱朴子·黄白》"作丹砂水法"中加有石胆（$CuSO_4·5H_2O$）。戎盐（$NaCl$）中的氯离子（Cl'）可以在硝石（KNO_3）和醋酸的溶液中被氧化为氯气,而硫酸铜则是催化剂。然后,硫化汞被氯气氧化而析出硫,继而再被氧化为硫酸根。

$$HgS+Cl_2 \longrightarrow HgCl_2+S$$

一般硝石的矿物中都含有氯化物或碘化物的杂质,碘化物在硫酸铜存在下也可氧化为碘或碘酸从而溶解丹砂乃至金、银。雄黄被溶解的道理大致是相同的。金液一般是铜合金或硫化物的溶液,这是完全可以制备的。

（四）秋石等性激素的制备

《周易参同契》中早有"淮南炼秋石"之说,但秋石是什么物质久无定论。唐代外丹中毒事件屡有发生,一些帝王和权臣相继中毒而死,为之献丹药的外丹师亦因之遭杀害,迫使这些为皇宫炼丹的道士（供奉山人）拼命寻找出路。宋代以来,用童男的尿液和少女的经血制造的秋石、红铅一类性激素丹药逐渐风行起来,明代皇帝就曾将秋石、红铅等作为壮阳健身、返老还童的仙药服用。

秋石的制法在《许真君石函记》、《大还丹照鉴》、《苏沈良方》、《本草纲目》等书中有记载。其法取小便入桶,加入皂角汁搅拌,后滤去小便中水分,将浓汁入净锅中煎干。将干燥粉末刮下捣碎,以清水煮化,淋去浊滓,复入锅熬干,如此反复几次,候药末色如霜雪即止。而后取之入固济砂盒内,火煅成汁倾出。这是一种甾体有机化合物的白色晶体,称作"秋石",中国大约在唐代就会制造,这是化学史上的一大成就。红铅则是以少女的首次月经,用清水漂过,加以丹砂、没药、童便等炼制而成,亦为性激素类药物。红铅和秋石对刺激人的内分泌和增强性功能有一定疗效,

是中国炼丹家发明的药物。

（五）医用丹药的炼制

炼丹家多年摸索的丹药，除了被道士誉为长生不死、返老还童的仙药用于宗教目的外，也被医学家用于防病治病。唐代著名丹师沈知言撰《通玄秘术》，已收集了27个医药丹方，有治疗内外科疾病、辟谷、御暑、却寒等功效。入宋以后这类丹方则更多。据张觉人《中国炼丹术与丹药》一书研究，作医药用的丹药有氯化汞类（含轻粉、粉霜及中九丸等）、硫化汞类（几种不同制法的HgS）、氧化汞类（纯度不同的HgO，有大红升丹、小红升丹）、升丹类（除红升丹之外的其他升丹药）、降丹类（白降丹$HgCl_2$为主的一批丹药）、烧丹类（以硫黄烧成的金液丹）。轻粉是氯化亚汞(Hg_2Cl_2)，又名水粉、银粉、水银灰、甘汞等异名，《千金翼方》及《崔氏方》中"造水银霜法"所得产物即为一价的甘汞。粉霜为氯化汞($HgCl_2$)，又名白降丹、升汞、霜雪、白雪、艮雪等，《神仙养生秘术》中"秤轻粉法"因用焰硝(KNO_3)，所得产物为二价升汞。一般说，汞不过量且有氧化剂存在时，产物为升汞。红升丹（以HgO为主）和白降丹（$HgCl_2$为主）为外科主要丹药，有拔毒、去腐、生肌、敛口、杀菌之功。张觉人还介绍了丹道医家秘传的玄门四大丹及其制法，包括乾坤一炁丹（升丹类，以水银、火硝、白矾、黄丹、扫粉炼制）、混元丹（升丹类丹头，可外用或内服）、金龟下海丹（降丹类，炼法及用药复杂，外用药）、毒龙丹（以马钱子制成的丹头，可内服治多种疾病）。毒龙丹制法将马钱子以童便、五石（丹砂、雄黄、曾青、白矾、磁石）、五豆（扁豆、赤豆、绿豆、黄豆、黑豆）浸泡之，待豆发芽，马钱子中心变白，遂取出马钱子刮去皮毛，入甘草水煮三小时，晒干研末为丸。毒龙丹有钻筋透骨，活络搜风，兴奋补脑之功，根据患者不同病症，可配以不同引药服下，如感冒咳嗽用姜汤，吐血配红花，中风不语用牙皂、细辛，口舌生疮加黄连等，疗效甚好。

第五章 外丹黄白术

外丹黄白术在化学史上还有许多发明，一些科技领域如火药、染料、医药、农药、玻璃、油漆、冶金、采矿等都曾受到过外丹黄白术的影响，丹道医药学至今还保存着自己的科学价值和发展活力，这说明外丹学也是值得认真探讨的道教文化现象。

（顺便说明，《中华道教大辞典》中已将《道藏》中有关金丹术的名词术语都搜罗进去，包括药物隐名都作了解释，载有"外丹黄白术"一大类，故本文没有探讨和解释金丹术的词语和丹药隐名，有兴趣研究此道的读者可去翻阅这部辞典。）

第五

龙虎丹台

八门

正开

有八门

如云子曰南面去坛一尺埋生砒一斤线五寸醋拌之比面埋石灰一斤东面埋生铁一斤西面埋白银一斤上去药鼎三尺垂古镜一面布二十八宿五星灯前用纯剑一口炉前添不食井水一盆七日一添用桃木版一

第六章　中国术数学

　　20多年前，不少自然科学家突然崇尚神秘文化，想从中国古代周易象数学中汲取营养。当时传说莱布尼兹的二进制是受中国的易图启发而创造的，还说《易·系辞》中早就有牛顿三定律的思想。其实这些说法都和历史事实不符，难以成立。近10年来一些多年研读《周易》的学者又一反常态地崇拜西方早已过时的科学主义和技术主义，鼓吹工具理性万能，否定周易象数学的研究，将《周易》看成是纯哲学著作甚至是管理学、数学书，打着反"伪科学"的幌子将象数学斥为"封建迷信"。其实《易经》问世时中国的封建社会还未形成，《周易》若非有其占卜功能，很难想象它流传数千年而不衰。中国的诸子百家之学皆源于《易》，周易象数学流入道教，被道教占验派所宗，繁衍出许多占验术数。《易·系辞》云："圣人设卦观象。系辞焉而明吉凶。刚柔相推而生变化。是故吉凶者，得失之象也。""是故君子居则观其象而玩其辞，动则观其变而玩其占。""极数知来之谓占。""易有圣人之道四焉。以言者尚其辞。以动者尚其变。以制器者尚其象。以卜筮者尚其占"。《易经》之爻辞皆是对该爻之卦象的解说，否定象

第六章 中国术数学

数，何言义理？周易为卜筮之书，不仅见诸《易·系辞》，甚至连宋代大儒朱熹也未否认。朱熹说："圣人作《易》本是使人卜筮，以决所行之可否？"（《晦庵先生朱文公文集》卷三十一）因而南宋易学家俞琰也说："朱子极论《易》为卜筮之书，其说详且明矣。愚谓以卜筮观《易》，则无所不通，不以卜筮观《易》，则多所不通者焉。""当知辞本于象，象本于画。有画斯有象，有象斯有辞。《易》之理尽在于画，拒可舍六画之象而专论辞之理哉？舍画而玩辞，舍象而穷理，辞虽明，理虽通，非易也。"（《周易集说·序》）近世易学家杭辛斋更云："易道之大，乃尽失其用，举世徒震其名，视为神秘杳渺而不敢问津。呜呼，是谁之过哉！""反不若壬、遁、火珠林之术为足凭。"（《易楔》）研易而不能断事，不知趋吉避凶，皆不明大易之精髓者，乃欺世盗名之徒也。中国术数学是道学文化的组成部分，它源于古代的象数易学，现归入道学之占验方术。因之我们探究道学方术中之占验术，首先从周易象数学谈起。

中国术数学本是周易象数学发展起来的分支，它最初奠基于战国时期驺衍为首的阴阳家学派，汉代兴盛一时，后流入道教，被道教占验派所宗。占验派道士皆精研易理，推崇象数易学，并将之用于社会、人事等未知事物的预测，创造出丰富多彩的占验术数。在一定意义上说，术数学乃是一种杂有巫术成分的社会、人生预测学。中国历史上由于家长制封建政权的压迫，民众中巫术迷信思想盛行，缺乏现代科学实证精神和人文思想的启蒙，术数学著作中杂有大量非科学的巫术内容是毫不足怪的。其实巫史文化为人类文明之权舆，巫术亦是值得研究的学术课题。然而我们知道，一些术数在中国流传数千年，必有其本身存在的价值和流传的社会原因。在这些社会原因没消除之前，社会上的术数占验活动根本无法禁断。追求预知社会、人生、事物的未知状态是人类一个永恒的目标。如果一些追求预知的术数活动要以是否应验来寻求在社会上的立足之地，必然被社会实践迫使它们暗中向

科学靠拢。科学研究是没有禁区的。大易无象外之辞,凡研究《周易》而不明象数,或以《荀子·大略》"善为易者不占"一句自欺欺人空谈义理,不能以上千个卦例"玩其占"者,皆不足以谈《易》。易学本质上就是术数学。术数学必将成为中国科学史、哲学史与其他社会科学领域研究的课题。

第一节　中国术数学的由来

　　术数学的由来,可以追溯到氏族公社时代的巫史文化。人们对于复杂纷纭的社会前景和变幻莫测的人生命运,在自力难以掌握的时候,便本能地依靠他力趋吉避凶,寻求预测未来的方法。这种渴望预知的心理,无论是对于文明未开的古代初民还是科学昌明的现代人,实际上没有什么不同,社会文明的发展并没有消除人们对个人命运的困惑和对所受伤害的恐惧。例如现代科学可以把人载到月球以及探测火星,航天飞机足可以使道教神话中的腾云驾雾成为现实。然而随现代科学发展而出现的火箭发射事故、电脑病毒乃至机毁人亡之祸也更加给人类心灵带来困扰。向使无有飞机,何来机毁人亡之祸?因之人类渴望预知休咎、趋福避祸的愿望并不会因现代科学的发展而消除。另外,根据文化人类学的研究,图腾崇拜、鬼神观念、前兆迷信等是人类氏族社会普遍的原始宗教信仰,而人类文明最初就起源于这种氏族社会的原始宗教。中华民族的童年思维也有前兆迷信和相信占卜预言吉凶,殷周甲骨文里那么多卜辞即是证明。直至战国时著名思想家墨子尚且反复论证宇宙间有鬼神之说,更何况中华民族的初始文明呢。《墨子·明鬼》云:"故尚书夏书,其次商、周之书,语数鬼神之有也……以若书之说观之,则鬼神之有,岂可疑哉?"可知墨子所见三代之书及许多失传的上古文献皆倡鬼神之说。文化人类学和现代心理学的规律说明，人类任何民族中每个个体的人的心理中都包括着其民族群体童年的记忆，每个人童年的心理都要重演人类群体在历史进化中的文化和心理过程。从这个意义上说，人类生理和心理上的文化重演律适用于地球上每一个人，任何人都无法摆脱人类进化过程中留下的文化和心理轨迹，不可能彻底割断人类童年的思维。由此可知，那些将术数学打入学术禁区的伪科学家，自称已彻底无有信仰心理和有神论意识，实际上皆是自欺欺人之谈。道学文化本来源于母系氏族公社的原始宗教，原始宗教是一种巫史文化，巫史的职责就是进行人神交通，承担卜吉凶、祭鬼神、记灾异之类的事。这种原始宗教的巫史文化，至殷周之际，虽经过多次原始宗教革命，仍盛行不衰。《尚书·洪范》云："稽疑，择建立卜筮人，乃命卜筮。"《周礼·春官》云："大卜掌三兆之法，一曰玉兆，二曰瓦兆，三曰原兆。""上春衅龟，祭祀先卜。"《史记·龟策列传》也说："三王不同龟，四夷各异卜，然各以决吉凶。"殷周时国家遇到大的变故，必以卜筮占断吉凶，卜和筮应是中国流传最古的术数。卜是以灼裂龟甲占验吉凶，筮是以排列蓍草的方法画卦象占验吉凶。此外还有占梦之术，起源甚早，《汉书·艺文志》云"众占非一，以梦为大"，周代太卜掌"三梦之法"，并设有专职的占梦官。甲骨文中就有大量龟卜和梦占的记载。中国人类文明的开始，就是在术数学的发展中不断推进的。

中国先民原始宗教中占验术数的真实面目，现大多不得而知。甲骨文中虽然对龟卜、占梦多有记载，但具体操作方法已亡佚。清初学者胡煦著《卜法详考》四卷，记下民间流传下来的灼龟占法，可由此略知古代卜法遗意。原始宗教中的巫史由直接降神到借用工具推测神意，由象卜到数卜，而后筮法又渐渐取代龟卜，有一个发展过程。《礼记·月令》记立冬之月，天子"命太史衅龟筴，占兆，审卦吉凶。"注云："占兆者，玩《龟书》之繇文。审卦者，

审《易》之休咎。皆所以豫明其理而待用也。衅龟而占兆，衅荚而审卦吉凶，太史之职也。"《周礼·春官》云太卜"掌三《易》之法：一曰《连山》，二曰《归藏》，三曰《周易》。其经卦皆八，其别（卦）皆六十有四。"这说明占卜为周代原始宗教中最重要的宗教活动，由太史（相当于后世之辅相）亲自执掌《龟书》及三《易》等术数典籍。而今《龟书》及《连山》、《归藏》两种《易》书已失传，只剩下《周易》是惟一保存下来的氏族原始宗教的占验术数典籍。

顺便提及，今之学者对先秦龟卜和筮卜，颇多误解，说什么殷人以青铜器在龟甲上钻孔而灼烧之，卜其裂纹之兆而有甲骨卜辞，至周为筮卜取代而失传云云，皆不明就里之论。其实夏、商、周三代以来，皆蓍龟并用，以龟卜为上。古人以为龟必千岁游于莲叶之上，则有灵，蓍草生百茎，则可决事。《周书·金縢》记载周公旦"即命于元龟"，"乃卜三龟"，是以龟卜断事。《周书·大诰》云"宁王遗我大宝龟"，是周公旦言周文王传给他灵龟，用于龟卜。《史记·龟策列传》记载宋元王得神龟，卫平相宋以龟卜断事，国力乃强。一只灵龟可用百年，岂以灼龟、钻龟而毁之耶？太史占龟，实多用龟板以分阴阳，传有衅龟（以血涂之）、卵龟（以蛋清涂之）、楔龟（灼荆楔之）之法，从而出现玉兆（光亮若玉，为阳）、瓦兆（碎裂如瓦，为阴）、原兆（如稻田干旱之裂纹），用以断吉凶。四川三星堆所见钻、灼龟甲而卜断者，盖"四夷各异卜"之故。其实龟卜之法，也没在周代失传，汉武帝伐匈奴时尚用龟卜占断，仅是因武帝晚年发生巫蛊之祸而衰。《隋书·经籍志》多载龟卜之书，是隋代龟卜仍流行，高道孙思邈即以擅长龟卜名世，至明代《金瓶梅》小说亦记载当时社会上以龟卜占断的情况。相反，倒是筮卜自王弼扫象之后失传，被金钱卦取代，至朱熹通过蔡元定求取道教方士之易图及占法，渐有恢复，至近世易学家高亨先生，方悟出古筮法之秘。重庆霍斐然先生据大易创"小成图占法",应许为易学之正宗。

三《易》的形成,应是先有卦画后有卦辞的。《连山》、《归藏》、《周易》皆以阴、阳二爻组成八经卦,又相互重合得六十四别卦,仅为卦序和卦辞不同。八卦卦画的创制,远在三代之前的氏族原始宗教中即开始,重卦亦在西周之前。卦辞和爻辞的创制,盖出于卜筮巫觋之手,至西周中期始定。《说文序》云:"古者庖牺氏之王天下也,仰则观象于天,俯则观法于地,观鸟兽之文与地之宜,近取诸身,远取诸物,于是始作《易》八卦,以垂宪象。"《易·系辞》亦云八卦为"包牺氏"所作,《史记·太史公自序》说:"余闻之先人曰:'伏羲至纯厚,作《易》八卦'。"由于三代以来我国史官皆实行父子相继的世官制度,看来八卦源自伏羲氏乃是历代史官承传的说法。伏羲氏乃畜牧业时代的氏族部落酋长,八卦始于那时先民对自然现象的观察应属合理。据考古资料,河南安阳殷墟出土的陶器,安阳四盘磨村、陕西张家坡出土的卜骨,岐山凤雏村出土的卜甲,宋代出土的周初中方鼎,湖北孝感出土的周初铜器铭文,都刻有形式不同的数字卦。张政烺推测四盘磨卜骨的卦画即失传的《连山》易。[①] 盖周代之前的原始宗教,保存着母系社会女性崇拜的遗俗较多,反映到易卦的筮法上,则有《归藏》、《连山》。《归藏》易以坤卦为首,

---

① 张政烺:《易辨》,载《中国哲学》第14辑,人民出版社,1988。

释阴柔为吉，显然是母系氏族原始宗教传统，为道学的文化渊源。周代父权家长制氏族宗法政权巩固下来，原始宗教的传统为之一变，《周易》的卦序和爻辞便反映了周人以乾卦为首、尊重君权、父权的特色。《连山》、《归藏》失传后，《周易》作为巫史文化的代表作，虽然崇尚阳刚的思想占据主导地位，但贵阴尚柔的思想仍有保存。阴爻在《周易》中并非全部代表"小人"和"不吉"，爻辞对卦象的解释也不一味崇尚阳刚。例如《周易》中的坤卦、谦卦多吉，而各卦之上爻多体现"物极必反"之理，显然都和道家思想暗合。因而周代的巫史文化成了后世诸子百家的总汇，学术界也有"诸子百家皆源于《易》"之说。

《周易》包括三个部分，其一是《易经》，包括古代原始宗教流传下来的卦画和西周巫史作的卦辞和爻辞。其二称《易传》，含《彖》、《象》、《文言》、《说卦》、《序卦》、《杂卦》，包括出土帛书《周易》的《二三子问》等，为战国时人所作。其三称《易图》，有《河图》、《洛书》、《先天图》、《太极图》等，宋代开始传出，据说是经由著名高道陈抟得来。清代儒学兴盛，儒生精于考据，力斥易图皆宋人向壁伪造，和伏羲氏、周文王等圣人毫无关系。1977年安徽阜阳县双古堆西汉汝阴侯墓出土一只"太乙九宫占盘"，盘上不仅刻有类似《灵枢经·九宫八风篇》的图形且有《河图》、《洛书》刻在小圆盘上。这说明《河图》、《洛书》等易图入于占验术数，乃周易象数学的一种传统，宋人只不过在易图学上有所发展而已。另有一说，将《周易》划分为三个阶段的学术。其一是《易经》，是用于占筮的；其二是《易传》，是对经的解释，乃穷理尽性之书；其三是易学，乃历代学者对《周易》研究的学术。中国的术数学，就是以易学为根基发展起来的。

中国术数家的祖师，是战国时期齐国的邹衍。《易》以道阴阳而未及五行，《洪范》用五行而不言阴阳，邹衍倡导的阴阳五行学说成为数术学的基本理论模式，他提出的"类同相召，气同则合，声比则应"(《吕氏春秋·应同》)的天人感应原理也是中国术数学的理论基石。中国术数学以天文观象之学的发展为背景，以人事、国事应乎天象，而邹衍恰是天文律历学术的一代宗师。《史记·历书》云："幽、厉之后，周室微，陪臣执政，史不记时，君不告朔；故畴人子弟分散，或在诸夏，或在夷狄；是以其机祥废而不统。""其后战国并争，在于强国禽敌，救急解纷而已，岂遑念斯哉！是时独有邹衍，明于五德之传，而散消息之分，以显诸侯。"周幽王、厉王之后，历书天官之学濒于失传，齐人邹衍独通晓此术，被时人誉为"谈天衍"。刘向《别录》云："《方士传》言邹衍在燕，燕有谷，地美而寒，不生五谷。邹衍居之，吹律而温气至，五谷生，今名黍谷。"这说明邹衍还通晓音律，古代音律亦为术数学一大分支。《史记·孟子荀卿列传》说他"深观阴阳消息，而作怪迂之变，《终始》、《大圣》之篇十余万言，其语闳大不经，必先验小物，推而大之，至于无垠。先序今以上至黄帝，学者所共术，大并世盛衰，因载其机祥制度，推而远之，致天地未生，窈冥不可考而原也。"邹衍以类比外推法将人生、国事、天象相互联系，由小见大，以近知远，就此推彼，为术数学奠定了方法论基础。现存的"大小九州"和"五德终始"之说即是关于地理、政治的术数学，但这远非邹衍学说的全部，他的学说是主要探讨阴阳变化之理、五行转运之机、天道玄远之事和推往知来之术的，有十多万言的著作，在战国时期显于诸侯。而后邹衍之学被秦始皇采用，传至汉世，和周易象数学派结合，形成了中国术数学发展的高峰时期。

中国术数学的支柱是天干、地支纪时法，而干支纪法又源于古代的天文历谱之学。干支纪法是中国先民的一个创造，它暗合了宇宙的某种根本节律，使以天干、地支建立起来的象数模型有一定的预测功能。中国至少在春秋末期（公元5世纪）就已使用四分历，这是当时世界上最先进的历法。在这之前，先民的原始

宗教文化中有过以"大火"（心宿）授时法，后来又使用过北斗授时的十月制历法。十月制历法在《管子·幼官篇》（"幼官"乃"玄宫"之误）中有记载，在《诗·豳风·七月》和《夏小正》中也可找到线索，现在仍保存在彝族地区的民俗中。《汉书·艺文志》云："春秋时，鲁有梓慎、郑有裨灶、晋有卜偃、宋有子韦；六国时，楚有甘公、魏有石申夫"，都是古代的天文历谱家，而《汉书·艺文志》将天文家、历谱家放在"术数略"诸家之首。实际上原始宗教文化中巫史观象授时，历来和星占、选择时日的卜筮活动密不可分。1975年湖北云梦出土《睡虎地秦墓竹简》，其中有甲、乙两种《日书》，约为战国时期作品。这两种《日书》皆采用干支纪法纪日、月，以四象二十八宿观象授时，按阴阳五行学说推断吉凶，从而选择出行、见官、谋事、造房的方向和时日，其中还有不少驱鬼、占梦、禁忌的资料，是当时术数活动真实情况的物证。这些传统的占验术数也被汉代术数家继承下来，逐步发展成熟。《四库全书总目提要》云："术数之兴，多在秦汉以后。要其旨，不出乎阴阳五行，生克制化。实皆《易》之支派，傅以杂说耳。物生有象，象生有数，乘除推阐，务究造化之源者，是为数学。星土云物，见于经典，流传妖妄，浸失其真，然不可谓古无其说，是为占候。"占验术数早在道教始创之前，就被方仙道、黄老道、巫鬼道的方士、道士、巫觋所研习，在社会上流传不息。

　　吾所谓"《易》以道阴阳而未及五行，《洪范》用五行而不言阴阳"，这大概是易学和驺衍以阴阳五行创立术数学的分野，也是易占和火珠林（五行易）占法的不同。然而易学及各类术数，皆为占断而设，而占断则要求具体、准确、应验。当今社会占断旅游、股票、传染病、案件、置业、官场商场情场的悲欢离合，多为古人所未见，仅凭《易经》的系辞已不足以断事。今人学易仍数蓍草而不懂金钱卦，死扣系辞而不能具体断事，欺世盗名而无有应验，是失大易之魂也。

第二节 术数学的发展

　　《周易》既为中国术数学之祖，则易学的发展显然和术数学的发展相关。秦始皇焚书，《周易》因是卜筮之书而未烧。汉代以来，儒家思想成了中国家长制宗法社会占统治地位的正统思想，《周易》也被儒家学者捧为六经之首，当成儒家的经典。这样，以孔子的政治伦理思想解《易》的著作，成了易学的"正传"，而以老子《道德经》思想为主体的解易之作，则是易学的"别传"。本来老子《道德经》就和易学相通，老子是《易经》的一个特殊传人。《易·系辞》说："《易》与天地准，故能弥纶天地之道。"《道德经》和《周易》都是对天地之道的探索和概括，二者的阴阳观、变化观、反复循环观、守中贵柔观等，皆相互承袭。《周易》由天道及于人事，这和道家究天人之际的传统相合，而和罕言天道的儒家伦理观念有别。《汉书·艺文志》称道家为"《易》之嗛嗛，一谦而四益，此其所长也"，显然也承认道家学者为《易》之传人。道学的易学，乃由秦汉方仙道、黄老道传来，是方士、隐士、道士之《易》。汉成帝时，刘向校书，发现各家易说皆祖田何、丁将军，是儒家的正传。惟有京房之易学，传自焦延寿，焦延寿之易虽托名孟喜，实际上传自隐士，是专明阴阳术数，推步灾异吉凶的易学。焦延寿和京房，为汉代有代表性的大易学家，其所著《焦氏易林》、《京房易传》现已收入《道藏》，为道教占验派所宗。《焦氏易林》将六十四卦分派到全年二十四节气之中，以卦值日，创立了新的筮法。同时又将各卦展开为六十四卦，系以繇辞，有四千条之多。京房得焦氏易说，将六十四卦分属于八宫，创立纳甲、飞伏、世应诸法，为后世火珠林占法的滥觞。汉代易学家还创立卦气说、纳甲说、爻辰说，丰富了周易象数体系，为道教占验派易学奠定

了基础。

汉代是术数学高度发展的时期，驺衍的阴阳家学说渗透到所有学科，社会上兴起造神运动，使孔子偶像化，儒学谶纬化，儒生方士化，汉儒遇事必推步吉凶，连皇帝也信天象，讲灾异，学图谶，终汉之世社会上笼罩着一种神秘气氛。这样，周易的象数之学在汉代发展到顶峰，与之相关的术数学也盛极一时。汉成帝时诏命光禄大夫刘向校经传诸子等书，步兵校尉任宏校兵书，太史令尹咸校数术，侍医李柱国校方技。后来刘向之子刘歆汇总群书分为《七略》，有诸子略、六艺略、诗赋略、兵书略、术数略、方技略，术数俨然成为汉代学术和诸子并列的一大门类。《汉书·艺文志》云："数术者，皆明堂、羲和、史、卜之职也"，说明术数学实即古代巫史之学的沿袭。《史记·日者列传》记载汉代术数学界分为五行家、堪舆家、建除家、丛辰家、历家、天人家、太乙家和形法家等。《汉书·艺术志》又将术数之书分为六类，一天文，二历谱，三五行，四蓍龟，五杂占，六形法。由此可知，汉代术数学范围较广，周易象数学成为易学的主流，研习者非只道家学派和方士、道士，习五经的儒生博士也推波助澜。汉代天文历法学甚为发达，修正的四分历、太初历、乾象历皆在汉代完成。汉人信谶纬，习太一九宫之术，今古文经学家皆取卦气说解《易》，将天文历法和周易象数融为一体。孟喜、焦延寿、京房的易学，宋人称之为象数之学，以和儒家正统的义理之学相区分。象数之学以五行说、卦气说、纳甲说、爻辰说等解《易》，创立了世应、飞伏、归魂、游魂等术语，以卦爻干支五行生克占断吉凶，实为占验术数的一大革新。扬雄甚至模仿《周易》作《太玄经》，以八十一首表示一年四季的阴阳消息，提出了一套新的筮法，也是术数学史上的大事。

汉代周易象数之学盛极而衰，走向了自己的反面。魏晋之后，儒家的正统思想在易学研究中取得统治地位，将忠君孝亲的政治伦理放在首位，视和统治术关系不大的古代科学技术为奇技淫巧，占验术数更不能登大雅之堂。因之，周易象数体系为核心的术数学经过汉代四百年的繁荣时期，魏晋之后终于被排摈出正统的学术殿堂，为道教占验派所吸收。王弼注《易》，自称"得意忘象"，借易学清谈玄理，美其名曰"善易者不占"，被儒家奉为正统的治《易》方法，扼杀了象数之学发展的生机。尔后，儒家"正传"的易学变成义理之学，治《易》的方法是"扫象不谈"，有人甚至数典忘祖，否认《周易》是术数学的卜筮之书，使周易象数学几近失传。这期间，《周易》作为五经之首成了维护宗法礼教的伦理教科书，为求取功名准备科举考试的儒生所修习。幸有唐代李鼎祚著《周易集解》，将汉代象数之学的本旨保存下来，使宋代易学家能从中窥知汉易的真实面目。

汉代以来道学别传的象数易学，略有两大分支。一支入于术数，以卜筮占验为其所长。一支入于方技，被道教炼养家作为内丹、外丹的理论框架，魏伯阳的《周易参同契》便为其代表作。还有汉代严君平以《易》解老，著《道德经指归》。扬雄称其书为"观大易之损益兮，览老氏之伏倚；省忧喜之同门兮，察吉凶之同域。"（《太玄赋》）周易象数学自王弼扫象之后晦而不显，直至宋初经著名高道陈抟之手才复放光彩。据《佛祖统纪》，陈抟受《易》于麻衣道者，得所述《正易

心法》四十二章，理根天人，历诋先儒之失。陈抟在《正易心法注》中推崇伏羲画卦所传象数之学，讥刺周文王、孔子立辞章所传义理之学。他说："学《易》者当于羲皇心地中驰骋，无与周、孔言语下拘挚。""周、孔遂自孤行，更不知有卦画微旨，只作八字说。此谓之买椟还珠，由汉以来皆然。《易》道胡为而不晦也？"陈抟精于道教中别传的先天易学，保存有一些秘传的易图，清初黄宗炎《太极图辨》论述"先天图"乃长生秘诀，曾由陈抟将其刻于华山石壁上。陈抟后学有张无梦、刘海蟾、张伯端、陈景元等，皆得内丹法诀真传，在社会上声名卓著。后来陈抟的象数之学和易图辗转传到刘牧、邵雍、周敦颐、蔡元定等人手中，开宋代易学之新风，讲河图、洛书、先天、后天、太极、无极之说，将内丹学的术语充斥于理学家著作之中。《四库全书总目提要》说："《易》之为书，推天道以明人事者也。《左传》所记诸占，盖犹太卜之遗法。汉儒言象数，去古未远也。一变而为京、焦，入于禨祥；再变而为陈、邵，务穷造化，《易》遂不切于民用。王弼尽黜象数，说以老庄。一变而胡瑗、程子，始阐明儒理；再变而李光、杨万里，又参证史事。《易》遂日启其论端。此两派六宗，已互相攻驳。"宋元以来，道教别传的象数易学给儒家正传的义理易学以极大冲击，理学家接受了陈抟的易图，大多变化失真，相互辩难，却并不否认来自陈抟。这是因为先天易图中隐有丹家秘诀，非局外人所能知，理学家不可能自己伪造这种易图。宋儒朱熹将河图、洛书、太极图等九幅易图置于他的《周易本义》、《易学启蒙》之首，而且并不否认《周易》是卜筮之书。朱熹知道学习道教象数易学不研习丹经是不行的，因之曾苦读《周易参同契》并为之作注。南宗道教易学家俞琰(1253～1316)赞同朱熹的观点，他著有《周易集说》、《读易举要》、《易外别传》、《古占法》、《周易参同契发挥》等，深得道教易学之旨。道教南、北宗道士精于易学者甚多，清代内丹家刘一明著《周易阐真》，将《周易》解释成一部内丹书，别具新意。宋元间天师道的雷思齐，曾著《易图通变》、《易筮变通》，发展了道教易学。周易象数学的发展同时也促进了占验术数的革新。

考查历代史书中的《方士传》，所记方士以习术数学的人数为多，唐代之后习长生方技的道士才渐增长。汉魏间方士多习京氏易、谶纬、天官、风角、星算、遁甲、六壬、望气、三元、太一、飞符、占卜、推步之类的术数，知名者有任文公、郭宪、高获、谢夷吾、郭凤、杨由、李南、李郃、樊英、唐檀、公沙穆、许曼、赵彦、韩说、杨厚、董扶、管辂等人。其中管辂之术数登蜂造极，这是汉代四百年苦研占验术数孕育出来的花朵。《晋书·方技传》又记载陈训、戴洋、韩友、淳于智、郭璞、步熊、杜不愆、严卿、隗炤、卜珝、黄泓、索紞、台产等精于风角、星算、三棋、九宫、八卦、龟策一类占验术数，其中尤以郭璞名重一时。唐代占验术数亦甚兴盛，有著名高道袁天纲、李淳风等以天文、星算、相术等名世，还有李虚中的推命术，孙思邈的预知术，皆奇巧如神。唐人兴起金钱卦，简化了卜筮程序。宋代又有徐子平的四柱算命，传称邵雍的梅花易数。邵雍著有《皇极经世》等重要术数学著作，是继京房之后占验术数的一次重大革新。司马光创造的《潜虚》筮法，是对扬雄《太玄经》筮法的又一发展。明代重臣刘基亦精于占验术数，社会上流传的一些命书、图谶多托名他而作。然而因宋明理学兴起，儒臣鄙薄术数学，术数家的地位降低，能以应验轰动社会的名家渐少。清代修《四库全书》，术数学

文王演易图

范围缩小，有数学、占候、阴阳宅、推命、看相、阴阳五行、杂技术等。

术数学的发展曾经给中国科学技术的发明和创造带来动力。中国古代的教育没有自然科学的启蒙教科书，更没有专门的科学理论著作。由于《周易》被尊为儒家经典，周易象数体系实际上便成了对古代知识分子进行科学启蒙教育的教科书。同时，中国术数学中的那些阴阳五行、天干地支、四象九宫等象数模型也成了古代科学技术普适的理论框架。中国古代科学技术曾经走在世界前列，出现那么多创造发明，大都和方技、术数有关。火药本为炼丹家发现，指南针则为堪舆术士手中的工具，天文历法和星占术更是密不可分。术数同时又是中国哲学的文化背景。无论是东方文化或西方文化，实际上都有某种神秘的观念作背景，或隐或显地引诱着人类思维的发展。中国哲学史的演进是和易学的研究联系在一起的，术数学中的阴阳五行学说和天人感应原理同时也是中国哲学的支柱。术数学本身就是中国哲学形式化系统的分支，它和义理学好比是整个哲学系统的两条腿，缺少术数学研究成果的中国哲学史著作是不完善的。术数学是道教占验派的修持方术，它在道教文化中占有重要地位。《黄帝太乙八门入式诀》、《玄精碧匣灵宝聚玄经》、《邓天君玄灵八门报应内旨》、《太上六壬明鉴符阴经》等遁甲、六壬道书，《北斗法治武威经》、《天老神光经》等天象占书，《紫微斗数》、《灵台经》等算命书，《四圣真君灵签》、《洪恩灵济真君灵签》等抽签书皆收入《道藏》，说明占卜术数为道教文化不可分割的内容。占验派道士以研习术数为宗，将推往知来作为道教修炼的神通。佛教更把预知未来的神通分为五种，即报通、修通、鬼通、妖通、依通，道教亦承认这种说法。报通为与生俱来的先天感应能力，佛教称由报身而来。修通称为由人身修炼而得的预知神通，道教内丹家可修至"出阴神"和"六通之验"。鬼通和妖通谓妖鬼附体，属宗教家的解释。依通即是依托卜筮而出现的预知神通，属于术数学的范围。所谓"善易者不占"，大多是由研读易理开发出灵感，达到报通或修通的境界，可以不用占卜而断人吉凶，寻常人是没资格自称"善易者"的。

第三节 术数学的流传

占验术数种类繁多，在社会上流传甚广。汉代以来，太乙、六壬、遁甲、堪舆、相术、推命、占卦、测字、梦占、星象诸术日益完备，促成了术数学的繁荣局面。今仅择一些流传较广的占验术数，略作分析。

一 谶书

汉代称之为图谶，由谶纬之学流变而来。谶为占验之隐语，纬为经在术数学中的流变，汉代谶纬图书甚多，现在尚有易纬留存（日本学者安居香山、中村璋八辑有《纬书集成》），图谶则佚失殆尽。因为谶书实际上是政治预言书，上面多有图画，故亦称图书，中国历代统治者将其视若蛇蝎，怕政治家蛊惑民心危害政权安定，或故意篡改错乱，或干脆严加禁绝。现在社会上流传的谶书，有刘伯温《烧饼歌》、姜子牙《万年歌》、诸葛亮《马前课》、邵雍《梅花诗》、《禅师诗》等，为宋明间预言家的托名之作。另有《推背图》，托名隋唐间占验派高道袁天罡、李淳风而作，每卦一图，配以谶言和谶诗，有金圣叹（1608～1661）批注本。《推背图》因流传太广，无法禁断，朱元璋则故意将其颠倒错乱次序，已失真。奇怪的是，《推背图》上竟载有可破译为预言世界核大战的图像和文字，甚至有"若要和平，直待彭、老"的话，可解读为对彭祖修道术和老子道学通行世界的谶语。现惟有邵康节所著《皇极经世》，未被错乱篡改，但这是一本讲社会周期

律的历史哲学书，和一般谶书不同。邵雍为宋代术数哲学大家，其《皇极经世》中的"元、会、运、世"之说，为兼综道、释的术数哲学学说，可和先哲驺衍的五行终始之说相比拟，值得认真研究。

二　文王课

文王课是一种以钱代蓍的六爻卦法，又称五行易、火珠林卦法，为唐宋以来社会上最流行的断易方法，由汉代京氏易发展而来。现在社会上流传的筮书，如《卜筮正宗》、《增删卜易》、《断易天机》、《断易大全》、《文王课秘传》等，多是传播这种筮法。金钱卦是周易古筮法的一种流变，断卦时以六爻所配干支五行的生克制化论吉凶，结合占卦时间（日、月）的干支和神煞，而基本脱离《周易》爻辞。这种占法为民间术士所熟知，并积累了较多的占断经验。

三　梅花易数

《梅花易数》进一步简化了易占方法，可以年、月、日、时的数目或其他可数之数起卦，以八除之余数定卦名，以六除之余数定变爻，动爻所在之卦为用，不变之爻值卦为体，形成上下内外和互卦的体用关系，结合爻辞及五行生克比合的关系以断吉凶。梅花易数占法十分注意断卦的灵感和观察事物的征兆，训练占卜者具备预测家的素质，因而不拘泥繁琐，独得周易预测事物的简易之理。

四　先天卦法和《小成图》

"小成图"见于《庄子·齐物论》中"道隐于小成"句，知当时老庄道学中尚秘传有"小成图"占法，后儒学之易理兴，"小成"算法失传，今易学家霍斐然研易六十年而悟得之。"小成图"

仅以《易·系辞》云:"四营而成易,十有八变而成卦,八卦而小成,引而伸之,触类而长之,天下之能事毕矣。"仅此三十三字,包括了"小成"占法之设卦、排卦、断卦系统。

"小成图"实为将上述"大衍数"所筮得之本卦和之卦,以天地数排成"小成图",信息量放大,可用卦辞、爻辞及小成图中之天盘、地盘,"八卦成列"而断吉凶,既详且明。不用五行,仅以《周易》本文即准确占断吉凶。

先天伏羲八卦是据《易·文言》所谓:"先天而天弗违,后天而奉天时。天且弗违,而况于人乎,况于鬼神乎?"云伏羲画卦一划开天之前,是谓先天,先天的规律连天和鬼神都不能违背,人只能依后天的时空来运行奉天时趋吉避凶。这种占法古称传自高道陈抟,以《伏羲六十四卦方圆图》为占卜工具,不用五行,纯用《周易》卦辞、爻辞进行"象、数、理"的推断。《易·说卦》云:

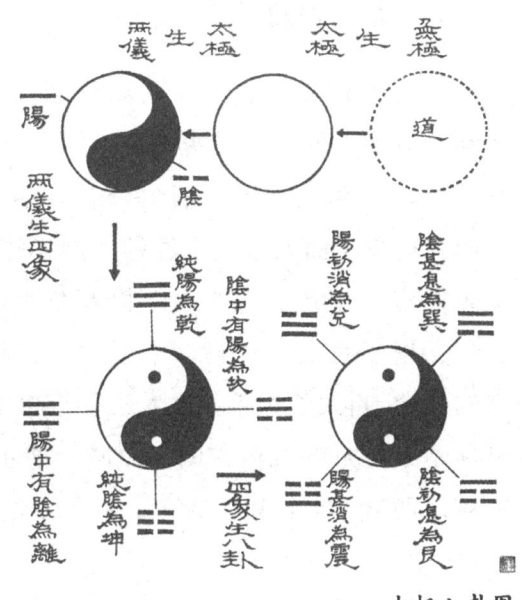

太极八卦图

天地定位,山泽通气,雷风相薄,水火不相射。八卦相错,数往者顺,知来者逆。是故《易》,逆数也。

这段话是《方圆图》排卦的根据。

道学之运用,在于其"时、势、运、数、几",可谓因势利导、无往不胜。大易讲"爱恶相攻而吉凶生,远近相取而悔吝生,

情伪相感而利害生"。易学不仅可以《小成图》、《方圆图》占断，随时随地见象取数皆可占断；不仅古易家可创新占法，现代易家亦可创新占法，运用之妙，存乎一心。易学乃"原始反终"、"极数知来"、"极深研几"、"探赜索隐"之道，"几"即《阴符经》中的"机"，《参同契》中的"火候"，极具道学治国、用兵、行事、建功的思想。

五　太乙神数

太乙统十二运卦象之术也和《皇极经世》一样，是推算国家政治命运和气数、历史变化规律的术数学。周武王时以术数"卜世三十，卜年八百"推国运，后有驺衍五德终始之说，至邵雍形成历史哲学而大备。太乙神数推算较难。据《太乙统宗神数》，上古时有一年冬至日半夜，恰好日月合璧、五星联珠，定为甲子年、甲子月、甲子日、甲子时，称作太极上元，上元甲子以来的年数，叫太乙积年。由太乙积年再求出太乙流年和太岁值卦，以断本年各月的气运吉凶，预测一些重大政治事件和天灾人祸。每年值两卦（本卦和之卦），共十二爻，从动爻和变爻开始，每月值一爻。

太乙数以子月为正月，其预测可精确到月。太乙数以64年为小周期，每卦管一年，恰和《易经》64卦卦序对应。先以太乙积年除以64，所得余数以对应《易经》之卦序。找出主卦后，再求动爻，阳支之年值事动爻在阳爻，阴支之年值事动爻在阴爻。子寅辰午申戌属阳，由下向上数，只数阳爻；丑卯巳未酉亥属阴，由上向下数，只数阴爻；至岁爻而止，即是动爻，得出之卦。从上年的农历11月（子月）始，从动爻计起，每爻一月，观其卦辞、爻辞而预测之。如据太乙数从戊子年算起，可推得所值之卦依次为：噬嗑之晋，贲之离，剥之坤，复之明夷，无妄之否，大畜之大有，颐之剥，大过之夬，坎之比，离之大有，咸之蹇，恒之豫，遁之否，大壮之夬，晋之剥。太乙数推算须兼综年卦和管大运的卦爻，需有极高的悟性。

六　太乙九宫术

太乙术本于《易纬·乾凿度》太乙行九宫法。太乙为北辰之神，又名太一，与六壬、遁甲合称三式。三式之名乃由秦汉初之栻盘占而来，后栻盘废弃不用，仍存其名。太乙式仿易而作，采用五元六纪。五元为甲子、丙子、戊子、庚子、壬子；六纪为六甲子。每元72年为小周期，每纪60年，六纪360年。一宫为乾，天门，主冀州；二宫在离，火门，主荆州；三宫在艮，鬼门，主青州；四宫在震，日门，主徐州；五宫曰中宫，太乙不入；六宫在兑，月门，主雍州；七宫在坤，人门，主益州；八宫在坎，水门，主兖州；九宫在巽，风门，主扬州。太乙每宫居三年，不入中宫，二十四年巡游一周，又分阳遁、阴遁而有顺行逆行，配以八将占断吉凶。现有汉文帝时文物"太乙式盘"，又《南齐书·高帝本纪》记太乙术推自汉高祖五年至宋祯明元年间治乱之事，可知此术汉代已传。《灵枢·九宫八风篇》、《太乙金镜式经》等略记其法。

七　奇门遁甲

遁甲之学是用时间和方位占断吉凶的一种术数。它利用时间和空间因素趋吉避凶，以选择天时、地利、人和的最优方案为目的。遁甲之学的要害在排局布盘，其天盘为九星（天蓬、天芮、天冲、天辅、天禽、天心、天柱、天任、天英），人盘为八门（休、死、伤、杜、开、惊、生、景），地盘是九宫八卦。排局布盘时以顺仪（戊、己、庚、辛、壬、癸为六仪）逆奇（乙、丙、丁为三奇）为阳局，以逆仪顺奇为阴局，按年份、节令、时辰将八门、九星、九神（直符、螣蛇、太阴、六合、勾陈、朱雀、九地、九天）在九宫八卦盘上布列成局。冬至到夏至之间阳气回升，用阳遁；夏

至到冬至之间阴气渐长，用阴遁。为了将时间的干支和二十四个节气密切联系起来，布局时按正授、超神、接气、置闰的规律，将上元符头（十五日值一个节气，分上、中、下三元，每元五日，第一日为符头）和节气调整好。这样，就可以排出一种奇门遁甲的日历，从而用时间、方位占断吉凶。此术有"转盘"和"飞盘"两大系统，社会上广为流传。奇门遁甲是和古代天文历法之学联系最紧，综合性最强的术数，它将古代术数家创造的阴阳、五行、天干、地支、河图、洛书、八卦、九宫等学说都包容进去，并联系成一个有机的整体。因此，可以说奇门遁甲是中国的术数之王。

八　六壬课

六壬神课也像文王课一样是预测人事吉凶成败的占卜之术，先秦时已有拭盘占法，近年亦有西汉六壬栻盘出土，东汉以来才蜕变为符号程式。其法以占卜时日的干支为基准，先以占卜月的季节（月将）、占卜日的干支、占卜时的地支组成六壬课式，按五行生克关系配以六亲（父母、兄弟、妻财、官鬼、子孙）、十二天将（青龙、白虎、朱雀、玄武、螣蛇、勾陈、太常、太阴、天空、天后、六合、贵人），以三传（初传、中传、末传）、四课（第一课、二课、三课、四课）的生克关系而断吉凶。六壬课表面虽不用周易象数体系，实际上却和易象相通。例如其天盘、地盘仿两仪，四课如四象，三传似六爻，其中元首课、重审课、知一课等六十四种课体则和《易经》六十四卦相配。术数家称六壬之学为三式（太乙、遁甲、六壬）之最，根于天学，应于人事，为集阴阳、五行、干支、九宫诸术数之大成者。六壬课虽仅七百二十式，但断事须结合本人年命，错综复杂，变化万端，自隋代以来便受到一些著名学者的重视。另有《大六壬金口诀》，以时间、方位立断吉凶，为术数家之秘宝。

九　河洛理数

河洛理数是宋代兴起的一种推命术,但不像徐子平四柱推命术那样受印度星象学影响,而是和铁板神数等术数一样是汉代周易象数学的流变。这种推命方法是先算出人出生年、月、日、时的干支;然后以纳甲法求出天干的后天八卦数,地支的五行生、成数;随后将这些天干、地支的天数(奇数)相加起上卦,地数(偶数)相加起下卦;最后将上下卦相合得出人的本命卦以断吉凶。河洛理数是惟一以四柱起卦,以周易占断的推命术,利用了周易象数的卜筮经验。顺便介绍,铁板神数亦是以人出生之年月日时起数断人一生命运和遭遇的术数,有南北派之传。《皇极天书》载南派铁板神数断命法。

十　紫微斗数

紫微斗数、子平推命术、星平会海(又称果老星宗)都是推命的术数,其术数的层次依序增高。紫微斗数虽属初级的算命术,但流传较广,断语明确,不像徐子平推命术那样复杂难断。其术先查出人的出生年、月、日、时干支,继后画出人的十二宫图(命宫、父母宫、兄弟宫、夫妻宫、男女宫、财帛宫、疾厄宫、迁移宫、奴仆宫、官禄宫、福德宫、田宅宫),依出生图的五行局查出相应的星名(包括天文学上没有的天机星、天府星、文曲星、羊刃星等虚星)分别填入十二宫内,便可推出一生的命运。

十一　四柱推命术

此术以人的出生年、月、日、时干支称为四柱,故名四柱推命术。《北史·孙绍传》中有推人禄命的记载,《北齐书·方技传》谓魏宁亦善推命。唐德宗时李虚中用生年四柱推命,至宋初徐子

平加以完善，后人亦习称子平术。子平术以日柱天干为本，据其和年柱、月柱、时柱干支的五行生克制化关系及节气旺相状态，断人一生命运的吉凶祸福。有《渊海子平》、《命理探源》、《滴天髓原注》、《子平真诠》、《三命通会》、《命理约言》、《穷通宝鉴》等多种命书，皆讲子平推命术，为社会人士所熟知，社会上也把四柱推命作为命理学的代表。

十二　占星术

此术本为古代天文学之流变。《汉书·艺文志》云："天文者，序二十八宿，步五星日月，以纪吉凶之象，圣王所以参政也。《易》曰：'观乎天文，以察时变'。"说明古代天文学原初就是占星术数。其中包括日占、月占、五星占、恒星占、星变谴告等。古人以为天象下应人事，故天象之变，乃至自然现象的异常，皆预兆人间灾异的流行和国家的治乱。

十三　望气

《史记·天官书》记载不少省云望气之法："北夷之气如群畜穹闾，南夷之气如舟船幡旗。大水处、败军场、破国之墟、下有积钱金宝之上，皆有气，不可不察。海旁蜃气象楼台，广野气成宫阙然。"《吕氏春秋·明理》又记载望云能知国乱之兆："其云状有若犬，若马，若白鹄，若众车；有其状若人，苍衣赤首不动，其名天衡；有其状若悬釜而赤，其名曰云旗；有其状若众马以斗，其名曰滑马。"望气之术为历代兵家所重，故《晋书》、《隋书》多有记载。其他还有所谓战云、天子气等，《开元占经》有记。

十四　测字

将汉字笔画、字形、字义分开论证，以占断人事吉凶之术，称测字，又称相字、拆字。此术以求占者偶然一念所得之字而求占断，占者据字形、字意联想推理而决疑。相传邵雍精于测字，而后有谢石、朱安国、汪龙、胡宏、张九万、何中立、马守愚、范时行、沈衡章等人，皆精于此术。测字法有装头、接脚、穿心、包笼、破解、添笔、减笔、对关、摘字、观梅等具体解法。有《字触》、《神机相字法》、《测字秘牒》等书传世。又有以二字字画起卦的《一撮金》，以三字字画起卦的《诸葛神数》，是以字配易之占法。

十五 梦占

《汉书·艺文志》云："众占非一，而梦为大"，解梦为古代原始宗教巫史文化遗传下来的古法。《周礼·春宫·大卜》云太卜"掌三梦之法，一曰致梦，二曰觭梦，三曰咸陟"，乃古代解梦之书。占梦术有以易卦解梦者，有据梦象直解者。汉代将梦分为直梦、象梦、精梦、想梦、人梦、感梦、时梦、反梦、病梦、性梦等。有《周公解梦书》、《梦林玄解》等书传世。梦境反映了人的潜意识活动，近代东西方学者皆有研究。

十六 堪舆

堪舆原为汉代五行家推测天文、地理的五行气运之术，多用于选择墓葬、修房、卜居诸事。晋代郭璞著《葬经》，云"气乘风则散，界水则止。古人聚之使不散，故曰风水"，则堪舆术后人习称为看风水。古人亦将其包括在相术之中，看阳宅称家相，阴宅为墓相，周代有"相彼阴阳，观其流泉"的说法，为相阳宅，后来受儒家厚葬尊祖之习才盛行墓相，以龙、穴、沙、水、向为判断吉凶的条件。近世台湾和日本出版不少风水书，讲住宅修建、室内布置，称其术和地磁场的分布有关。相阳宅有"八门套九星诀"，如房屋之门在北方坎位，则依次为五鬼（东北）、天医（东）、生气（东南）、延年（南）、绝命（西南）、祸害（西）、

六煞(西北),定八个方位的吉凶。这是因为北方坎位属水,东方震位和东南方巽位皆属木、水生木,故东方、东南方为天医、生气之位,适于安置寝室或厨房。堪舆之术方法繁多,有以人的出生日期定方位者,有以奇门遁甲选方位者,皆不违八卦五行生克制化之理。现有《葬书》、《儒门崇理折衷堪舆完孝录》等书传世。

十七 相术

相术早在先秦时即已流行,其中包括面相、手相、人相、骨相之术,看人的五官、精气神、声音、步态、风度、气质、身材,断人命运。有《麻衣神相》、《柳庄相法》、《相理衡真》、《金面玉掌》、《神相铁关刀》、《冰鉴》等书传世。古人有摸骨之法,其巧入神。《北齐书·神武纪》载摸骨断人贵贱,称为暗相。相传袁天纲精于相术,为唐代高道。另有名相、印相及相马、相牛、相狗、相鸟之术,反映了古人的社会生活经验积累。

十八 扶乩

又称扶鸾、扶箕,为古代流行于知识阶层之间的通灵预测术。将乩笔缚在丁字形木架(乩架)上,请两名"鸾生"架乩在沙盘上写字,请神问答吉凶。以乩降神之术古今多有记载,许地山先生有《扶箕迷信底研究》一书传世。

十九 杂占

古代术数家为了预测世事人生,流传的占验之术种类甚多。《后汉书·方术传》云:"神经、怪牒、玉策、金绳、关扃于明灵之府,封縢于瑶坛之上者,靡得而窥也。至乃河洛之文、龟龙之图、箕子之术、师旷之书、纬候之部、钤决之符,皆所以探抽冥赜,参验人区,时有可闻者焉。其流又有风角、遁甲、七政、元气、六日七分、逢占、日者、挺专、须臾、孤虚之术，及望云省气，推处祥妖，时亦有效于事也。"魏晋时风角、星算、望气、三元、六壬、三棋、八卦、九宫、龟策、太一、飞伏诸术数，亦大行于世，其中有术数家管辂和郭璞，断事如神。这些术数后世多失传，仅有少数民族地区的民俗中尚保留一些鸟卜、鸡卜、棋卜、竹卜、龟卜、动物内脏卜、太素脉、镜卜、珓卜、抽签等占法。现存有六朝时《灵棋经》二卷，可知古代十二棋卜的概貌，《道藏》、《佛藏》及其他类书中亦不时发现一些按人的生辰、属相、神煞推命和占卜的术数书及各种禁忌书，皆可归入杂占一类。现在社会上流传不少推命、看相、占卜杂书，文不雅驯，错谬百出，为江湖术士谋食牟利之用，亦多为杂占之术。

要之，中国术数学乃周易象数学发展起来的学科，后世占验术数愈出愈繁，涉及人们社会生活的多种方面。占验术数的核心是由太极、阴阳、五行、四象、八卦、六亲、九宫、三才、天干、地支、二十四气等符号按生克制化关系组成的象数形式化系统，清代《钦定协纪辨方书》详细记载了这个系统错综复杂的运算程式。在这些流传的术数中，无疑掺杂着大量巫术和糟粕，也不可能有一算就灵的准确性。本来"易道广大，无所不包"，术数学更是包罗万象，特别是占卜之术乃积淀已久的民俗，江湖术士又赖以谋生，更难免混杂骗术流弊丛生；但术数学皆有一套理论体系，在没判定其运算程式之荒谬前亦非可以简单禁断。《四库全书总目·术数类序论》云："然众志所趋，虽圣人有所弗能禁"，就反映了这种社会现实。现在我们只有将其纳入学术研究的轨道，才能区分真伪去假存真。即使是术数中封建迷信的糟粕，也只有通过认真地学术研究，从理论体系上戳穿其骗术，才能使人口服心服，真正起到弘扬科学破除愚昧的作用。

第四节 从学术观点看术数学

术数学在中国的民间社会风俗（民俗学）、民间宗教乃至道教（宗教学）等文化人类学及社会历史学科中，必然有其研究的价值，这自不待言。然而我们要论证的问题是，整个术数学体系在科学和哲学上是否存在真实的学术内容？这样，我们就必须探讨术数学的基本理论体系。总起来说，各类术数共同遵循的古代科学思想大致可以归纳如下。

一　阴阳互补的宇宙统一性原理

术数家把整个宇宙，都看作是一个阴阳互补的模型，其中大小事物，都呈阴阳互补结构。万事万物都有阴、阳之分，阴阳二者互为根本，相互制约和平衡。

二　天、地、人相互感应原理

术数学将人看作是一个小宇宙，和天、地的大宇宙相互交通。天体运行和演化规律，物体运动的自然规律，人生历史的社会规律，在术数家眼里是完全统一的，他们认为自然现象、社会现象、人体

十二时辰图

生命现象包括心理现象都处在一个相互制约的网络之中，能相互感应。宇宙间的物质世界、生命世界、精神世界是相互作用的。

三 不同层次间的五行同构关系网络

术数学认为，宇宙大系统及各个子系统之间，不同层次的主客体结构之间，都存在着一一对应的要素，这些要素之间的"关系之网"也是对应不乱的。这些要素都可以按金、木、水、火、土五行分类，并以五行间形成生、克、制、化的关系网，使不同层次的五行要素都分别处于相互制约的稳态体系之中。这些不同系统、不同层次的五行网络都是同构的。道家术数学以"三生万物"，又将万物分为五行，有着极为深邃的科学内涵。任何自然数的5次方，其积的个位数为底数；数学上存在五次对称轴；杂环化合物活性分子多以五杂环为主。《韩诗外传》云"草木花多五出"，人皆生五指，道家以"三五之道"奠基决非偶然。五行说实际上就是先将不同系统和结构都从纵的方向上剖析为五个子系统，然后再从横的切面上找出各层次上一一对应的五行同构要素，从而形成相互制约的五行网络。

四 易的时空观和宇宙象数模型

宇是空间，宙是时间，古代术数家将宇宙并称，以《易》的体系组成时空坐标系，认为宇宙处于生生不息的"变易"之中，而其运动规律却是"简易"明了的。术数家以"道生一，一生二，二生三，三生万物"，"无极而太极，太极生两仪，两仪生四象，四象生八卦，八卦相重为六十四卦，三百八十四爻，以类万物之情"来解释宇宙生成和演化图景，并竭力用太极、阴阳、三才、四象、五行、六爻、八卦、九宫、十干、十二支、二十四气、二十八宿等象数体系来建构宇宙的时空模型，模拟宇宙万物的演变规律。古代的天文历法之学是数术家建构宇宙象数模型的出发点，河图、洛书和周易象数体

系是这些模型的基本框架,天干、地支等皆是载有宇宙信息的符号,以天干、地支组成的时空坐标系是进行术数预测的根据。各类术数活动,无不先选择一个时空坐标系,再建构一个象数模型,当输入了载有制约社会人生的已知特定信息符号后,由这个象数模型的变化来模拟和预测事物的真实变化,便可获得超前信息。

五 宇宙事物运动的同步律和周期节律性

术数学认为,宇宙主体、客体结构之间的关系不仅符合同构律,而且符合同步律,即是说各结构发展和变化的速率基本是同步的。如果各要素间发展变化的速率失调,必然引起系统的振荡,发生天灾人祸的巨大变化,然后在相互制约中恢复同步。因此分析事物变化的速率和失调现象,便可预测重大事件的征兆。

术数家还认为,宇宙间事物运动是有节律的,重大变故的发生也遵循某种周期律。9、12、60、64、81等数字在术数学中之所以具有神秘性,恰恰是因为它们代表着某种变化节律。从社会上流传的大多数占卜预测活动来分析,术数学中最基本的节律是天干、地支的循环。天干、地支纪时法是我国古代科学之谜,它不知暗合了什么宇宙规律,致使许多自然现象和社会现象都和它发生着某种内在联系。

六 自然、社会、精神世界的规律性

占卜术数是先民原始宗教中遗存下来最古老的巫术文化,而原始巫术是人类童年时期非理性思维活跃阶段的产物,它是不能同迷信划等号的。在人类的童年时期,中华民族的先民面对着三个世界,一是由天、地、风、雷、日、月、山、河构成的自然界,二是由父、母、君、臣、夫、妻、子、女构成的社会界,三是由喜、怒、忧、思、梦、知、情、识构成的精神界。自然现象、社会现象、心灵现象此起彼伏,生灭相续,它们的产生究竟是必然

的呢，还是偶然的呢？各类事物的出现是决定论的呢，还是非决定论的呢？宇宙、人生和心灵中的事件是否存在因果性和合目的性，或者说万事万物是否都毫无例外的有规律性即受铁的自然律制约？在这种必然性与偶然性、决定论和非决定论等古老哲学问题上，先民从事物发展的因果链条上确认规律性与合目的性的存在，相信事物的发展是可以预测的，人们能够获得超前信息。事件的必然性是自然律，偶然性是自由意志，术数家欲以自由意志推测自然律，争取趋吉避凶的主动权。术数活动的基本方法是利用偶然现象借类比推理来预测事物的必然联系。例如金钱卦随意丢钱呈现的卦象是偶然的，利用这种卦象类比占卜的内容，术数家断定具体事件发生的结论却是必然的。术数家从云气和筮草等自然现象推论人生的社会现象，又从梦境等心理现象类比社会和自然变异，认为它们是必然事件发生的征兆。我们且不说任何事件发生是否都有预兆以及这些预兆可否把握？还有类比推理的可靠性如何以及各种术数的演算程式是否科学？只要我们不否认偶然中存在必然及人生、心理、宇宙事件的规律性，就难以否定通过某种术数程式预测未知事件的可能性，尽管真正完善的术数程式还有待筛选和寻找。因为自然科学、社会科学和心理学本身也是试图通过某种演算程式（或称公式）从已知事件预测未知事件。

七　宇宙全息律的普遍性

中国术数学中还有一种古老的思想观念，就是宇宙中普遍存在着全息现象，因之在中医学的诊断和治疗中，将人体某些器官看作是整个人身的缩影，有如全息摄影的照片，因之将这种现象概括为"全息律"也颇恰当，但须了解它同现代科学中的自然律不同，它是中国古代数术家的一种唯象的认识。例如中医诊断有脉诊、面诊、舌诊等从人体部分的症状获得全身疾病信息；在治

疗上以耳针、头皮针、足底按摩治疗全身疾病,这显然是一种全息律的应用。全息律是中国术数家发现的古代科学思想,并不仅限于生物体,它认为不仅宇宙间主体、客体各层次间都包含着整个宇宙的信息,而且每一结构的相对独立部分也包含着整个结构的信息。[①] 由于信息交换和传递的普遍存在,宇宙间万事万物都是相关的,所以宇宙中任一部分事物必然包含着其整体结构的信息乃至全宇宙的信息。现代人们以全息律来解释无性繁殖,将人脑看作是宇宙的缩影,由人择原理来解释宇宙学等,都和古代术数家的思想相呼应。在道学中,术数学家的最高境界是"执一统众"、"知一,万事毕",知一则无所不知,不知一则无所能知,这就是道学的信念。因之术数学的最终目标还是要归结到修道知一上去。

八 心灵潜能的开发和直觉、灵感等深层意识的应用

道学最奥秘的理论体系中隐藏着一个信念,就是相信这个宇宙中有一个和现实世界对应的隐形世界存在,而人类只有开发自己的心灵潜能才能突破现实世界的时空限制去和隐形世界沟通。道学相信人通过修道可以获得神通,神通就是这种突破时空界限的能力。人的心灵活动也是宇宙中的一种自然运动形式,而心灵在本质上是可以超越时空界限的。另外,术数家又相信事物的运动必有前兆,而深层意识可以获得超前信息,开发出灵性思维就可以使人的意识超越时空限制。

道教内丹学和佛教唯识学都肯定人类的深层意识具有预知功能,并在千百年的修炼实践中以人体为实验室进行着开发心灵潜能的实验。科学家也不否认"第一念"的直觉和灵感可以认识事物的本质,引发人的灵性思维。瑞士现代分析心理学家荣格(Jung)

---

① 全息律属中国古代术数思想,因国内以全息摄影命名,行之已久,笔者姑借用之,但不同于山东大学推出的"生物生息律",见后文注。

也断定人的心理是由感觉、思维、情感、直觉组成的四分结构（Quaternity），他说："心理上必然有一种功能，它使我们确知有什么东西存在着（感觉）；有第二种功能，它能确认存在的东西是什么（思维）；有第三种功能，它表明那东西是否适合我们的需要，我们是接受它还是拒斥它（情感）；以及第四种功能，它暗示我们那些东西从哪里来,到哪里去（直觉）。"① 其中直觉是占据特殊地位的心理功能，荣格相信直觉具有前知的预测能力。

直觉是一种深层的心理意识，在佛教唯识学中，直觉属第七识（末那识）和第八识（阿赖耶识）的功能。唯识学认为阿赖耶识藏有"无漏种子"，为人类心灵底层的真如心体，可以展现灵性思维，不仅能遍知宇宙间一切因果，还具有心能转物的神通。佛教认为心物是一元的，修定止、修慧观、修寂灭禅那"三种妙法门"都是为了开发阿赖耶识，获得正等正觉的神通。道教内丹学更是一种凝炼常意识（识神),净化潜意识（可炼为阴神）,开发元意识（元

元君炼丹

---

① 《荣格文集》第11卷，第246页。

神）的心理程序和人体修炼系统工程。元神就是佛教唯识学的阿赖耶识，元神在内丹工程中凝炼为阳神也会获得突破时空界限的神通。道教内丹学中的出"阴神"阶段便具备了预知功能，而阴神实质上是弗洛伊德学说中的潜意识凝炼而成的。

　　道教占验派的术数活动，重点都在于以某种术数演算程式开发潜意识的预测功能，训练自己的直觉和灵感，占卜断辞实际上是靠灵性思维的直觉做出的。例如世传《梅花易数》，便有《三要（耳、目、心）灵应篇》，强调以灵感观察事物的先兆，否则那么简单随便的起卦法是难保必然应验的。《系辞传》强调卜易要"玩其辞"，这个"玩"字便是调动"第一念"（不经理性思维的潜意识萌发）进行占断的要法。实际上，术数活动本来是先民原始思维的产物，原始人是人类的童年时期，他们理性思维比较贫乏，但非理性的感性思维和灵性思维却十分发达。

　　在科学和文明尚未开发的古代，先民的头脑并非比现代人愚蠢，他们在数十万年的生存斗争中必然有其高超的认识世界和交流信息的本领。人类取得的某一方面的进步，总是以另一方面的退步为代价的。在历史发展的长河中，人类的理性思维被开发，迎来了高度发达的科学文明，但直觉和灵感却因而退化，非理性的潜意识心理功能受到压抑，心灵潜能被现代文化教育所淹没。人们不应忘记，人类进入文明社会才数千年，现代科学的发展仅有数百年，而在这之前人类已经生活了数十万年，这数十万年人类遗存下的灵性思维的智慧是异常珍贵的。中国汉代以来兴起的术数活动，不过是利用祖先遗存下来的周易象数学工具对那种早已丢失了的预测本领的寻求，是借助古老的术数程式向祖先智慧的回归。各类占验术数的准确率往往以占卜者是否有灵感而异，这也反映术数程式不是纯客观的数学公式，占卜者能否获得前知的超前信息，术数能否应验，关键在于深层潜意识中感性思维和灵性思维的开发和应用。

九 现代科学新观念与荣格的共时性心理学解释

现代科学的研究使人们不得不接受一种新观念，即宇宙中我们所能感知的物质世界仅是全部物质世界的一小部分，而宇宙中的大部分物质人类尚无法感知，称作暗物质。由此可知，我们感知的显在世界背后有一个暗在的世界，这个暗在的世界是真实的，是整体的，是全部的，而人们的感知则是以人的感官过滤到这个暗在世界的一小部分，是这一暗在世界某一侧面的影像。理论物理学家比德·鲍姆称人的感官感受到的显在世界为"明在系（explicate order）"，而把其背后存在着的那个超越时空的全一性暗在世界称作"暗在系（implicate order）"。人们在这种被感知的明在系里建立起因果关系的同一性，从而形成一种顽固的决定论的观念，认为按因果关系发生的事物才是合理的，才能为科学所接受。然而现代科学的发展却一次次地冲击着人们的时空观和合理主义观念。在亚原子的微观世界里，海森堡的测不准原理和鲍尔关于电子、光子的波粒二像性的理论打破了机械论的物理观念。以波函数描述的基本粒子运动已使时间的先后失去意义，在空间上部分甚至可以大于全体，某一瞬间的运动轨迹仅是位置的几率。这样，人们要进一步探索暗在系里发生的事件，就需要打破因果律的合理主义观念，用直觉和情感的判断来补充理性思维的不足。荣格发现某些心灵现象和现实事件往往发生戏剧性的耦合，他由此抛弃了明在系里传统的因果律的思维模式，建立起一种非因果秩序的"共时性（Synchronicity）"理论。荣格的共时性理论类似于莱布尼兹的单子（Monad）论，它和因果律既根本对立又相辅相成。共时性抛开了因果律同一性的思维方式，以人们认为荒谬的非因果性解释暗在系的必然秩序。例如术数家把某种天象和政治动乱联系起来，把某一卦象和人事灾变联系起来，把心灵异常、幻觉、梦境和即将发生的

事件联系起来,这都是合理主义的因果律思维方式难以接受的。但荣格认为这二者存在着共时性,即在一个暗在系的大背景(原型)下二者本来是同步发生的事件。共时性现象背后存在着一个原型(Archetypus),即一种前存在(Pre-existent)的先天心理结构。宇宙中的暗在世界(暗在系)和荣格的心理原型在丹道学中都是属于先天的范畴,而先天的世界是无法以后天的理性思维去认识的。每个人都是携带着他们人生行为的一种潜在的模本降生到世间的,这就像明在系背后潜藏着暗在系一样,共时性现象的发生是以原型为背景掀开幕布的两角而偶然显现出来的。荣格说:"我选择了这个字眼是因为两件意义相近却没有因果联系的事件同时发生,这种现象在我看来是一种重要标志。因此我在下述特定的意义上使用共时性这个一般概念,那就是两件或更多没有因果联系的事物发生的时间一致,而且它们有着同样或近似的意义。这个词又可以区别于'同步性'(Synchronism)概念,后者只简单地意味着两个事件同时发生。"[①] 荣格以他发现的"共时性"心理学规律研究和解释了许多我们今天在道教术数学中碰到的特异现象。据说他的这一思想发表之前曾征询过爱因斯坦的意见并受到鼓励。

除了现代科学的新观念和荣格的心理学理论外,上述术数学所依据的阴阳五行学说、天人感应原理、天文律历知识、周易象数体系,实际上就是中国古代的科学思想。这些中国传统文化中的古代科学思想和现代西方科学类型不同,但是也绝不允许某些浅薄之徒轻易将它判定为"伪科学"。人们知道,古代中国的科学技术一直走在全世界的前列,而这些科学技术成果的获得则是以术数学中的科学思想为依据的。现代医学家谁也无法否定中国传统医药学的疗效,而中医学本身恰恰是术数学在医学领域的应

---

① 《荣格文集》第8卷,第441页。

用。中医的诊断学、药理学、病理学中纵横交错着阴阳五行、四象八卦的术数网络，致使世人诟病它像巫术，但其实际效用却无可争议地验证了这套术数体系的科学性。中医的诊断往往依赖医师的经验和灵感，这也是反映了术数学的操作特征。历代医家都承认医易相通，不知《易》不可以作大医，周易象数学在医学领域的应用是卓有成效的。术数学的体系既可医人，还可医国，即它在管理学等领域中也能应用。预测学本身是人类的追求和社会的需要，人脑有预知的能力以及事物可以传递超前信息也是当代科学正在研究的问题。建立数学模型来研究和推测事物的运动状态，这是现代科学常用的方法，这种方法和术数学利用象数模型预测社会人生的方法也颇为类似，而术数家依据的类比推理也是逻辑学推理方法的一种。术数家依据的那些宇宙节律，建立的那些象数模型，以阴阳五行为主的那套推理过程，究竟有多少科学性，有没有发展和完善的价值，这至少是有待于用现代电子计算机技术进行统计和验证的问题。中国古代所传各类术数，都是能制成程序输入电子计算机进行模拟的。然而需要人们回答的问题是，社会人生有没有某种近乎预定的程序？能不能建构一种预测社会人生的数学模型？究竟建构什么样的数学模型才是科学的？这些问题都是中国术数学向现代科学和哲学提出的挑战。

最后，顺便谈及我个人对预测学的不成熟想法，我推测在社会超巨系统中人类的个体、群体乃至国家和民族的历史命运很可能类似耗散式混沌理论中那种"分叉图"。这种"分叉图"中有许多最敏感的临界点，当事者或当权者在这些点上做出不同的分叉选择，即在所发生事件的处理上从多种可能的方案中选择一种分叉，整个系统也会由此产生不同的历史命运。智者巧妙地寻找系统的敏感点，将事件的选择推向临近期望值的动力学分叉，从而在尽可能长远的目标上掌握系统历史命运的大趋势。特别是有

奇怪吸引子①的混沌系统中，据说会出现所谓"蝴蝶效应"②，即甚至发生一个最微小的事件也可能导致整个系统出现翻天覆地的巨大变化。如此看来，虽然社会人生的选择总受某些必然要素的限制，然而原则上社会超巨系统中某些具体历史事件的发生及多种可能的选择方式是非决定论的，尚未发生的个人具体遭遇更有相当的不可预测性，由于整个分叉图中的所有可能性的分叉都潜在地影响着超巨系统的历史命运，因之我认为系统发展的大趋势在某种程度上还是可以预测的。这种微观上的随意性和宏观上的可知性，具体的偶然性和整体的必然性，使预测学无法逃脱统计学上的概率性质，绝对准确详细地预言每件具体的社会人事是理性根本不可能办到的。我的这个判断可以戏称之为"算不准原理"，由此给自然界和社会界留下一段秘密，也给宗教留下一块地盘。

实际上，道学文化本身就将预测学看作自己的"题中应有之义"，因而是一种"前识"的学术。老子云"道生一，一生二，二生三，三生万物"，一就是元始的精、气、神，就是初始信息，就是"种子"，就是荣格所谓"原型"，就是"宇宙蛋"，就是"太极"，就是万事万物在发展中携带着的潜在"模本"。天下万事万物皆由"一"生化而来，故"一"亦含在万事万物之中，任何事物都含有"原型"。古人云"理一分殊"，"物物各有一太极"，盖本于此。故道学认为事物的发展是可知的，"天下事可运于掌"，"执于一而万事毕"。

① 根据曼德布罗特(Benoit Mandelbrot)1975年提出的分维学(Fractals)，奇怪吸引子可以定义为维数是分数的吸引子，它拥有无穷多的可能性，一个动力学系统一旦吸入一个奇怪吸引子，该系统的长期未来行为就变为不可预测的了。另外指出，我国山东大学20世纪80年代初推出的"生物全息律"，也是分维理论早已研究过的课题，英国数学家图灵(Alan Turing)及以后牛津大学数学生物中心的詹姆士·默里(James Murray)教授等，对金钱豹、斑马身上的花纹图案作出解释甚至给出数学模型。美国加州伯克利的奥斯特(George Oster)等也以"力学——化学"方法进行了研究。我国学者由于科技情报闭塞，将这种从中医古代术数思想中唯象地归纳出的"全息律"鼓吹为"中国的达尔文"或仗势将它打成"伪科学"，在学术上都是不够严肃的。

② 由于洛沦兹方程对初始条件的极端敏感性，亚马孙森林里一只蝴蝶抖动一下翅膀，也会引起西印度群岛一场暴风雨。

然而道学又主张"我命在我不在天",不承认事物发展的宿命性,而在未知中求可知,是一种将科学、哲学和宗教相互交汇的学术。哲学家和科学家理性思维的智能无法彻知无限的事物,而佛陀的智慧据说可以彻知暴风雨中每一滴水的因果。这就是说,科学和哲学只能研究有限事物和推测无限事物的运动趋势,只有非理性的宗教偏喜欢涉足无限的领地,声称可以管到无限事物的细节。

余 论

道学本是帝王之学,是真正治国平天下的政治术,这一点连儒家学者都不否认。牟宗三先生创立新儒学,但他在《哲学十九讲》中说:"有无限的妙用才能应付这千差万别的世界,所以道家的学问以前叫'帝王之学'。要做王者师,一定要学道家。""尤其是担当大事的人需要这套学问,所以是帝王之学。"[①] 在中国历史上,术数学是历代政治家、军事家、战略家的必修课,为帝王师的姜子牙、张子房、诸葛亮、李靖、孙思邈、李淳风、李泌、刘伯温等皆精于术数,能推往知来,预测吉凶。古之术数学运筹帷幄,辅助群雄争霸天下,在中国改朝换代的政治斗争中起过举足轻重的作用。

《庄子·让王》云:"道之真以治身,其绪余以为国家,其土苴以治天下。由是观之,帝王之功,圣人之余事也。"前面我们讨论了道学文化中各类仙术,下面我们将切入内丹学的研究。道学中的神仙是由人修炼得神通而来的,其修持方法有多途,但以内丹学为正宗。因之丹道学虽包括外丹学,但主要指内丹学。内丹学是道学文化中最核心的学问,特别是宋、元以来道

---

① 牟宗三:《中国哲学十九讲》,上海古籍出版社,1997,第92、94页。

派和丹派合一，内丹法诀被当作道派承传的根据和道士的终极修持方式，因之不懂丹道就无法对道学文化融汇贯通。现在国内外高等院校的宗教学系已公开教授道教，还通过了大量专门研究内丹学的博士论文，内丹学作为一门学科已被学术界所公认。西方国家有关"心的哲学"（Philosophy of mind）和"心的科学"（Science of mind）的研究也方兴未艾，且日益和中国的内丹学接轨。

以下我们首先考察内丹学的源流。

第七章　内丹学的源流

内丹学又称丹道性命学，简称丹道，是唐末五代以来道教修炼的正宗功法，特别是宋元之际道派和丹派合一，内丹修炼成了道士终极的修持方术，其他各种炼养方法皆被斥为旁门小术。内丹学是中华道学的支柱，在道书中亦称"大丹"、"金丹"、"内金丹"、"还丹"等，并将外丹黄白术也纳入天、地、人三元丹法的系统。内丹学开宗于伏羲、黄帝、王乔、赤松，祖述于老子，阐发于汉末魏伯阳，弘扬于唐末五代之钟离权、吕洞宾、陈抟，盛行于宋元之张伯端、王重阳、丘处机、刘永年等人。内丹家以"重铸阴阳，再造乾坤"的丹道法诀，掌握了盗取天机的生命逆转之秘，为人体生命科学和认知心理科学留下了宝贵遗产。

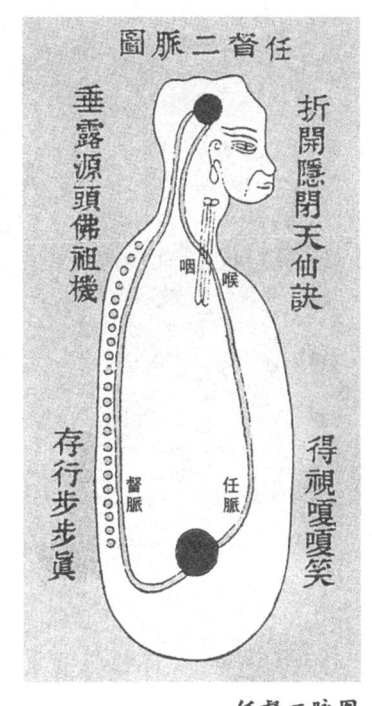

任督二脉图

明代善本《宝善卷》是明万历皇太后命人绘制的，本书取少量图像，特别是其中有两页载内丹秘传法诀，今将其影印，以飨读者。

第七章 内丹学的源流

第一节　内丹学概说

内丹学是中华民族传统文化的瑰宝，是数千年来神仙家汲取道、释、儒、医等传统文化的精华，形成的一种融道学的宇宙观、人生哲学、人体观、修持经验为一体的理论体系和行为模式，是一项为开发生命潜能和探究心灵奥秘而修炼的人体系统工程。内丹学是以道学的宇宙论、人体生成论、天人合一的生命哲学、天人感应原理和阴阳五行学说作支柱；以中国传统医学的气血、经络、穴位和腑脏学说为基础；以人体的精、炁、神为修炼对象；以太极、阴阳、三才、四象、五行、六位、七政、八卦、九宫、十干、十二支、二十四气等符号来描述修炼过程；以意守三丹田、通任督二脉、追求人体的和谐有序为入手工夫；以达到人和宇宙的自然本性契合，同道的一体化为最高目的；以进入仙人境界为奋斗目标。仙人境界是一种至真、至善、至美，最能体现生命价值的人生最高艺术境界。内丹学就是古代内丹家前仆后继、百折不挠地经过多少代人终于凿通的进入仙人理想境界的一条隧道。

中国古代学者经过数千年的修持实践，百折不挠地进行人类身体内在奥秘的探索，逐渐总结出一些指导修炼工程的

隐居修炼图

第七章 内丹学的源流

丹道法诀，这是中国传统文化中至今闪烁着科学智慧光芒的宝贵遗产，是中国历代丹家苦苦探究宇宙自然法则和人体生命科学的智慧结晶。数千年来方仙道、神仙道士等内丹家以自己的身体作实验室，以自己的精、气、神为药材，精心进行人体生命科学的实验。内丹学是寓道于术的文化体系，道教经书中有上千卷丹经，都是古代丹家为了同死亡作斗争，为揭开生命现象的本质和人类心灵奥秘而终生修炼的实验记录。历史上内丹家在异族进犯中原之际，为了延续中华民族传统文化的圣脉，将儒、释、道三教精华融为一炉，当作道教的修持程序以口诀秘传的方式保存下来，因之内丹学像集舞蹈、音乐、武术等为一体的传统京剧艺术一样，是一种特殊的文化现象。内丹学是我们的祖先精心保存下来的本民族传统文化的火种，又是世界文化遗产中弥足珍贵的心灵哲学和人体生命科学。金丹大道是参天地、同日月、契造化、返自然、还本我、修性命的天人合一之道，它以系统完备的理论学说，逻辑严密的修炼程序，殊途同归的修持方法，比世界上所有宗教的修持方术都技高一筹。内丹学是对人体生命和心灵奥秘的探索和揭示，丹家在修持中将自己生命和心灵的频率和宇宙的根本节律调谐，从而达到回归自然、天人合一的人生艺术境界，促使人类向仙类进化。然而由于历代丹家出于保护知识产权的需要，内丹学的内幕从未揭开，古丹经多用隐语、诗词等写成，内丹功法的关键法诀，又不写在书上，只在师徒间口口秘传，使一线圣脉，不绝如缕，对丹经的解释亦歧义百出。而今国内学术界已视内丹学为千古绝学，是中华民族一种特殊的非物质文化遗产，精于此道的学者寥若晨星。现在，全世界都在走向科学和文明的时代，罩在内丹学上的神秘面纱亦应被揭开，用现代科学和哲学的手段对它进行整理和研究，使它成为全人类的共同财富，为世界的和平和发展作出贡献。

第二节　内丹学的初传

彭祖打坐洞

内丹学源于远古氏族社会先民的原始宗教，由巫觋在祭神、疗病时的轻歌曼舞、针砭、行气、房中、吐纳、导引等活动演化发展而来。从阴康氏"教人引舞以利导之"(《路史》卷九)，到出现"巫山之下，饮露吸气之民"(《吕氏春秋·求人》)，在先民的原始宗教中播下了内丹学的种子。在内丹学中，后天的呼吸之气写作"气"，先天的真气、元气写作"炁"。社会上流传的气功大多是修持后天之气，而内丹功法是修持先天的元精、元气(炁)、元神的，所以内丹功法应是比一般气功高出一个层次的"炁功"。古时民智未开，人性纯朴专一，在原始宗教的气氛下更易诱发出人体的先天之炁，从而观察到一些内丹景象，这些景象加深了巫觋对丹功的认识和重复丹功内景的兴趣，自觉地总结出某些丹功法诀在巫觋中流传。《楚辞·远游》所载仙人王子乔、赤松子的行气之术，就是修持先天真气的古朴丹法。《楚辞·远游》云："餐六气而饮沆瀣兮，漱正阳而含朝霞；保神明之清澄兮，精气入而粗秽除。顺凯风以从游兮，至南巢而壹息。见王子而宿之兮，审一气之和德。曰：'道可受兮，不可传；其小无内兮，其大无垠；无滑而魂兮，徒将自然；一气孔神兮，于中夜存；虚以待之兮，无为之先；庶类以成兮，此德之门'。"王船山《楚辞通释》云："此篇之旨，融贯玄宗，魏伯阳以下诸人之说，皆本于此。迹其所由来，盖王乔之遗教乎？"足见丹功法诀，古已有传。

蒙文通先生《晚周仙道分三派考》云神仙之事，晚周已盛。南方（楚）为行气，称王乔、赤松；秦为房中，称容成、彭祖；燕齐为服食，称羡门、安期。① 三派之中行气之术最流行。盖燕齐方士虽重服食，但亦崇信"欲得长生，肠中当清"，"食谷者智而不寿，食气者神明不死"之说，于是也仿照《庄子》中记载的姑射山神人兴起吸风饮露的服气（又名食气）之术，渐和行气派合流。1973年长沙马王堆汉墓出土的帛画《导引图》，绘有40多幅各种姿势的行气导引动作，实是古代巫觋流传下来的养性之术。内丹学就是神仙家将王乔、赤松的行气术，彭祖、容成公、玄女、素女的房中术，羡门高、安期生的服食术相互融汇升华而成的。

先秦时期的《老子》和《庄子》是为内丹学的理论和功法奠定基础的著作。老庄学派的思想体系和"道"、"虚"、"静"、"无"等范畴，精气神等概念不仅为内丹学所沿用；而且其中"致虚极，守中笃"，凝神、守一、坐忘、心斋等修持工夫也被汲取为内丹法诀；老庄倡导的圣人、真人、仙人的境界更是成了内丹家遵循的行为模式和理想的目标。《老子》、《庄子》不仅有理性思维的哲学境界，还有灵性思维、回归自然的艺术境界，而且有清静无为、与道合一的功夫境界。《老子》书中有"专气致柔"、"抱一"、"啬精"、"玄牝之门"、"谷神不死"、"长生久视"等内容，这和《列仙传》谓"老子好养精气，贵接而不施"之说相合，是兼综行气

老子故里

第七章 内丹学的源流

---

① 蒙文通：《古学甄微》，巴蜀书社，1987，第335～342页。

和房中的内炼工夫。《老子》云："含德之厚，比于赤子。毒虫不螫，猛兽不据，攫鸟不搏。骨弱筋柔而握固，未知牝牡之合而朘作，精之至也。终日号而不嗄，和之至也。知和曰常，知常曰明，益生曰祥，心使气曰强。"（五十五章）这说明《老子》的修持功夫已反映了同类阴阳丹法的境界。《庄子》书中的内炼功夫偏重清修，具体功法多见于《养生主》、《刻意》、《在宥》、《达生》等篇。《在宥》篇述守一之术云："无视无听，抱神以静，形将自正。必静必清，无劳汝形，无摇汝精，乃可以长生。"《人间世》述"心斋"之法云："若一志，无听之以耳而听之以心，无听之以心而听之以气！耳止于听，心止于符。气也者，虚而待物者也。唯道集虚。虚者，心斋也。""瞻彼阕者，虚室生白，吉祥止止。"这些话，突出反映了内丹清修的功夫境界。《大宗师》云"堕肢体，黜聪明、离形去知，同于大通，此谓坐忘。"又说："吾犹告而守之，三日而后能外天下；已外天下矣，吾又守之，七日而后能外物；已外物矣，吾又守之，九日而后能外生；已外生矣，而后能朝彻；朝彻，而后能见独，见独，而后能无古今；无古今，而后能入于不死不生。杀生者不死，生生者不生。其为物，无不将也，无不迎也，无不毁也，无不成也。其名为撄宁。撄宁者，撄而后成者也。"其功夫境界步步增高，开发出人体潜能。老庄之学为后世自身清修派和同类阴阳派内丹家所宗决非偶然，老庄书中有关炼养的名句一直是丹道法诀的纲要。

先秦时的内丹学文物，还有天津历史博物馆所藏一块传世玉

带有行气铭文的传世玉器（现藏于天津历史博物馆）

器，上面的铭文男女双修丹派和清净丹派有不同理解。《行气玉器铭》云："行气——吞则蓄，蓄则伸，伸则下，下则定，定则固，固则萌，萌则长，长则退，退则天。天几舂在上，地几舂在下。顺则生，逆则死。"依清净丹法，谓行气之法，当凝神聚气，运降丹田，入定凝结，萌生真气，逆转督脉，上升泥丸。以天（首）为鼎。以地（腹）为炉，依阴阳之机而修炼。顺此道者便延年，反之则损寿。另外，著名的《黄帝内经》和《黄帝阴符经》，其中也隐含有内丹法诀，今人尚少鉴别。《管子》中将心灵炼养之术直称为"心术"，这比道教中"气术"的提法更切中要害。历史资料证明，秦汉方仙道已秘传内丹修炼之术，这也可在《太平经》、《老子想尔往》等道书中找到踪迹。

严遵的《道德真经指归》，将先秦道家学说向内丹学过渡架起了桥梁，开始将老子道的学说内化为人的心身体验。严君平说："故人能入道，道亦入人，我道相入，沦而为一。守静致虚，我为道室，与道俱然，浑沦周密。"（《道德真经指归》卷九）这是要人在修炼中净化灵魂，缩小与道的心理距离，直至以人的朴素本性与宇宙的本性契合，把握整个宇宙精神，将自己的心身融汇于道的自然境界之中。而后《老子河上公章句》等书，对人的精、气、神修炼之术多有阐发，为内丹学理论体系的形成做了准备。

自先秦至汉代道教产生以前，是内丹法诀的初传时期，也是内丹学理论体系形成的准备阶段。这一时期的汉代术数学，特别是驺衍的阴阳五行学说和天人感应原理，以及象数易学的发展，为内丹学奠定了理论支柱。

第三节　内丹理论体系的形成

自东汉道教创立至隋唐，是内丹学理论体系的形成时期。在

《金匮要略》书影

这段时期修炼先天真气的内丹功法尚不占优势，内丹之名称也未确立。当时道教中修仙的方术杂而多端，各种气功流派竞起，百花齐放。修道者逐步将体内能萌发先天炁的关窍认作"丹田"，开始同流行的金丹术相比附。"丹田"一语，出现盖早，《素问·遗篇本病论》中有"神游上丹田"之说，桓帝时边韶所撰《老子铭》中也有"存想丹田"的话。同时"丹田"一语还见于蔡邕为祀王子乔墓而撰写的碑文和医学家张仲景的《金匮要略》，可知东汉时修道者已有存思丹田的功法。"丹田"的名称既立，说明道学中已将体内的真气运行法视为炼丹了。自此内丹功法一线圣脉，不绝如缕，不断完善其理论体系，一直传至唐末五代，才突然大放异彩，压倒一切旁门小术，成为道教最正宗的功法。

东汉早期道教中流传的《太平经》，就明确地把人体的精、气、神作为修炼对象，提出"爱气、尊神、重精"的原则，并介绍了瞑目入静、守一、存神、胎息、内视等古朴功法。其中说："瞑目还自视，正白彬彬。若且向旦时，身为安著席。若居温蒸中，于此时筋骨不欲见动，口不欲言语。每屈伸快意，心中忻忻，有温润之意，鼻中通风，口中生甘，是其候也"（《太平经合校》第11页）。这其实是丹家"活子时"的火候景象，汉代道学中传有真气运行法应无疑意。《太平经·八卦还精念文》云："玄子共身，周流相抱，极阴生阳，名为初九。一合生物，阴止阳起。受施于亥，怀妊于壬，藩播于子。子子孙孙，阳入阴中，其生无已。思内洞外，寿命倍增，不可卒致，宜以长久。"（《太平经合校》第338页）丹道修炼静极必能生动，身中真阴真阳之运行，真经之返还，按八卦方位逆转，其景象可和《参同契》互参。丹家要诀在于人体精、气、神的凝合，合则为仙，离则为鬼，《太平经》对此讲得也很清楚。

早期道教的教科书《老子想尔注》中，也以结精、炼气、守神为要法，"谷神不死"句注云："精结为神，欲令神不死，当结精自守。"法琳《辨证论》云："其法真诀，在于丹田。""实髓重精；仙家之奥旨，"可见三张所传之法诀亦是意守丹田，"为柔致气，法儿小时"（"专气致柔"句注），不外丹家返还之道，并注意到老子的同类阴阳功夫。

龙虎山泸溪风景区的"可看不可说"，为同类阴阳丹法的隐喻。

东汉魏伯阳著的《周易参同契》，是第一部专门论述内丹法诀的丹道著作。《参同契》以周易象数学的卦爻作符号，以日月运行的规律作理论框架，以外丹炉火的铅汞反应作模型，来论述阴阳交感男女合炁的秘术。《参同契》之学认为炉火烧炼的地元丹法、三家相见阴阳栽接的人元丹法、自身清修乃至虚空阴阳的天元丹法是相通的，可以统一在《参同契》的体系之中。《参同契》将男女双修的同类阴阳丹法秘诀用隐语记载下来，贯通清修丹法和外丹炉火，书中藏有各派丹诀，被后世丹家尊为"万古丹经王"。易学中的乾坤配合之理，天道中的日月出没盈亏之象，炉火烧炼中的采铅伏汞五行生灭实验，都隐藏着宇宙中阴阳交感的根本规律，这就是《周易参同契》仙道理论的核心。《参同契》的传世标志着内丹学的形成。

丹道仙术入门

魏伯阳

自魏伯阳以隐语将同类阴阳交感的秘传仙术记录下来,"密示青州徐从事,徐乃隐名而注之"(彭晓《参同契解义序》),郑樵《通志·艺文略》录《阴阳统略周易参同契》三卷,题徐从事撰,又见于《道藏阙经目录》(此书目未著撰人),可知徐从事的《参同契》注本是"以阴阳注之"的。其中"阴阳"二字,只能和马王堆汉墓竹简《合阴阳》是同一个意思,即男女合炁之术。《参同契》云:"物无阴阳,违天背元,牝鸡自卵,其雏不全",说明男女同修的阴阳丹法是符合大自然本身的规律的。《参同契》中还有"同类易施功,非种难为巧"的话,指示人元大丹须用"竹破竹补,人破人补"的同类阴阳栽接之术才能奏效。魏晋时,葛洪力倡外丹学的金液还丹为登仙之阶梯,将《参同契》之学解为外丹炉火,影响到隋唐。其《神仙传·魏伯阳》云:"而世之儒者不知神丹之事,多作阴阳注之,殊失其旨矣",足见葛洪之前尚不乏《参同契》的同类阴阳丹法注本,可惜此后这些古注失传了。而今马王堆汉墓出土的竹简《十问》、《合阴阳》、《天下至道谈》等,使今人得见古仙所传男女合炁之术的真面目,并且证明早在汉初仙家就视此术为"天下至道"了。这些竹书和《黄帝内经》、《道德经》、《参同契》一脉相传,学术研究中可以相互参照。

葛洪虽以炉火之金丹大药为升仙之要,但在《抱朴子内篇·微旨》中竟将同类阴阳丹法的采药秘诀留传下来。其一为"真人守身炼形之术",原文如下:

第七章 内丹学的源流

或曰："愿闻真人守身炼形之术"。抱朴子曰："深哉问也。夫始青之下月与日，两半同升合成一。出彼玉池入金室，大如弹丸黄如橘，中有嘉味甘如蜜，子能得之谨勿失。既往不追身将灭，纯白之气至微密，升于幽关三曲折，中丹煌煌独无匹，立之命门形不卒，渊乎妙矣难致诘。此先师之口诀，知之者不畏万鬼五兵也。"

其功法乃以两目存思日月，使光与身合，内视丹田，口吞彼津液入心室，调和如日月同升之元气，使神炁结合为一团，如开花结实，孕育佳味，温养勿失，得药之后，使其化为纯白之气升透三关，在命门处结成"中丹"。此丹法和《黄庭经》中之功法相一致，又和孙思邈《千金要方·房中补益》之道相合。其二为"二山求生之道"，亦载于《微旨》篇，原文如下：

或曰："窃闻求生之道，当知二山，不审此山，为何所在，愿垂告悟，以祛其惑。"抱朴子曰："有之，非华、霍也，非嵩、

道教罗浮山冲虚古观

岱也。夫太元之山，难知易求，不天不地，不沉不浮，绝险绵邈，崔巍崎岖，和气氤氲，神意并游，玉井泓邃，灌溉匪休，百二十官，曹府相由，离坎列位，玄芝万株，绛树特生，其宝皆殊，金玉嵯峨，醴泉出隔，还年之士，挹其清流，子能修之，乔松可俦，此一山也。长谷之山，杳杳巍巍，玄气飘飘，玉液霏霏，金池紫房，在乎其隈，愚人妄往，至皆死归，有道之士，登之不衰，采服黄精，以致天飞，此二山也。皆古贤之所秘，子精思之。"

人们不难看出，魏晋以前仙道中秘传的"二山求生之道"和宋明间内丹家留传的"三峰采战之术"，有着某种若明若暗的联系。这段文字又和《参同契》中文字风格相类，实际上"二山求生之道"即是《参同契》中的男女交感合炁丹法。由此可知，中国内丹学中关键的丹道法诀，在魏晋时早已在仙道中秘传。

魏晋时传世的《黄庭经》也隐藏有内丹法诀。《黄庭经》已开始将内丹称作"子丹"、"玄丹"，重点研习了存神、意守三丹田、内视、调息为主的清修丹法。《黄庭外景经》云："明堂四达法海源，真人子丹当吾前，三关之中精气深，子欲不死修昆仑"，强调了头部泥丸宫在炼神功夫中的作用。丹家从修持实践中认识到"神在泥丸"，脑为思维器官，也比古医家只讲"心主神明"进了一步。其中"中有真人巾金巾，负甲持符开七门，此非枝叶实是根，昼夜思之可长存"，和瑜伽术修

《黄庭经》书影

七轮功夫暗合,为中黄直透丹法。《黄庭内景经》已有"玄丹"之名("若得三宫存玄丹,太一流珠安昆仑")《抱朴子内篇·微旨》也有"中丹"之说("中丹煌煌独无匹,立之命门形不卒"),实际上已将真气运行法称作炼丹了。《南岳思大禅师立誓愿文》中天台宗三祖僧人慧思引道入佛,"为护法故求长寿命","借外丹力修内丹,欲安众生先自安",使外丹、内丹之名见于史籍。

隋唐时期,《周易参同契》在社会上公开传布,促进了内丹学的发展。据《罗浮山志》载,青霞子苏元朗于隋开皇中,来居罗浮,归神丹于心炼,"自此道徒始知内丹矣"。

唐代道书《通幽诀》云:"气能存生,内丹也;药能固形,外丹也。"内丹之名在唐代初传,多数道士尚不明底细,由于真正得丹诀者甚少,使内丹和一般行气、导引之术相混。直至唐末外丹黄白术中毒事件屡有发生,在社会上造成恐慌,迫使道士借外丹之名而论内丹,以维护仙道之声誉。内丹学才渐为世人所知。唐代高道司马承祯著《服气精义论》以及《天隐子》、《坐忘论》等,将佛教禅宗的止观、禅定融入内丹学,是内丹学的一大发展。司马承祯本人修持功力甚高,入睡时脑中发诵经声,"额上有小日,如钱,光耀一席。"(《续仙传》)他将修仙过程分为斋戒、安处、存想、坐忘、神解五道"渐门",又以信敬、断缘、收心、简事、真观、泰定、得道为修道七阶次。清代方维甸《校刊抱朴子内篇序》云:"迨及宋元,乃缘《参同》炉火而言内丹,炼养阴阳,混合元气,斥服食胎息为小道,金石符咒为旁门,黄白玄素为邪术,惟以性命交修,为谷神不死,羽化登真之诀。其说旁涉禅宗,兼附易理,袭微重妙,且欲并儒释而一之。"方氏不懂丹道,其述丹道源流多谬,然局外人看内丹学之旁涉禅宗,兼附易理,"欲并儒释而一之",形成自己的理论体系,却是在唐代就完成了。

今人读古医经和丹经,见其叙人体经脉甚详,精气神修炼之道精密,往往拍案叫绝,惊为神授。其实学者细加考据,即知古

第七章　内丹学的源流

人初对人体经络之见解，本不一致，后逐渐形成共识，才有定论，丹经亦然。观唐人所著丹道著作，即知内丹学之形成和完善，本有一个过程，乃古时丹家递代精进而成，决非如江湖中人所云是古神仙口口相传而来。观《道藏》中唐人最初的丹经《养生咏玄集》，即可知丹道本是一种学术，是可以考据出其发展演化脉络来的。

唐代仙道由外丹学转为内丹学，并出现了一批内丹家，如刘知古、吴筠、罗公远、叶法善、张果、陶植、羊参微等。陶植《还金术》云："凡言水银可以为金丹者，妄人也；言朱砂可以驻年者，不知道也。"然张果等内丹家亦兼炼外丹。内丹著作亦大量出世，其中有《日月玄枢篇》、《通幽诀》、《元阳子金液集》、《上洞心经丹诀》、《大还丹金虎白龙论》、《真龙虎九仙经》、《还丹金液歌》、《南统大君内丹九章经》、《大还丹契秘图》等。唐人将男女双修同类阴阳丹法亦称阴丹，有《阴丹慎守诀》、《王屋真人口授阴丹秘诀灵篇》等书传世。须要指出，唐以前丹法虽较古朴，但易修炼，无太多秘诀，故成道者亦多，这是不容忽视的。孙思邈没有丹经传世，但依古法修炼得道，寿过百龄，亦非后世一般丹家可比。故唐代盛行的守一、吐纳、辟谷、胎息、房中、存思诸法门，皆可激发人体真气，入内丹仙道境界。

第四节　内丹学的成熟和繁衍

唐末五代，是内丹学的成熟和完善时期。这段时期，外丹黄白术迅速败落下去，内丹学大放光辉，在道教修持方术中占据了正统的主导地位。著名内丹家崔希范、钟离权、吕洞宾、陈抟、刘操、施肩吾、陈朴、谭峭等高道以内丹学传功度人，使内丹功法趋于成熟和完善。崔希范所著《崔公入药镜》歌诀，为历代丹家推重，实是同类阴阳双修秘诀。钟离权和吕洞宾之事迹被后世道士神化，各派丹家多认钟、吕为开山祖师，内丹学的历史舍钟、吕则无从谈起。施肩吾为吕洞宾弟子，撰《钟吕传道集》、《西山众仙会真记》述钟、吕丹法，对后世影响甚大。另有《灵宝毕法》、《破迷正道歌》等，皆题名钟、吕所作。其中相传吕洞宾所著《敲爻歌》，为同类阴阳双修功夫法诀。钟吕丹法为性命双修、形神并炼的人体系统工程，以凝结精、气、神为基本功，以摄取先天一炁为要诀，次第分明，步步有验，吸引了不少修道者终生去从事这项人体实验。据说钟离权得丹诀传吕洞宾、陈朴等人，吕洞宾之徒又有刘操（海蟾真人）、麻衣道者、施肩吾、何昌一、张中孚等。陈朴著有《陈先生内丹诀》，收入《道藏》，其法诀直指玄关，九转成功。吕洞宾之徒刘海蟾又传张伯端、晁迥、马自然、蓝元道、王庭扬、张继先等，为内丹大师。内丹学史上的关键人物，还有著名道教学者陈抟。陈抟字图南，自号扶摇子，赐号"希夷先生"，得麻衣道者所传钟吕丹法，又从何昌一学锁鼻术，隐居华山。陈抟之学传种放、张无梦、火龙真人等，谭峭亦与陈抟相师友。陈抟著《指玄篇》并传《无极图》，奠定了"顺则生人，逆则成丹"的还

第七章 内丹学的源流

位于居庸关翠屏山的吕祖庙

丹原理和"炼精化炁，炼炁化神，炼神还虚"的基本步骤。陈抟又传"蛰龙法"，后世各派丹法俱受陈抟影响。

宋代以来，内丹学在发展中产生出许多流派，功法逐步达到炉火纯青的境界。要之，成熟的内丹学，由吕洞宾、陈抟、刘操传开，而后又有天元、地元、人元之分，门派有南、北、中、东、西之传。天元丹法，后世一般指北宗龙门派的自身阴阳清修功夫，但传统上将服食后可立地飞升的外丹称天元神丹。人元丹法，后世一般指南宗男女栽接的同类阴阳双修功夫，但也有人将南北宗性命双修的丹法统称为人元大丹者。地元丹法，一般指外丹黄白术，称地元灵丹。内丹各门派，皆推源于伏羲、黄帝、王乔、赤松、老子。一派自称传自关尹子（文始真人），号文始派，由陈抟传火龙真人。另一派依托东华紫府少阳帝君王玄甫（汉代人），称少阳派，自称由王少阳传钟离权，钟离权传吕洞宾，后开南北宗诸丹派。文始派以虚无为宗，属虚空阴阳交合的无上至真之妙道，顿超直入，修性而兼修命，乃天元丹法。少阳派主张性命双修炼养阴阳，以有为法而至于无为法，次第分明，便于入手，流传甚广，故丹家有以文始派最高，以少阳派最大的说法。

内丹修炼程序由浅入深，又有鬼仙、人仙、地仙、神仙、天仙五等仙之别。内丹学称炼炁之术为命功，称炼神之术为性功。仅修性不修命者（包括修禅定者），虽有灵异神通，能出阴神为清灵之鬼，但不能延命，为鬼仙；仅修命不修性者，虽能延年难老，而无灵异，长

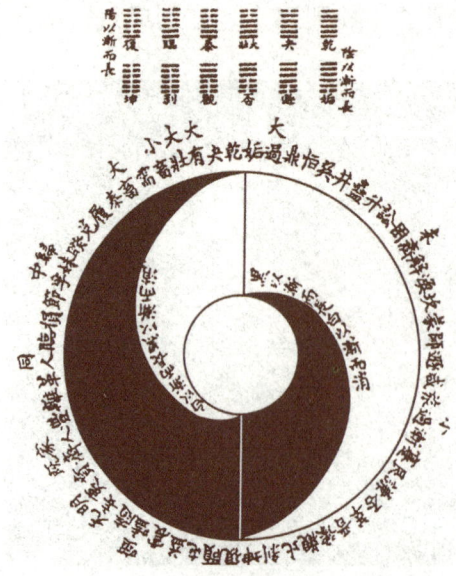

伏羲六十四卦配太极图（明·来知德）

生驻世为人仙。只有性命双修的金丹大道，至小周天无漏功成便为地仙；逐次修来，直至出阳神，有无边神通，称为神仙；再到虚空粉碎，合道还虚，达最上一层天仙的境界。李道纯还将内丹功法分为旁门九品（内有属邪道的下三品，为采阴栽接的泥水丹法；属外道的中三品，为辟谷、服气、持戒、步斗等；属旁门的上三品，为定观、存神、导引、搬精运气等）；渐法三乘（下乘安乐法门，中乘养命法门，上乘延生法门）；最上一乘（无上至真之妙道）等阶梯。

内丹学南宗以张伯端为开山祖师。张伯端(987～1082)晚年得道，著《悟真篇》，将《周易参同契》的内丹秘诀公诸于世。张伯端兼习清修丹法与同类阴阳丹法，但由于惧怕"天谴"，其男女栽接秘术不肯轻传，故将法诀隐于书中。张伯端传石泰（号杏林），石泰传薛道光（法号紫贤），薛道光传陈楠（号翠虚，人称陈泥丸），陈楠传白玉蟾（号海琼子，封紫清真人），被后世尊为南宗五祖。张伯端又传马自然、刘奉真等；刘奉真传刘永年，刘永年字广益，号顺理子，传丹法于翁葆光，翁葆光又传若一子，为同类阴阳法门。薛道光为修丹功，由僧还俗，所习亦为同类阴阳法诀。而白玉蟾之丹法则为清修派，门徒甚众，形成教团，其徒以萧廷芝、王金蟾、彭耜、留元长、洪知常、桃源子、林自然等较为著名。

南宗丹法与北宗相较，在性命双修的前提下较重命功，其丹法先修命后修性，先术后道，形成一套次第分明的人体系统工

白玉蟾手迹

第七章 内丹学的源流

程。南宗同类阴阳派认为男子一身皆属阴，故其所传三家相见的阴阳裁接功夫，主张由彼家身上采取先天一炁之坎中阳爻，和自家离中真阴合而成丹。陆彦孚、戴同甫、陆子野、甄九映、陶素耜、李文烛、彭好古、仇兆鳌、傅金铨等皆主同类阴阳丹法，尊奉《参同契》和《悟真篇》，遂使同类阴阳丹法成为南宗特色。

北宗创自金代全真教祖王重阳。王重阳（1112～1170）48岁于甘河镇上遇异人授丹诀，乃于终南县南时村"活死人墓"中炼养三年丹成。后王重阳东游山东半岛传道，收马珏（号丹阳子，创遇山派）、谭处端（号长真子，创南无派）、刘处玄（号长生真人，创随山派）、丘处机（号长春子，开龙门派）、王处一（号玉阳真人，开嵛山派）、郝大通（号广宁真人，开华山派）、孙不二（马珏之妻，号清静散人，开清静派）。王重阳所创内丹为禅道结合的清修法诀。北宗丹法先性功后命功，重在性功，以丘处机的龙门派为代表。其法诀在于降心炼性，把断眼耳口鼻四门，不令外景入内，使心如止水，性似明镜，凝合神炁，回光寂照，以改造人体素质。王重阳及全真七子皆用了数年时间静坐修道，道成之后皆开发出人体潜能，个中秘诀，就在"活死人"三个字上。全真道乃融汇儒释道三教之道，内丹北宗亦汲取了禅宗、密宗、瑜伽功夫的长处，是对南宗内丹功夫的一次革新和发展。然而南北宗丹法既同源于钟吕内丹系统，则在本质上是统一的，都是对人体精气神的凝炼工程。实际上北宗马珏，刘处玄皆

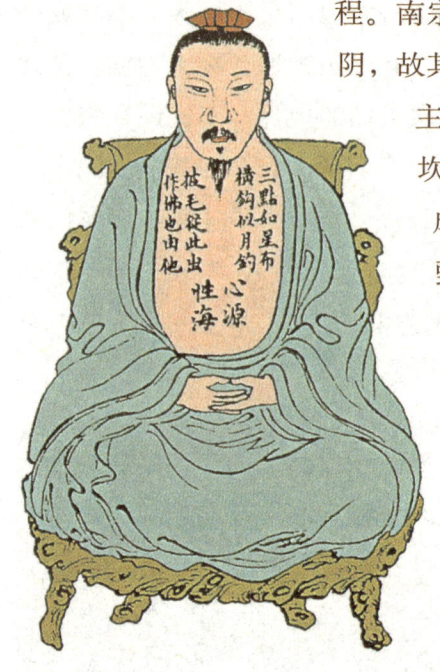

降心炼性图

习过同类阴阳丹法。自马珏、宋德方、李双玉、张紫阳，到赵友钦（缘督子）、陈致虚一脉相传，为北宗主同类阴阳的支派。

元初全真道士李道纯，字元素，号清庵，别号莹蟾子，住扬州仪真长生观，著《中和集》、《三天易髓》等书，创内丹中派。中派以内丹学解《中庸》、《心经》等儒释之书，采用禅宗打坐、参究诸手段，追求明心见性。李道纯以"守中"一着为丹法要诀，以为天地有天地之中，人身行人身之中，守人身之中，以应天地之中，便是天人合一之要旨。人心若与天心合，颠倒阴阳只片刻。这"中"字便是玄关，识得中字，守中致和，自然虚极静笃，明心见性，直超圆顿。中派丹法乃是一种明心见性的自身阴阳清修功夫。清末道士黄元吉，著《乐育堂语录》、《道德经注释》、《道门语要》，以守中为一贯功夫。黄元吉认为渐法修炼自炼精化炁入手，舍守中一着功夫，别无二途可循。明代所传丹经《性命圭旨》，亦含守中要诀。

明万历年间，又有扬州兴化县陆西星创立内丹东派。陆西星（1520～1606）字长庚，号潜虚，早年习举子业，后倾心丹道，并习密宗，以扶乩托言吕洞宾降其草堂，亲授丹诀。陆西星著《周易参同契测疏》、《玄肤论》、《金丹就正篇》等书，收入《方壶外史丛编》中。东派丹法力主男女双修成丹，是中老年人修炼的上乘功夫。东派丹法认为男子一身皆阴，必须采取彼家先天一炁才能成丹，其法诀吸收了南宗丹法的精要，而对其离形交气、颠倒两窍、开关铸剑、上进下进、反经为乳等采阴补阳功夫加以改造。要之，东派丹法是同类阴阳法门的正宗彼家丹法。

清代道光年间，又有四川乐山县人李西月，字涵虚，号长乙山人，自言得吕洞宾与张三丰内丹之法，创立西派。李西月以陆西星的后身自居，著有《三车秘旨》、《道窍谈》、《后天串述》等书，亦传三家相见的同类阴阳丹法。西派丹法以清净自然立基，以阴阳妙用成丹，用彼家之铅，炼养我家之汞，使彼我相资，同类相补，

达到返本还元的目的。

明末龙门派第八代弟子伍守阳,号冲虚子,江西南昌辟邪里人,得虎皮张静虚真人经李虚庵至曹还阳所传之丹诀,著《天仙正理直论》、《仙佛合宗》,倡导一种儒、释、道三教圆融的自身阴阳清修丹法。至清代柳华阳出佛入道,著《金仙证论》、《慧命经》,对伍守阳丹法加以系统整理与继承,世称伍柳派。直至近世又有赵避尘著《性命法诀明指》,得柳华阳之徒了空禅师和刘名瑞之传,开创千峰派。

元明间道士张三丰,是可和吕洞宾、张伯端相比肩的著名内丹家。张三丰的丹法据称传自火龙真人,称为隐仙派,传三家相见的同类阴阳龙虎大丹,著有《无根树词》、《大道论》、《玄机直讲》等,亦传陈抟的"蛰龙法"丹诀。张三丰丹法在阴跻穴调息,这正是同类阴阳功夫炼气的特点。他不仅精于清修、龙虎丹功,而且对内家拳法颇有造诣,开发出人体潜能,有灵异,被后世道流传为神仙,清代祖述张三丰的丹派有自然派、日新派等十多家。

元末道士王道渊,著有《还真集》、《道玄集》等,亦为一代内丹大师。另有清代高道刘一明,号悟元子,著《道书十二种》,以儒家理学诠释内丹学。龙门派道士闵小良,道名一得,隐于金盖山中,撰成《金盖心灯》及《古书隐楼藏书》,阐述中黄直透的虚空阴阳丹法。南无派丹师刘名瑞,号盼蟾子,著《盼蟾子道书三种》传世,亦为近世内丹大家。

汉唐以来修炼有

张三丰铜像

成的内丹大师还多，内丹学著作亦不下千余种。就内丹门派而论，还有青城派、崆峒派、南宫派以及雷法的神霄派，清微派、天心派等，皆有独自的特点。

据传内丹学中还有一派剑仙功夫，其术乃修炼人体肺金之气，内丹外用，可以金气御敌。野史小说中多记剑仙之事，语涉怪异，谓剑仙功成，能身剑合一，收发自如，白光一道，取人首级，如探囊取物。然修炼方法甚秘，须在人迹罕至处炼养煞气，或以五更月朗星稀之时炼养阴寒之气，传法只许师寻弟子，不许弟子寻师。此术有云修自身金气者；有云以自身金气与古剑之金气合一者；有云可御剑飞行者。实际上，《列子·汤问篇》早记有春秋时期来丹为报父仇去卫国求孔周借剑之事，足知剑仙之传古已有闻。笔者曾得几种剑仙派法诀抄本，有青城派所传以武术为基之剑仙派，有以内丹为基之剑仙派，有对星月之光炼气剑者，有炼神剑者，尚不知世间还传有何种抄本，未遑细作推敲。此术为世间增加戾气，在当今之世弊多利少，故以前未敢轻言。

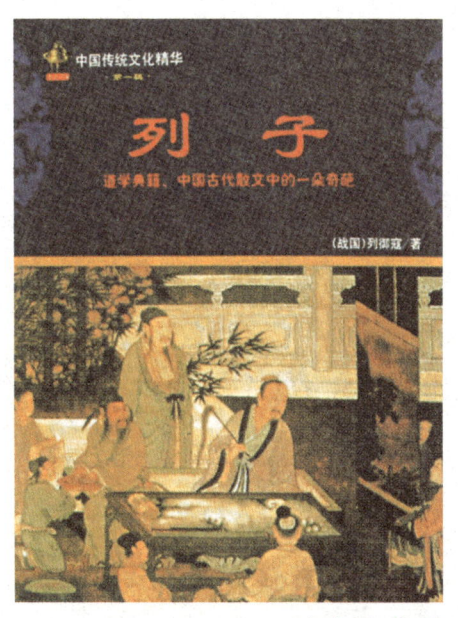

《列子》书影

第七章　内丹学的源流

第八章　各派丹法要诀

丹道玄功,各家皆有口诀相传,详细指点真炁运行的景象。其实这些口诀,丹经道书中大多隐约点出,只因人们没有切身体会,检索不出而已。现仅从各家丹法的区别着眼,将其关键功法略作概括。

作者于2005年冬北京雪天留影,有诗云:访道求法廿六年,单衣犹可御冬寒。若得我命皆由我,再向火里学栽莲。

第八章 各派丹法要诀

第一节 南宗丹法要领

南宗丹法，重在命功，先命后性，传同类阴阳栽接之术。张伯端以下，有陆彦孚、刘永年、翁葆光、陆子野、陈致虚、戴同甫、甄九映、陶素耜、仇兆鳌等。《悟真篇》云："阳里阴精质不刚，独修一物转羸尪"，"休施巧伪为功力，认取他家不死方，鼎里旋添延命酒，壶中收取返魂浆"等，皆为栽接要诀。陈致虚注云："男子身中皆阴，苦执一己而修，岂能还其元而返其本，又将何而回阳换骨哉？"（《悟真篇四注》）南宗之上乘功法，为神交体不交，男不脱衣，女不解带，神气相通，两情相应，二气交感，生龙活虎，合而成丹。南宗丹法，全在火候、药物运用之妙，采药有秘诀，条件要求严格。其丹功步骤有凝神定息、运气开关、保精炼剑、采药筑基、还丹结胎、火符温养、抱元守一等。南宗丹法属同类阴阳法门，包括彼家丹法与龙虎丹法两途，以龙虎丹法为主。其开关展窍亦有积炁、聚炁两法，积炁之功迟，聚炁之功速，皆有口诀秘传。

道教南宗故里

琼台仙谷（张紫阳就居此修道，撰写著名的《悟真篇》）

第二节　北宗功法诀要

北宗丹法，重在性功，先性后命，传自身中阴阳交合的清净丹法。北宗丹功讲三分命功，七分性学，修性即修心，修命即修术，以炼心修性为始基，以清净无为作要旨，至明心见性之后，依次修炼仙术，自可达到还虚合道的仙人境界。全真道士有出家住庵制度，宣扬断绝爱欲，以精不漏为小周天功成之兆，力斥阴阳栽接为邪术，吸收了佛教禅功的长处。

北宗命功关键一着，就在于从清净入手，清为清其心源，净为净其炁海。心源清则外物不能挠，炁海净则邪欲不能干，如此调息入定，直至静极生动，先天元阳萌生，开关展窍，便可采先天真炁，盗天地真阳，在自体内交合成丹，逐渐阳长阴消，炼至纯阳之体，则命功成。人能清净无为，无思无虑，养炁全神，凝神太虚，神炁充塞于天地之间，自然可以还虚合道。

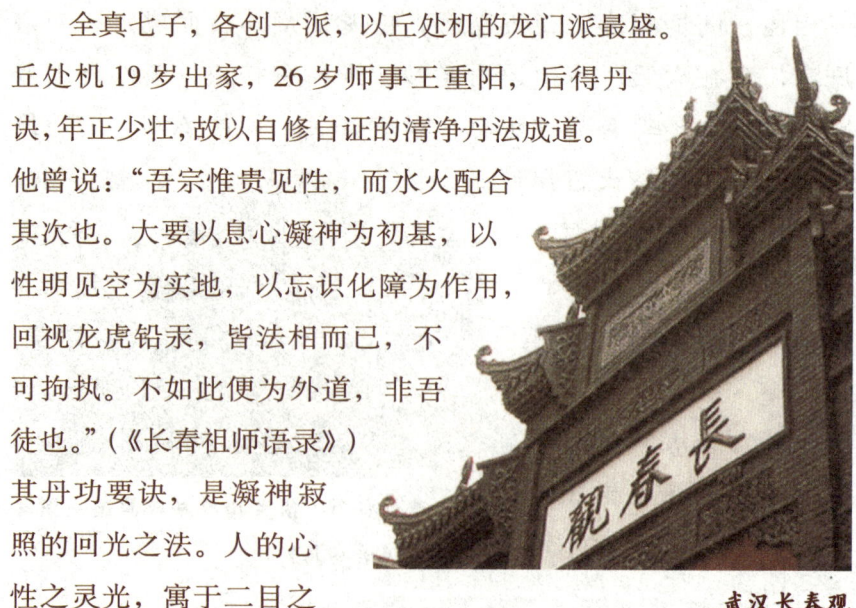

全真七子，各创一派，以丘处机的龙门派最盛。丘处机19岁出家，26岁师事王重阳，后得丹诀，年正少壮，故以自修自证的清净丹法成道。他曾说："吾宗惟贵见性，而水火配合其次也。大要以息心凝神为初基，以性明见空为实地，以忘识化障为作用，回视龙虎铅汞，皆法相而已，不可拘执。不如此便为外道，非吾徒也。"（《长春祖师语录》）

其丹功要诀，是凝神寂照的回光之法。人的心性之灵光，寓于二目之

武汉长春观

中，回心性之灵光，须瞑目内视，一念不生，使神凝炁聚，相守相化，阳长精生，全身温暖似醉，渐入佳境。北派丹法要在人体和宇宙的大循环，召感先天一炁，内真外应，自然与虚无空灵之境相通。这套工夫，既有禅功参悟之长，又有儒家品德修养，归宗于道教的炼养之术，以三教之真以全自我之真，从而登入真人的境界。

第三节　中派丹法特点

李道纯以内丹学解儒书，对当时理学家推崇的《四书集注》之《中庸》篇"喜怒哀乐之未发谓之中，发而皆中节谓之和"和《尚书》中"人心惟危，道心惟微，惟精惟一，允执厥中"句特有所悟，著《中和集》，以"守中"一着为丹功要诀。"中"即是玄关一窍，以人体之中感应天地之中，便是天人合一的金丹大道。

后有题为尹真人高弟著的《性命圭旨》，亦属中派丹法。清代道士黄元吉，撰有《道德经注释》、《乐育堂语录》、《道门语要》等，亦被陈撄宁、王沐归入中派的清净丹法。中派丹法还传中黄直透功夫，从阴跻穴起修，激活生命能量，先天真炁沿黄道直升直降亦可结丹。其黄道至先天境界自现，后天观想则易生"闯黄"之病。龙门派第十一代道士闵小艮（道名一得），撰有《古书隐楼藏书》

及《金盖心灯》等，融瑜伽修气轮的功法于内丹术中，亦传中黄直透的丹法。

《参同契》云："黄中渐通理，润泽达肌肤。"丹家因之形成修黄道一派，亦称修中脉。任脉在前，为赤道；督脉在后，为黑道；中脉在人体中央正位，不前不后，下以坤土（色黄）为中心，得中黄之炁，称黄道。内丹家亦称中脉为冲脉，与密宗修中脉之功法暗合；中脉能通，脉路上的七孔（亦称七门）亦得到净化通畅，又与瑜伽通七轮之功法暗合。盖天下事殊途而同归，百虑而一致，人体的奥秘是统一的。《黄庭经》中已有"七孔"、"七门"之说（"七孔已通不知老"、"中有真人巾金巾，负甲持符开七门"），黄中、冲脉、黄道之说亦见之于古丹经，我国古代丹家习之已久，为不传之秘，具有重要科学价值。

第四节　东派丹法概说

陆潜虚所创东派丹法为正宗之彼家丹法，著有《方壶外史丛编》等书。陆潜虚在所撰《玄肤论》、《金丹就正篇》、《金丹大旨图》、《七破论》等书中明言男女双修之道，谓"先天之精积于我，先天之炁取于彼"，"金丹之道，阴阳相合而成者也。人道顺施，仙道逆取，取药于坎，而造丹于离，又何疑乎？"

东派工夫，采用竹破竹补，人破人补之法，从逆用逆修的原则出发，借炁修炁，假命续命，聚气开关，追

聚火载金图

摄栽接，其诀不肯轻传，得其诀者，清修百日之后，用真鼎一次，片时即可结丹。丹诀要在火候，即《参同契》中的"八字真言"，必遇真师方能得知。此法男女双修双成，有利无害。故明末朴真道人《玄寥子》云："东派之开关展窍诀，提吸追摄诀，过关服食诀，较印度瑜伽术与密宗双修法中所用者，尤为上乘而简妙。"清代傅金铨所传男女双修丹法，亦源于东派，然已知三家龙虎丹法之秘。

第五节　西派丹法简述

李涵虚所创西派丹功，亦含同类阴阳的彼家丹法和龙虎丹法，其清修功夫又有绝妙之调息秘诀，是综合前代南、北、中、东诸家之长的上乘功夫。李涵虚著有《道窍谈》、《三车秘旨》、《后天串述》、《无根树词解》、《圆峤内篇》等，独具匠心。

西派丹法因人而异可选清修、双修两途，其大旨则先以清净自然立基，后以同类阴阳成丹。西派功法入手先要摄念入定，打坐凝神，有九层炼心之法，谓修身妙道，全在静定中下手，静定功纯，神妙自然而生。

童子先天未破，自可清净而得胎仙，破体之人，可须借女鼎（彼家）真炁成丹或趋入北宗自身阴阳的路子。其中法诀汲取了多种门派的优点，其"钻杳冥"之法诀尤为玄妙，无论双修或清修都自有特色。西派丹法，

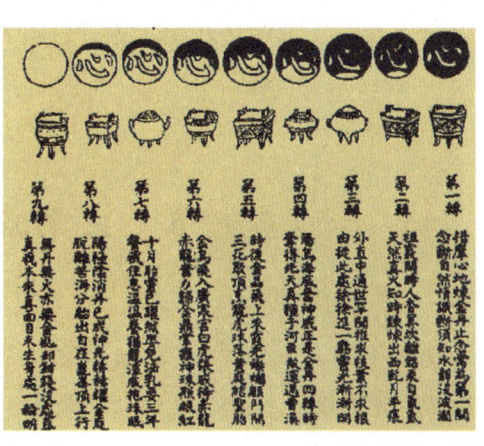

九鼎炼心图

详论火候，故层次分得较细致，如筑基分为小筑基和大筑基，炼己又分为内炼己和外炼己，炼心分九层等。此派至近世，仍有传人。

第六节　文始派丹法提要

文始派丹法本于《老子》、《庄子》，以《文始真经》为代表。这派丹功以虚无为本，以养性为宗，为丹法中最上一乘虚无大道。此丹法惟教人大彻大悟，一无所为，一无所执，一无所有，虚极静笃，以我之元阳神炁，盗天地虚无之真机，合我神炁之真机，进入无人无我无天无地与宇宙精神往来的境界，丹不炼而成。人能泯思虑，齐是非，同人我，合天地而统归于虚无之境，便与道合。丹法要诀端在入静筑基，出有入无，正确对待心灵景象。

河南民权县的庄子陵

文始派丹法是一种炼养虚空阴阳的顿法，从最上一层炼神还虚工夫做起，直至虚极静笃处，精自化炁，炁自化神，虽不言精炁，然以神御炁，了性自然了命。这是以自身合自然而归虚无的丹法。

第七节　三丰派丹法略讲

三丰派丹法综合文始派与少阳派的特点，自成体系。其入手功夫，既不执于有为，又不执于无为，于阴阳栽接中创一清静法门，开创和秘传同类阴阳三家相见的龙虎丹法。

张三丰《道言浅近说》云："心止于脐下曰凝神；气归于脐下曰调息；神息相依，守其清静自然曰勿忘；顺其清静自然曰勿助。勿忘勿助，以默以柔，息活泼而心自在，即用钻字诀。"其筑基功夫，除以生龙活虎添油续命外，亦须修心炼性，心定性清自然药生。药分内外，内药养性，为自身所生元精；外药立命，须采取身外先天一炁。心性静定而元气长，元神活，渐返先天无极之境。

三丰派又传陈抟所创睡功"蛰龙法"，以神默气冥，虽睡还醒，元和内运之功得道，适宜老人修炼。

第八节　青城派丹法指要

青城丹法创自青城丈人，又有李八百等人传之。有《青城秘录》、《大道玄指》等阐其功法，乃综合南派男女栽接术、北派清修法之长而成。其功法亦分上、中、下三乘，传法诀因人而异。

青城派上乘丹法以一个"无"字相传，要无心无念，无人无我，无天无地，无法无道，一切丢开，守无致虚。于无为中产生有为，以最上层工夫通中、下层工夫，由后天到先天，再由先天归后天，最后达到先后天合一而丹成。上乘栽接术，即"千里神交，万里心通"的心灵感应法，采天地阴阳之精气以补自体之精气，从而阴阳相合，交感成丹。

萧天石先生著《道家养生学概要》及《道海玄微》，收入他主编的《道藏精华外集》，对各家丹法论述颇精，尤得青城派丹法之传。据他所见《青城秘录》及《青城玉房诀》诸道书，中有阴阳逆用法、乾坤返还法、大灌顶法、小灌顶法等及用女鼎之对鼎器诀、结丹诀、炼己诀、还丹诀、脱胎出神诀、还虚合道诀等，确为双修双成之正统大道。

第九节　三峰采战之泥水丹法

泥水丹法，亦称闺丹，由房中术发展而来。泥水丹法之名目，即是《红楼梦》中贾宝玉所说"男人是泥做的，女人是水做的"，泥水烧结而成器，男女修炼可成丹。这派丹法，在明代曾盛传一时，但被正统丹家斥为旁门邪术。修三峰采战之法，多为秘传，不得丹诀，或战而不能采，采而不能补，损己害人，混采混炼，反致早死。

此派丹法，以炼己铸剑之功立基，以选鼎用鼎、聚气开关，妙用神剑、降龙伏虎、转化阴阳为功用。泥水丹法以炼己铸剑为入手的铁门槛，以开关展窍为炼功的通行证。行功时有大锁金关诀、倒吸西江水诀、过关服食诀、吹笛诀、神用诀等秘法，有锦身机要、采真机要、颠倒造化、玉液接命、金液炼形等步骤。所行丹功甚繁杂，法门亦多，有用破鼎、中鼎、老鼎者，最后以一真鼎成；有用九鼎补体一鼎成丹者；有用五兑一坎者。这种丹法，是旧社会特定条件下发展起来的文化现象，可知而不可修，需要以现代社会的伦理精神加以改造和扬弃，重新用现代医学和人体科学验证其功效才可外传。

其它门派丹法还多，不再一一列举。

道教修练图

第九章　内丹学基本理论揭秘

历代内丹家多为文化层次较高的知识分子，他们在内丹修炼中创造了丰富的理论。在此，我们概要地阐释内丹学的理论，并予以必要的发展和深化。

周天璇玑图

第一节　先后天人体三宝说

内丹学将精、气、神称作人体的"三宝"，又分为先天和后天。所谓先天，是从自然界和人类社会的初始状态看，那些无形的，自然本能状态的，功能性的，超越时空界限的东西。所谓后天，是指从物质世界和世俗社会的现实状态看，那些有形的，人为的，实体性的，同熵增的物质规律相一致的东西。精、气、神是人体生命要素的三个层次，不仅有先后天之分，还可互相转化。

后天的精，是指男女性交时射出的精液，广义上还包括人体内分泌的多种激素。先天的精，是在无为状态下自然而然本能地产生的，又称元精、真精，主要指人在不受淫心刺激下自发的性功能，广义上还包括内分泌系统、生殖系统、循环系统等激发生命活力的自然功能，元精本质上就是性能量。炼精化炁，实际上是调整、充实、增强、凝炼、升华人体性能量的修炼程序。后天的气指呼吸之气；先天的气为元气，真气，写作"炁"（由炼精化炁而来，是精、气凝炼为一的代号），指人体生命运动的机能，体现为高度有序的能量流和躯体活力，元气实即是生命力。后天的神为思虑之神，称识神；先天的神称元神（由炼炁化神而来，是炁神凝炼的结果），呈一种极清醒的无思维状态，也称为灵明性体。精、气、神又是修炼内丹的药物。丹道学中的先天、后天学说给现代人工智能的研究确定了一个界限，即后天的意识皆是可以用人工智能模拟的，而先天的意识是人工智能无法模拟的。后天的世界是"明在系"，人类的理性可以认识；先天的世界是"暗在系"，脱离人们熟知的因果律和时空限制，无法被后天的理性所认识，仅能用先天的灵性来察知。

先后天交媾图

第二节　顺则生人逆则成仙的内丹学原理

按照道学的宇宙创生演化及人体生成说，宇宙和人体生命的生成皆源于道。道自虚无状态中化生出元始先天一炁（亦称太乙真气），又从一炁中产生阴阳二性。由于阴阳二性的交会、激荡，产生物质、能量、信息三大元素，再由三元素演化成万物纷纭的世界。这就是老子《道德经》"道生一，一生二，二生三，三生万物"的宇宙演化图式。人的生成也和宇宙的创生图式相感应，宇宙中的元始先天太乙真气，在父母阴阳两性交合时被招摄进母腹之中，形成胎元，将性命寓于其中。直至十月期满，胎儿长成，出离母腹，"哇"的一声，先天祖气断开，后天气生。以后每32个月，生元气64铢，由复卦、临卦、泰卦、大壮卦、夬卦至16岁乾卦，得384铢元气，为纯阳之体。其中父母初交，于恍惚之中，合成一炁，生长出形体未具，神炁未判，处于混沌状态的胎元，为人道的"第一变"。由心肾成形，神炁始分，到十月胎圆，婴儿降生，为人道的"第二变"。由初生儿至16岁少年，阳精成熟将泄，情欲始萌，为人道的"第三变"。而后识神用事，情欲伤身，每96个月，则生一阴，由24岁姤卦，经32岁遁卦、否卦（40岁）、观卦（48岁）、剥卦（56岁）至64岁坤卦，元气耗尽。内丹学修炼功夫是一种人体返还工程，即由坤卦返回乾卦的返老还童之术。内丹学的基本原理是认为宇宙演化和人体生命都可以从逆的方向上进行反演的思考。顺则生人生物，逆则修炼成仙。内丹家

顺逆三关图

尽性了命图

第九章　内丹学基本理论揭秘

201

以"三关修炼"阻止人体熵效应，通过"炼精化炁"的初关仙术将精化尽只剩下炁和神，为"三归二"的过程；然后"炼炁化神"的中关仙术为"二归一"的过程；最后"炼神还虚"的上关仙术返还于虚无之道。这样人体沿着逆的方向由"第三变"返到"第二变"，再从"第二变"返到"第一变"，直到虚无之道，内丹就修成了。

第三节　虚无之道和先天一炁说

　　内丹学要追求一种长生不死、永恒不灭的状态，而根据自然科学定律凡是产生的东西最终都要灭亡，仅有虚无是不生不灭的。这样，返还虚无之道就成了内丹学追求的目标。《唱道真言》云："夫道之要，不过一虚，虚含万象。世界有毁，惟虚不毁。道经曰形神俱妙，与道合真。道无他，虚而已矣。形神俱妙者，形神俱虚也。"内丹学认为在宇宙未创生之前，是一片虚无。当宇宙创生之时，虚无之道化生出元始先天一炁（太乙真气），这种先天一炁被认为是宇宙万物运动的一片生机，也是生命运动的源泉。因之，自身阴阳、同类阴阳、虚空阴阳丹法都以招摄先天一炁为目标。我们推测，先天一炁大概是宇宙大爆炸之前的初始信息，是时间和空间还没展开的宇宙模本，是自然界最根本的内在节律。初始的宇宙中隐藏着秩序，存在着产生普适的宇宙节律的信息源。内丹家通过一种将人体节律和宇宙节律调谐的技术，使人体精、气、神等元素充分激发，在量子层次上和自然界的本源相互作用，将这种残留在宇宙中的初始信息招摄到体内。内丹家将人体和大自然的内在节律相调谐，使自己的身心与混沌的宇宙融汇为一体，返回先天的初始状态，才能同宇宙的自然本性契合，进入道的境界。

第四节 意识的三层次说

根据我们对内丹学的研究，发现人的意识的器官不仅是大脑皮质，还包括丘脑、网状结构，甚至还有心脏等，中国古医学认为心主神明，肝出谋虑，胆主决断，肾出伎巧等是有根据的。这就是说，思维和情感活动在躯体层次上是以人脑及内脏器官等相互制约的复杂生理系统为基础的。人体的内分泌激素，后天和先天的精、气、神也是一个系统，是可以相互影响，互相转化的。人体生命运动的精、气、神恰好和物理化学运动中的热、力、光三种效应相互对应，它们都是生命运动的存在形式，其中

弗洛伊德 像

最要害的是神。人的心理也是有结构的，是一种过程的秩序。意识是生命运动的最高形式，它可以凝聚为一种有着超微结构的高度有序的客体。人的心理系统中的意识活动和无意识活动都是人类在进化过程中大自然赋予的重要心理功能，其中无意识活动决非无足轻重的自然现象，而是一种深层意识，是人类改造自然和社会的重要潜能。意识活动的生理机制主要在大脑额叶，无意识活动的生理机制在大脑的网状结构和丘脑。随着人类进化，人的大脑皮质日益发达，网状结构的范围相对减小，但网状结构中的核体却日益复杂和分化，人的深层意识也愈加显示其重要的调节作用。我们可以断定人的意识共分为三个相互联系的层次，即常意识（日常的认知、思维活动）、潜意识（隐藏在心理深层的欲望，

即弗洛伊德和荣格研究的层次）和元意识（遗传的本能意识）。常意识是心理表层的理性思维活动，内丹学家称之为"识神"，它包括人们的感知、判断、推理等一系列心理程序，实即人类的"理性思维"。内丹功夫中识神的活动分为正念和邪念（即不利入静的杂念和游思、妄念等），内丹家要排除邪念，凝聚正念（意守丹田，归根复命之念），集中人的意念力透入深层意识之中，增强常意识的可控度，使之以意念力的形式得到凝炼和升华。潜意识是一种非理性的意识层次，包括人们平常不易觉察的胎儿、幼年、童年的记忆（特别是心理未成熟时期的刺激）和隐藏的各种人生欲望、性欲、心理创伤等印痕，实即人类的"感性思维"。日常生活中的重大刺激往往会透过表层常意识在潜意识中留下痕迹。这些潜意识的印痕反过来又在背后强有力地影响着人们表层的心理程序，人们可以从梦境、幻觉、精神病等心理状态中破译出潜意识的原型，内丹功夫中出现的不良心境、恶劣情绪、各种魔境、幻觉等都是潜意识作怪。内丹功法要净化潜意识，自我清洗自胎儿期以来键入的各种印痕，并通过一定方式（如熟读丹经、牢记师传、背诵口诀、默念咒语、反复训练等）将炼丹的程序编码输入潜意识之中。这种潜意识中的炼丹程序编码就是"真意"，它被称作勾引精、气、神等生命要素相互化合作用的"黄婆"。潜意识可以在内丹修炼中逐步人格化，凝炼为"阴神"。阴神是人格化了的潜意识，可以如梦中之身般的脱体而出，具有遥感、透视、预知等超常的心灵潜能。人类心理的最深层次是"元意识"，在

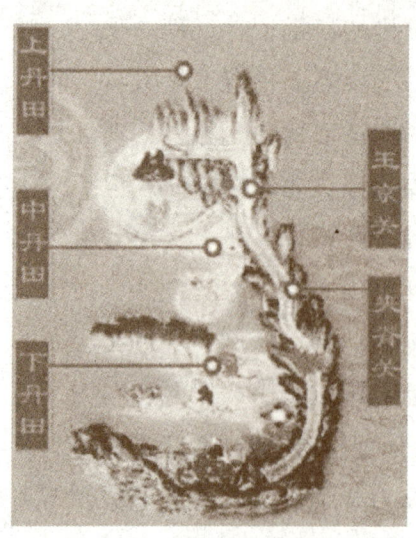

上丹田

内丹学中称作"元神"。内丹修炼到元意识显现时,呈一种极端清醒却毫无思维的心理状态,可以呈现为直觉和灵感,这说明元意识是比潜意识更深一个层次的意识,相当于佛教阿赖耶识所藏"无漏种子"(第九识"无垢识"),为实相真如性体,丹家亦称为宇宙和人体发生之初的"一点灵明",丹家称作"灵明性体",佛家称作"真如实相",实即人类的"灵性思维"。元意识是人类在漫长的生物进化中遗传在头脑中的尚未开发的信息库。它包藏着生物进化史上曾经有过的智慧和能力,是人身真正的"自我",因之丹家称为"主人公"。当迫使识神退位(排除常意识)元神呈现时,便是找到了真正的"自我",因之内丹学又是一套开发自我,认识自我的过程。元意识在人体工程中通过开发和凝炼,可以逐步人格化为"阳神"。几乎所有的炼丹家都以其亲身经历表明阳神是元神的凝聚体,有成熟的人格,是有形有相的自我,可以脱体存在,具有突破时空障碍的巨大神通。丹家将人的躯体称作"色身",将阳神称作"法身",也叫身外之身,出阳神是内丹人体工程的重大目际,也是内丹学研究中最棘手的一项课题。实际上,内丹学是一项凝炼常意识、净化潜意识、开发元意识的系统工程。

　　意识是体,思维是用。潜意识是人类进化史上最初形成的原发性思维功能,它是以"表象"的识别为开端的,称作"感性思维"。感性思维以"象"为思维元素,故本质上是一种以直观、情感为特色的"象"思维。常意识是人类进化到高级阶段形成的抽象性

下丹田

思维功能，它以"语言"为思维元素形成概念、判断和推理，称"理性思维"。理性思维是以逻辑推理为特色的"言"思维。元意识是人类心灵与道相通形成创发性思维功能，它直接以事物最本质的"意义"为思维元素，称作"灵性思维"。灵性思维是人的灵明性体的大机大用，是人类心灵进化的最高形态，是以直觉、灵感为特色的"意"思维。

第五节　取坎填离术

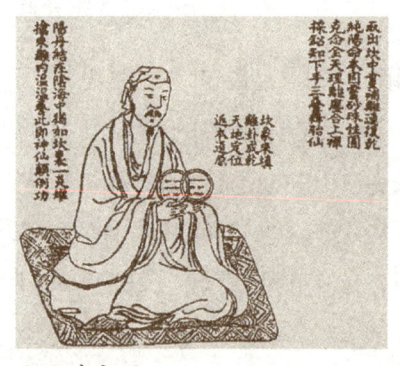

取坎填离图

内丹学认为后天的坎（☵）、离（☲）二卦是由先天的乾（☰），坤（☷）二卦中间的阴、阳两爻互换位置造成的。《渔庄录》云："先天八卦，乾南坤北。因男女交媾之后，乾体破而为离，坤体实而为坎。故后天八卦，谓离南坎北，盖以离代乾，坎代坤也。"

内丹学要从后天返回先天，变离为乾，变坎为坤，因之丹功修炼要求将坎（☵）卦中的阳爻再抽回来，填入离（☲）卦中阴爻的位置上，使之回复到先天乾（☰）卦的纯阳之体，丹家称之为"取坎填离"。离、坎二卦在双修丹法中是男女的代号，意思是以男子离器中的真阴（又称真汞、砂中汞、龙从火里出）摄取女子坎户中的真阳（又称真铅、水中金、虎向水中生），从而阴阳交媾成丹。

《悟真篇》云："南北宗源翻卦象"，"牵

擒龙图

将白虎归家养","西山白虎正猖狂,东海青龙不可挡。两手捉来令死斗,化作一块紫金霜",都是隐喻这种功法。清修丹法又以离、坎二卦为心、肾的代号,或以离喻元神,坎喻元炁、真精。这样,取坎填离术在小周天中指心液下降、肾炁上升,又称还精补脑;在大周天中指消阴炼阳、炁定神纯,又称抽铅添汞。《悟真篇》讲"取将坎位中心实,点化离宫腹内阴。从此变成乾健体,变化飞跃总由心",将取坎填离术看作内丹学的基本功夫。丹家称"取坎填离"、"抽铅添汞"、"还精补脑"、"心肾相交"、"水府求玄"等,用现代的语言说,实际上就是从自我调节人的性激素及内分泌入手,通过增强人的性功能来恢复大脑的青春活力。再确切点说,就是从调整人的内分泌入手改善整个神经系统的状况,协调人体性腺和丘脑的负反馈机制,由生理的和谐推进心理和谐及人体生命潜能的开发。道教医学本来就有补肾可以健脑的思想,内丹学则更突出了肾(中医的肾包括整个内分泌系统、生殖系统的功能,称作"先天之本")和脑(包括神经系统及心理层次)的联系。内丹学初关仙术以精为基础,气为动力,神为主宰。人在高度入静的状态中,性腺、肾上腺、胰腺、胸腺、甲状腺、松果体、脑下垂体等七大腺体的内分泌相互激发,从而使全身在生理上和心理上都达到一个和谐有序的新水平,这就是取坎填离的效果。

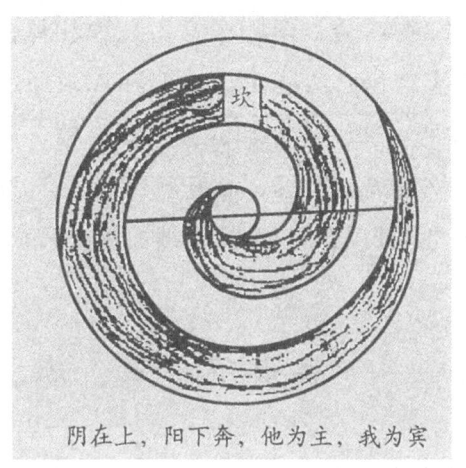

《参同契》云:"三五与一,天地至精。可以口诀,难以书传。"《悟真篇》云:"三五一都三个字,古今明者实然稀。"《方壶外史·悟真篇小序》云:"三五与一,天地至精;龙从火出,虎向水生;

二物欢会,俱归中宫;三家相见,怀胎结婴。"这些话被称为丹家之秘。实际上,水金和木汞通过真意(土)化合成丹,即以元神("真汞")和元炁(即真精,或曰"真铅")相凝结,也是取坎填离的意思。心肝脾肺肾五气朝元,精炁神三华聚顶,都不外是摄取先天一炁与元神凝炼成丹而已。

第六节　黑、赤、黄三道关窍说

丹家认定人身真气运行的经脉主要有三条:一称赤道,即任脉;一称黑道,即督脉;一称黄道,为中脉。《泄天机》载闵小艮曰:"丹家理气,原有三道,曰赤、曰黑、曰黄。赤乃任脉,道在前,心气所由之路。心色赤,故曰赤道,而赤性炎上,法必制之使降,则心凉而肾暖。黑乃督脉,道往后,肾气所由之路。肾色黑,故曰黑道,而黑性润下,法必制之使升,则髓运而神安。原斯二道,精气所由出,人物类以生存者,法故标曰'人道',丹家、医家详述如此。黄乃黄中,道介赤黑中缝,位在脊前心后,而德统二气,为阖辟中主。境则极虚而寂,故所经驻,只容先天,凡夫仙胎之结之圆皆在斯境,虽有三田之别,实则一贯,法故标

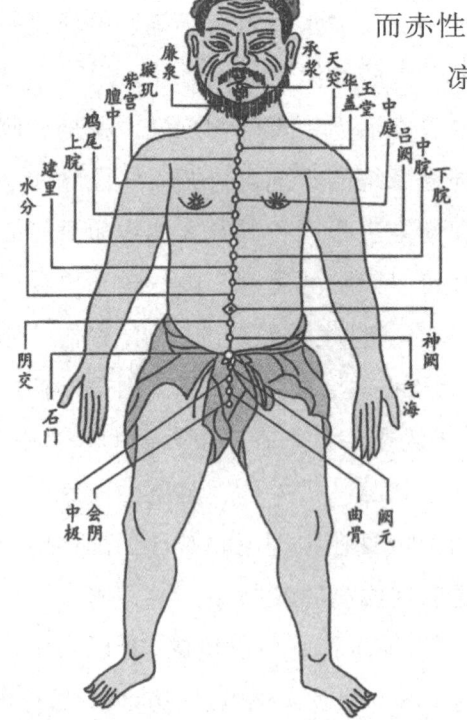

任脉

曰仙道。"赤、黑二道丹家称为人道，兼容先、后天之精气运行，黑道有尾闾、夹脊、玉枕三关，过三关才入泥丸宫；赤道有上田、中田、下田三窍，此外尚有天门（眉心）、重楼（气管）、绛宫、黄庭、生门（脐门）等要穴。黄道只容先天真精、元炁通过，称仙道，自虚危穴（一名阴蹻）透入，过中黄，直达顶骨（天灵盖、囟门）。阴蹻穴乃黄道之天关，关乎人之生死，故又称生死窍、复命关；真气归黄，必须纯为先天，否则清浊混杂，易生"闯黄"、"闹黄"之症。囟门盖骨乃人身生气所凝结，上应镇星（位于中天，乃五星之中，高出日月星辰之上），丹家称为"人镇"，其光华称"意珠"，可卫护婴儿（未成熟之阳神）。

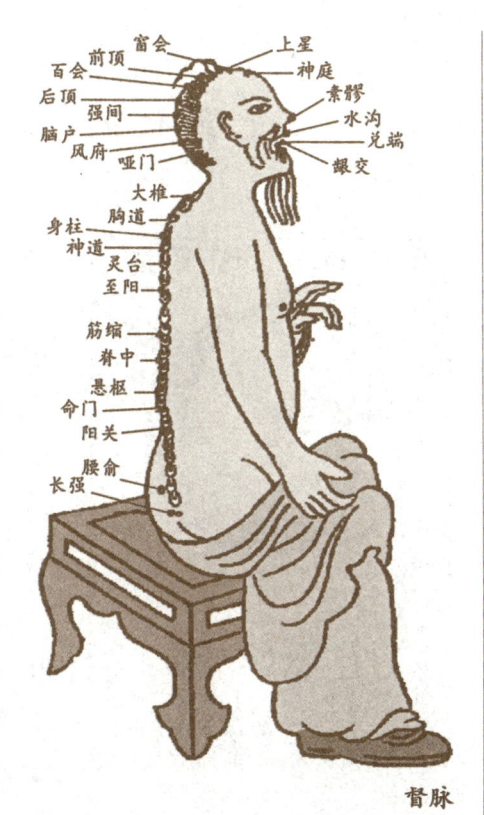

　　从现代科学的观点看，精、气、神这些炼丹的药物皆是人体生命要素。赤道、黑道相互衔接，形成一个任督二脉的周天循环路径，相当于高能物理学里的基本粒子回旋加速器。丹家小周天功夫在任督二脉循环炼药，与基本粒子在回旋加速器中运动的原理类似，赤黑二道进行的是炼精化炁之功。药物归黄之后，在黄道直上直下运动，又和激光管的作用原理类似。顶骨如同激光管的阳极，阴蹻穴则为阴极，药物在阴阳二极之间振荡，将先天精、炁炼化为神。黄道比赤、黑二道对药物的纯度要求高，不允许进入后天浊质，故丹家有"欲修仙道，先尽人道"；"人道不修，仙道远矣"之说。

第七节　玄关一窍说

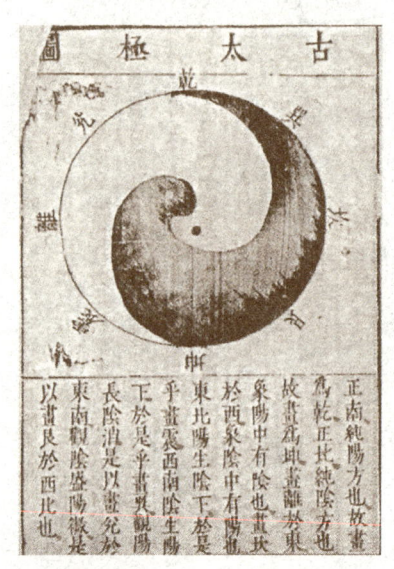

太极图

玄关一窍为丹家之秘，又有玄窍、玄牝、玄牝之门、虚无窟子、偃月炉、西南乡、戊己门、谷神、天地根等异名。丹家因师传不同，对玄关一窍理解不一，有无定位和有定位两种说法。然而揆诸丹经，我们可确定玄关一窍的特征：这一窍，不在身内，不在身外；亦在身内，亦在身外；无形物可觅，无方所可指。丹书谓"此窍不着于幻身，亦不离乎幻身。不着于幻身者，非一切有形之物；不离乎幻身，非可于身外求也。""着在身上即不是，离了此身向外寻求亦不是。泥于身则着于形，泥于外则着于物。"又云"黄庭一路皆玄关"，以其平时修持之意守部位而现不同景象。这一窍，全自虚无中来，自虚无中生，自混沌中求，自虚寂中得。丹家谓"先天一炁，自虚无中来"，欲识玄关，须穷取生身受炁之初，寻找乾坤阖辟之祖，阴阳互抱之根。这一窍，功到机现，时至神知；机发则露，机息则隐，只可以无心得，不可以有心求。老子谓"玄之又玄，众妙之门"，玄关也不仅有一个层次。《唱道真言》云："玄关者，万象咸寂，一念不成，忽而有感，感无不通，忽而有觉，觉无不照，此际是玄关也。"李道纯以一个"中"字为玄关，须丹家心领神会。

玄关一窍无体有用，丹家身心静定，方寸湛然，虚极静笃，于真机妙应处，将动未动，未发忽发时，自然见得玄关。此窍一开，百窍俱开，全身八万四千毛孔，三百六十骨节，一齐爆开，百脉流畅，神炁冲动，先天药物随之化生，内丹仙术便可自然运行。

第八节 内丹学三要件

药物、鼎炉、火候为内丹学三大要件。《规中指南》说："身中之药者，神、炁、精也。"丹家先炼后天精、气、神促生先天药物。精气初生时称"外药"，外药先生而后采。活子时到来初生元精又称"小药"、"真种子"，采入炉中生为"内药"，故内药采而后生，为先天精炁经小周天炼化为"大药"，"大药"又称丹母。炼丹时意念为"火"，呼吸为"风"，火候指炼丹时意念及呼吸运用的程度。急运称武火，缓运称文火，停住吹嘘称沐浴。火候之妙在于真意的运用，用意紧则火燥，用意缓则水寒。丹家用十二消息卦象征十二时火候，有进阳火、退阴符之分，以卦爻铢两计算呼吸次数。内丹火候所用时辰是人身这个小天地里的时辰，实是药物在体内运行的部位、景象的代号。小周天功法小药生时生殖器有性冲动，阳具无念而举为"活子时"，大周天功法大药生时有六根震动之景为"正子时"。双修派丹法采药时机为火候不传之秘，以鼎器之应星应潮定时辰，有"圣人传药不传火"之说。清修派丹法以神为火，以炁为药，神炁相抱，一任天然，则药物、火候俱在其中。鼎炉为丹家炼药的地方，药

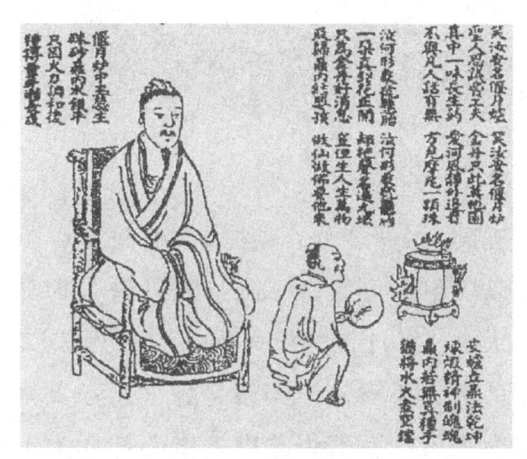

大小鼎炉图（鼎炉）

物起止之处为炉，升上之处为鼎。清修派丹法有大鼎炉与小鼎炉之分。炼精化炁用大鼎炉，鼎在泥丸宫，炉在下丹田；炼炁化神用小鼎炉，鼎在黄庭中宫，炉在下田炁穴。双修派丹法以女子为鼎器，又有所谓后天鼎、先天鼎、金鼎、玉鼎、水鼎之分。要之，双修丹法以少女为鼎器，以天癸为药物，以庚甲为火候；下乘丹法以身心为鼎炉，精气为药物，心肾为水火，年月日时行火候；中乘丹法以乾坤为鼎器，坎离为水火，乌兔为药物，一年寒暑为火候；上乘丹法以天地为鼎炉，日月为水火，性情为龙虎，以心炼念为火候。还有最上一乘至真妙道，以太虚为鼎，太极为炉，清静为丹基，无为为丹母，性命为铅汞，定慧为水火，洗心涤虑为沐浴，中为玄关，见性为凝结，性命打成一片为丹成，打破虚空为了当。

　　要之，药物之本质实为"先天一炁"，鼎炉实即"玄关一窍"，火候实质是"元神之妙用"。以先天一炁、玄关一窍，元神妙用三者入手，则药物、鼎炉、火候之内丹学三要件俱得矣。

第九节　两重天地与道通为一

　　吕祖《指玄篇》云："两重天地谁能配，四个阴阳我会排。会得此玄玄内事，不愁当道有狼豺。"这就是说，道学的历代宗师发现了宇宙和人体的一个大秘密。这种秘密，佛陀等东方哲人也曾用不同语言进行揭示，可概括为"两重世界，四个阴阳"。按这一道学理论，宇宙分为"先天世界"和"后天世界"，人体是一个小宇宙，先天的人体称作"法身"，后天的人体称作"色身"。先天世界和后天世界，包括人体的法身和色身，都是由阴阳组成的，所以称先天阴阳和后天阴阳为"四个阴阳"。必须指出，阴阳是一种相互作用的"关系"，先后天的宇宙都是一种"太极"、"阴阳"、"三要素"（信息、能量、物质）的"关系实在"。宇宙中万物各有一"太极"，皆可分"阴阳"，都是信息、能量、物质的结缘体。"阴阳"并非指西方哲学中某种固定不变的实体，而是在一定"关系实在"中被称为"阴阳"，因为在此一"关系实在"中被称为"阳"的东西，可能在彼一"关系实在"中被称为"阴"。

根据道学的观点，宇宙中除了我们这个有形、有象、有质、可观察可测量的现实世界之外，还有一个无形、无象、无质、无法观察难以测量的"虚无空灵"的世界，这就是"两重世界"的道学宇宙观。"两重世界"都是关系的实在，但前一重世界为实体，后一重世界为虚体。前一重世界的时间、空间是实数，后一重世界的时间、空间是虚数（超时空的）。这就是说，前一重世界是"三生万物"而成的后天世界，后一重世界是万物未生之前的先天世界；前一重是形而下的"器"世界，后一重是形而上的"道"世界；前一重即佛学所谓"色界"，后一重即佛学所谓"空界"。"色界"在佛经中简称"色"，在道经中简称"有"，是实

数表示的世界；"空界"在佛经中简称"空"，在道经中简称"无"，是以虚数表示的世界。色界里的万物运动以光速为极限，受三维时空的限制，受当代科学中物理定律的支配，可以用现代科学仪器观察测量；空界不受光速和三维时空的局限，现代物理学的定律和时空观尚不能解释空界的现象，现代科学仪器也无法观察、测量空界。

所谓"色界"和"空界"，都是由"道"缘起而生的"关系实在"，而且二者之间也是互为缘起的。我们决不能以传统的三维时空观猜测它们，误以为在"色界"宇宙之外另有一个占据空间的"空界"宇宙，就像两只并排摆放的箱子那样。实际上，我们生存的"色界"宇宙本身也是一个"空界"宇宙，我们人体的"色身"本身也隐含着一个虚无空灵的"法身"，色界和空界是相辅相成，互为因缘，亦此亦彼，即此即彼的，这才是新道学的宇宙观。佛陀《心经》讲"色不异空,空不异色;色即是空,空即是色"；老子《道德经》讲"有无相生"（2章）；"天下万物生于有,有生于无"（40章）；"无有入无间"（43章）。这些论断实际上都可看作是新道学的自然定律。

"色界"的时空以光速为界限，物质运动最大不能超过光速，否则时空失去意义，因之光是由"色界"通往"空界"的临界线。将这个理论应用到丹道修炼上，则"玄关一窍"则是由"色界"通向"空界"的"隧洞"，是"色身"和"法身"之间相互交通的"门户"。丹道修炼即是要交通"实"和"虚"、"有"和"无"、"色"和"空"，

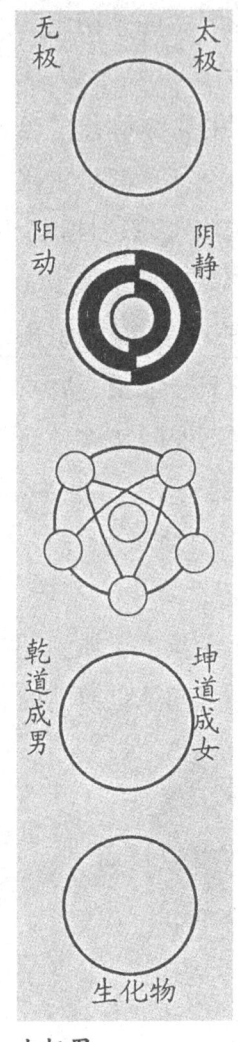

太极图

此之谓"道通为一"。谭峭《化书·道化》云:"道之委也,虚化神,神化气,气化形,形生而万物所以塞也。道之用也,形化气,气化神,神化虚,虚明而万物所以通也。是以古圣人穷通塞之端,得造化之源,忘形以养气,忘气以养神,忘神以养虚。虚实相通,是谓大同。"丹道就是要以有形之塞化无形之通,使"虚实相通",达到"大同"的境界,则五彩神光显前,打破人和道的界限。人至无食、无念、无息、无身之四无境界时出现光感,虚室生白,则"玄关"呈象,道通为一矣。

第十节　阴阳交感原理

阴阳交感原理,亦可谓之阴阳交和原理或太极原理,取之《周易》之《咸卦》。吕祖《指玄篇》云:"玄篇种种说阴阳,阴阳本是大丹王。"一阴一阳之谓道,阴阳交感之谓丹,古人云"和实生物,同则不继",无论先天或后天的生化作用,都离不开阴阳的相互作用。孤阴不生,寡阳不化,法身先天成丹,色身后天生人,凡是要生出个什么东西,凡是要变化成什么新状态,都要靠阴阳交和,离了阴阳道不成。阴中有阳,阳中有阴;阴极生阳,阳极生阴。阴阳永远处于相互作用的对立统一关系之中,这才是道学《太极图》的具体含义。先天是形而上的道的世界,包括"道生一,一生二,二生三"这三个生化过程,先天阴阳在"一生二"这一步被展现出来,一直到"三生万物",都是先天阴阳在起生化作用。后天是形而下的器的世界,"三生万物"则由先天转化为后天,万事万物出现,虽是后天阴阳用事,然仍是阴阳在万物中起生化作用。

丹道之修炼,要逆反造化,要使天人相互感应,要使天心和人心相互感应,要使身心相互作用,要使生龙、活虎相互作用,其中根本的原因仍是阴阳交感的定律。阴阳之间相互吸引,相互

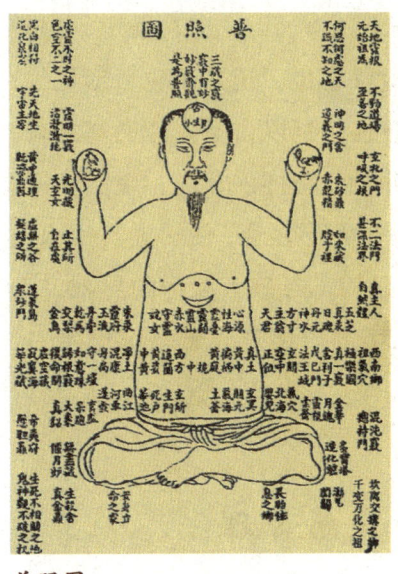

普照图

感应，相互交和，必然发生信息传递和信息交换，必然会相互整合出某种新结构，造成信息的增殖。由于不同构的信息无法传递，信息在传递到"反映"单元时相互比较发生异构重新整合，从而产生出某种新东西。亿万个反映单元重新组合为一个新的整体结构时，这个整体结构的功能远不是组成它的那些部分之功能简单相加的代数和，而是大于各孤立部分功能的总和，这就是道学的信息增殖律。当其阴阳交感的信息量增殖到某一阈阀时，就会发生质的变化，从而使人的生命和心灵呈现新的特征，进而使人进化成仙。

　　实际上，内丹功法是丹道家数千年来同死亡作斗争积累下的知识。内丹学的思想，或是从老树嫁接获得新生而创立出添油接命之术；或是从恒温动物（如熊）冬眠而创立出息停脉住的活死人功法；其他如龟息、蛇蜕皮、婴儿握固，无不成为仙道模拟的对象。《无根树词》云："无根树，花正微，树老将枯接嫩枝。梅寄柳，桑接梨，人老原来有药医。自古神仙栽接法，传与修真作样儿。"这就明言同类阴阳丹法是模拟老树栽接嫩枝的功夫。清修丹法以模拟动物冬眠为主，这也是明显的事实。古人对一些长寿动物龟、鹿、鹤等及常青植物松、柏的观察，都曾给追求长生的内丹家以启迪。内丹学的功法要诀，也始终未离开古仙合炁、行炁、采阴、辟谷、存思、胎息、入定的基本功夫。

第十章　丹道修持入门

内丹学从来不是一种社会普及的养生功法，而是一种在知识界世代相传的寓道于术的学问。历代著名的内丹家多是有较高学养的知识分子，他们勘破世情，发现仕途的路走不通，于是"英雄回首做神仙"，转修丹道，为生命科学的研究作出贡献，丰富了内丹学的理论和实践。汉末著《参同契》的魏伯阳本高门子弟，不肯出仕而入道。隋唐而后科举制度兴起，一批有真才实学的知识分子受到压抑愤而入道更是屡见不鲜。吕洞宾因科举失意而学仙，张伯端亦曾习举子业。王重阳参加过武举考试；陆西星竟至九试不第而着道装，将自己的聪明才智贡献给丹道。这批才华横溢的学者终

王重阳纪念塔

生从事内丹学的实践和研究，使内丹学无论从理论和实践上都有很高的文化层次，具有浓厚的学术特征。因之内丹修持入门，必须从求师和读书开始。

第一节　读书和求师

内丹学入手修炼，讲究要有法、财、侣、地四个条件，其中得丹道法诀为首要之务。如何才能学得丹诀，无非是读书和求师两途。丹家常说："得诀归来好看书"，又说："饶君聪慧过颜闵，不遇真师莫强猜"，可知求师比读书还重要。丹家讲命功靠师传，性功靠自悟，因丹道法诀，特别是同类阴阳派丹法，关键之处出人意料，须师徒口耳

道教传授密语图

秘传，从不在书上讲明。同类阴阳丹法的秘诀集中在火候上，故有"圣人传药不传火，自古火候少人知"之说。学者一旦明白了丹诀，再看丹经就觉得头头是道,句句都落在实处。如没明师指点，全凭自己猜测，照书而炼，越聪明的人，越易走入旁门。再说明师大都研读丹经多年，又有一定修持经验，携有古丹家世代相传的手抄秘本，见过前辈高人，在内丹学修炼和研究上，是过来人，可以指点学生走出迷津，引入丹道正途。因之，学者欲入丹道之门，拜师求诀乃必不可少的步骤。

内丹学的研究，拜师是最难的一步。师有真师、假师、刁师

第十章 丹道修持入门

之分，学者须善于寻找真师，识别假师，对付刁师。真师是明师而不一定是名师，大致须有曾亲受高人指点，门派师传清楚，藏有丹家秘本，有修炼实践经验，多年研读丹经等条件，但关键是掌握丹道法诀，包括那些抱道而终未及修炼的人也是真师。在当前商品经济大潮冲击下，真师难逢，所遇多为假师、刁师，其用心在于欺世盗名，骗财谋利而已。寻到丹师后，尽管明知其可能掌握丹诀，也不要轻易拜师盟誓，以防遇到刁师，对你要挟刁难，勒索奴役，终无所获。然而如万幸遇到真师，则必须推诚相见，虚心求教，经受住考验，不要错过机缘。黄元吉讲仙道关乎天命，非无根、无德、无福、无缘之人，所能受得。求师贵在一个"诚"字。另外仙道中古有法财互施，两蒙其利的说法，有财力的人，不妨以财换法，助师成道而得真诀。事实上，所谓真诀，大多是从狠力摸索中来。

真师难遇，不若退而读书，在道书中寻求丹诀也是一条途径。丹家云："未有神仙不读书"。其实真师的关键作用，恰恰在于教你怎样读书，读哪些书，如何在丹经上认出法诀。我们讲内丹法诀从不明写在书上，但并非在书上一字不漏，它们仅是"散在丹经人未识"，不过是多用诗词隐语，不经真师点破，难以辨认而已。丹经中最秘的法诀是同类阴阳丹诀，然而古仙担心此道失传，故意将其法诀隐入《参同契》和《悟真篇》中，以留待有缘者索解。同类阴阳法门中龙虎丹法和彼家丹法最秘密的口诀有八个字，就在《参

永乐宫壁画——钟离权度吕洞宾

同契》中，《悟真篇》是注解《参同契》的。无论学练同类阴阳派还是自身清净派的丹士，必须认真钻研《参同契》和《悟真篇》，凡是和此二书抵触的丹书都是错的，这是历代丹家称此二书为丹经之祖的原因。

习同类阴阳丹法者，对《入药镜》、《敲爻歌》、《金丹大要》、《无根树词》、《金丹真传》要深刻领会，此外《济世全书》、《修身正印》、《玄微心印》、《三峰丹诀》、《金丹节要》、《采真机要》、

真人骑龙飞升图

《锦身机要》、《修真不死方》皆应必读。陆西星对《参同契》的《测疏》、《口义》及其他书，也须细看。

习清净功法者，应首先阅读《大成捷要》、《性命法诀明指》，《伍柳仙踪》等书，以掌握正宗的入门知识。其他有王重阳《五篇灵文注》，张紫阳《金丹四百字》、《青华秘文》，丘处机《青天歌》、《大道歌》、《小周天火候口诀歌》，陈虚白《玄机口诀》，陈楠《罗浮吟》，李道纯《中和集》，俞琰《周易参同契发挥》，朱元育《参同契阐幽》、《悟真篇阐幽》等，皆可参看。

女子丹法道书不多，尽量全读。其中《灵源大道歌》、《孙不二元君功夫次第》、《女修正途》、《女宗双修宝筏》、《坤元经》、《女工正法》，可以细看。

此外尚有《性命圭旨》一书，丹法正宗，内隐丹诀。黄元吉《乐育堂语录》、《道德经注解》、《道门语要》，亦可摘寻出大批丹

诀，如同师传口授。李涵虚之《三车秘旨》、《道窍谈》，闵小艮《古书隐楼藏书》中之《天仙心传》、《三尼医世功诀》、《女宗双修宝筏》、《梅华问答篇》等，亦属上乘之作。其中最重要的是要揣摩透《张三丰全集》和《吕祖全书》，由此打破丹家盘中之谜。

　　以上是入门的必读书，其丹法正宗，不致将修道者引入迷途。如做深入研究，则历代著名丹家及各丹派创始人的著作，也应尽读。然而各类丹书及手抄本多如山积，虽可参考，但不可尽信。尽信书不如无书，有些丹书凭想象造出许多景象和节外生枝的法诀，实则盲师引瞎徒或专门写给权势者看的，注意鉴别对丹书中一些故意神乎其神，或画蛇添足、指鹿为马的文章，不能鉴别也会上当，因之，有志于修道者不要迷信丹经，也不要迷信那些挂着某门派第几代传人、某名师"嫡传弟子"招牌的丹师，要以科学的态度对丹道资料进行实事求是地研究。

第二节　丹道的功效

　　修习丹道功法究竟会获得什么效果，这也是我们研习内丹学必须考虑的问题。据我考察，丹道功法，至少可以产生六点功效。

　　其一是它可以改造修道者的人生观，促使修道者在行为上与道相合，从而建立起新的行为模式。道学不仅有一套人生观，而且有系统的社会伦理观。修习丹道的人，建立起对

永乐宫壁画——散神光

道的信仰，遵奉道学，必然在行为上发生一系列变化。修道者接受了道学自然超俗、守中执要、适性逍遥、慈忍和平、无为而治的行为模式和思维方式，有中和之气象，便是"载道之器"，可以授予丹道法诀，使之在修炼中体验到道的境界，其行为自会更加与道合真。如遇到那些天性淡泊不俗、福慧双全的人，能通过学道勘破世情，"虽有荣观，燕处超然"，便是"上根利器"，宜予入道修丹。反之，那些心胸狭窄、自私多欲、险诈恶毒的人，皆与丹道无缘，如授予丹诀必贻害社会，此所谓"传之非人，必受天谴"！一个人在信修丹道前后往往判若两人，修丹有成后更会现出仙风道骨，这都说明内丹学有重新铸造人格的功效。

修丹的女仙

其二是丹道能变化人的气质，控制人自身的情绪。内丹的重要关窍，都是人体内分泌腺集中的地方，内丹功法首先激发这些器官（如生殖器官、性腺、前列腺、肾上腺、胰岛腺、甲状腺、肝、胆、胃、胸腺、松果体、脑垂体等）的内分泌和神经，促进人体微循环，使全身建立起一套高度和谐有序的新程序。修道者使自己的内分泌系统、神经系统、微循环系统都发生新的变化，从而在人体深层建立起一套稳定的、"一得永得"的自调谐程序，这套程序和宇宙的自然节律相一致，能在高层次上参预自然界能量、物质、信息的大循环。丹家通过这套程序对自己的心身进行调控，使之与道相合，从而达到自主调整情绪、保持良好心境和变化个人气质的目的。例如丹功修炼在"活子时"到来的时候，某些关窍部位会分泌出一种类吗啡样的激素，使人产生周身酥绵如醉、忘我销魂的快感，进而使人在心理上和生理上发生实质性的变化。这样，修习丹道的人改变某些不合道的规范的脾气和习惯，形成一种豁达、开朗、中和的气质，能应付日常生活中的不良刺激，保持乐观情绪和良好心境。

其三是修习丹道可以清洗自己隐藏下来的心灵创伤，重新发现和认识"自我"，从而使自己的心灵获得解脱，达到开悟的境界。丹道承认人都有生前胎儿期的记忆，而人生的重大创伤、痛苦、不良刺激等都会在人的深层记忆中留下印痕。人的潜意识中好像有一盘录像带，它将这些人生的悲伤、痛苦、意外刺激透过常意识的层次转录到潜意识的录像带上，而潜意识中的这些印痕又会强有力地影响人的常意识，使人在心理和行为上发生错乱。内丹学是一种凝炼常意识、净化潜意识、开发元意识的心理程序。丹家将元神称作"主人公"，是人真正的"自我"，因之内丹学又是一项重新发现"自我"、认识"自我"的心理系统工程。丹道在开发出人真正的"自我"后，就会将潜意识中录有心灵创伤的录像带清洗干净，消除隐藏在潜意识中的不良印痕，从而真正使人的心灵获得解脱。这样，内丹家在高度入定中透过潜意识的魔障，解除了各种心魔（如色魔、富魔等）的武装，从而大彻大悟，达到道的境界。这样丹家就修炼到禅宗开悟的层次，使自己成为开悟的人，得道的人。这样使人的心灵在理性和非理性层面都得到

永乐宫壁画——擎芝草

正常的充分发挥，避免了一切心理障碍和精神错乱，真正感受到道家适性逍遥的滋味。

其四是丹道可开发出人体生命潜能，激发人脑的深层智慧。人体中本来隐藏着在漫长的生物进化中遗传下的亿万年的记忆，包括生物进化史上的生命潜能。人脑的旧皮质区、包括网状结构和丘脑等部位中保存有人在36亿年（特别是近2.7亿年）生物进化中遗留的尚未开发的信息库，其中无疑存有巨大的生命潜能和心灵潜能。丹功通过净化人的潜意识，将潜意识凝炼为阴神，就会突破时空障碍，产生预知等前识功能。丹家修炼到将元意识开发出来并凝炼为阳神，就会打开人体遗存的信息库，释放出生命潜能，从而达到大彻大悟的大智慧境界，能和虚无的寂光世界交通，并获得超越时空界限的神通。丹经中普遍有"六通之验"、"心能转物"的记载，这和佛法"到彼岸"的"摩诃般若"本来相通，人体生命潜能包括心灵潜能的开发目前尚属正待着手研究的问题，但一些习丹功者深层智慧得到激发，出现预知、遥视、心灵感应的功能当属事实。

其五是可以改善人体素质，祛病健身，激发人体青春活力。修习同类阴阳丹法的人，激发起本身的性能量和生命力，往往产生驻颜留春之效，在一定程度上返老还童，使人体机能返还到十二年前（以性功能为指标）的状态。同类阴阳丹法筑基功中之兜肾囊、黄河逆流功、鹿功、鹤功、"十六锭金"功、回春功等，皆为壮腰健肾之要术，有明显之抗衰老作用。清净功夫往往把一些危及生命的不治之症压制住，延长几十年寿命，到老年内气不足时再发病。丹道功法将人体先天的精、炁、神称作药物，一旦丹功炼出内药，这些自身产生的内药会调节人体的生理机制，号称"大药"，可以治愈百病。丹家认为外界的中草药、抗菌素等都有副作用，自身的内药才是金丹大药。内丹学是最高的心身医学，它无疑会消除一切心身性疾病，真气在体内运行后有通血活络化瘀之效，使人体精气畅通，心理和谐，保障人体心身健康。

其六是内丹功法可以使人延年益寿进而超越人体生命的界限。历史上一些著名高道，远如彭祖、老聃、容成公、安期生等，近如孙思邈、叶法善、吕洞宾、陈抟、刘操、石泰、张三丰等，皆修炼有成而获高寿，名垂史册。仅就清代有年代可考的龙门派丹家而论，就有：王常月（1520～1680）、沈常敬（1523～1653）、王永宁（1597～1721）、范太青（1606～1748）、白马李（1615～1818）、高东蓠（1621～1768），内丹学可以延长人体寿命的效用是毋庸置疑的！其中吕洞宾、张三丰屡有灵异，应属真正修成丹道达到仙人境界者。也有的丹家不求灵异，但可以老年不烦子女照料，身体健康；至后事安排定，人生心愿已了，便无疾而终，丹家称之为"自了汉"，这是最实际的功效。丹家还有自己预定死期，乘愿再来；乃至投胎夺舍，无疾尸解之说法，非局外人所能知。内丹最后一着"虚空粉碎"撒手功夫，聚则成形，散则为炁，在逻辑上超脱了生死。丹道的这一境界，和密宗大圆满功法的虹化现象有异曲同工之妙，而虹化现象在禅密中是人所共知的事实。超越人体生命界限是人体生命科学正待研究的课题，内丹学提供了一条探索人体生命奥秘的实验途径，这当是内丹学的真正价值所在。至于长生不死、肉身成仙、拔宅飞升之说，目前尚无证据。我的研究可以承认"阳神"、"阴神"在一定程度上脱离肉体而存在，但它们不是道教理

东北道教龙门派发源地——铁刹山

第十章 丹道修持入门

仙人图

想中的永恒神仙，作为一种自然现象终究要"消失"到茫茫的宇宙中，复归为先天一炁。世界上凡是产生出来的东西最终总会死亡，归于物质、能量、信息的永恒大循环之中，长生不死的人是难以存在的。今之少年想长生，古之少年安在哉？我们进行内丹学的研究要以科学立基而不靠神学诱惑，不能企望我们无法实现的东西。

第三节　修持丹道的年龄和条件

修持内丹功法要具备有缘、有学、有钱、有闲等条件，丹经上讲法、财、侣、地四要件。"法"已讲过，其次是财，修道没有一笔钱财，则无法保证集会、旅行、衣食、医疗、图书、器物等用度。丹经上有鼓励丹士到名都大邑依附有财有势者以法换财共同修炼的话，这是讲修同类阴阳丹法者需特殊环境并求势要者保护。所谓"要贪天上宝，须用世间财"，因财力不足抱道终身者多，因而求外护为丹家之大事。今天丹功修炼传往世界发达国家，要组织修道团体并建立学道、传道、修道的文化产业基地，更需有较大的财力物力。再次是侣，丹功修炼需要护法和道侣同修同证，不适宜一个人孤独进行。在现代社会里更应该结成团体，共同创造修炼的条件。最后是地，即修炼的居室和环境。首先在大环境上要避开谤道者的干扰，选择道学文化气氛浓厚的地方。老子讲"居善地"，就是选择修道的大环境。丹室宜背山面水，向阳避风，多植松柏，泉水叮咚，清洁优雅，生活方便。室内光线不明不暗，空气新鲜，无尘无菌，陈设简单。所居之地随丹功的进度有所不同，这是要以人体修炼的内环境和自然界的外环境相适应，以便发生天人感应的作用。初关仙术，应选择山明水秀，土厚树茂，"生气"聚集的地方。丹家要借天地之生气，培补人体元气，以行炼精化炁之功。中关仙术，须择古仙曾居住得道的洞天福地，超尘绝俗，松青竹翠，彩云霞光的"灵气"凝结之地。丹家要借天地之灵气，扶助胎息，以行炼炁化神之功。上关仙术，要择高山峻岭，悬崖绝壁，人迹罕至，狼蛇潜踪的"煞气"偏胜之地。丹家九年面壁，阳神出壳，须借天地之杀气战退邪魔。

女仙图

张伯端《悟真篇》云："人生虽有百年期，寿夭穷通莫预知。昨日街头犹走马，今朝棺内已眠尸。妻财抛下非君有，罪业将行难自期。大药不求争得遇？遇之不炼是愚痴。"其《石桥歌》又云："莫因循，莫贪鄙，火急寻师觅玄指。在生若不学修真，未必来生甚胎里。"张伯端《悟真篇序》以为"人身难得，光景易迁"，如不及早省悟，修习丹道，老死将至，"虽悔何及"？道门修命之法，"有易遇而难成者"，如导引、吐纳等健身术，只可辟病，

第十章 丹道修持入门

227

司马承贞真人

"一旦不行，则前功渐弃。此乃迁延岁月，事必难成"。"夫金液还丹者，则难遇而易成"。内丹功成，则一得永得，名列仙班，因之要急寻师求诀，"下手速修犹太迟"！这就是说，丹家提倡修道越早越好，最好是男子16岁前，女子14岁前，元精未泄、月经未潮便习丹功，为上根利器，可一步到大周天，直接修持炼炁化神的中关仙术。丹书上说人世间有数世修炼，生有仙根，能自觉修炼丹道的孩子，这种宗教性的话难以确证。但依我的看法，内丹学是一种知识阶层的学问，小孩子无这种学养，很难自觉研习丹道。这种事不妨试一试，看谁能把自己的孩子培养成谢自然、韩湘子那样的仙姑仙童。丹家需要至少三年五载的"活死人"功夫，并非等闲之辈可以做到。因之，我认为闻道越早越好，但真正入手修炼，以48～60岁这段时间比较合适。

丹经沿袭《黄帝内经》的观点，男子论八，二八一十六岁精通，八八六十四岁纯阴之体；女子论七，二七一十四岁天癸至，七七四十九岁至更年期，天癸绝。我将人的一生以12年为阶段划分为不同时期，以论丹道之理。自出生至12岁，为童年，乃发育时期，相当十二辟卦之复卦至夬卦之间，是元阳渐增将满之期。6岁之前人之童心应如一片混沌，6岁之后虽知识渐开，亦当天真纯朴，其知识增长仅以培养记忆力为主。12～24岁，为少年，乃学习时期。其中女子14岁月经初潮，男子16岁阳精将动，相当乾卦，应尽早闻知丹道，以保元精。人至24岁，知识渐长，人近成熟，相当姤卦，关窍既开，天真已凿，应拜师求诀，先锁阳关行筑基功，方可体健少病。24～36岁，为青年，乃探索时期，应选定人生目标，在学问和事业上抓住机遇，敢想敢闯，不怕挫折，不达目标决不休止。其中32岁为遁卦，人生欲望亦达高潮，心情躁动不安。36岁是生命力和智慧的顶峰时期。生命的价值在于创造，人生的道路重在拼搏，30～40岁正是创造力最强的时候，切莫错过。每个人一生有没有创造和成就，全看这段时间人体生命和心灵潜能的激发。36～48岁，为壮年，乃奋斗时期。此间应为社会建立功业，完成自己人生的责任和义务。40岁为否卦，元阳耗尽一半，身体渐觉疲乏。48岁为观卦，生乎四阴，肝肾亏损，必须修道以自救。48～60岁，为衰年，乃收获时期。这是由壮年至老年的转换阶段，人生事业达到高峰，但人体精力走下坡路，常感到心有余而力不足，身体转衰，疾病呈象，进入更年期，经历着心理和生理的巨大波动。56岁为剥卦，生乎五阴，元阳将尽，是人体生命的"中点"，再不修道将错过机会。人生至此，应急作退步之想，终养好父母，安置好子女，筹集财物，结交道友，入手行功。60～72岁，为老年，乃定局时期。60岁恰值一甲子，人在生理和心理上会出

群仙供寿

现一种返还现象，童年时期的脾气和人格又会重现，如在此之前丹功修炼有成，正好利用这一生理特征得返老还童之效。这也说明我们确定48～60岁为丹功入室时期是有科学根据的。另外，64岁以后10年，为人一生中之死亡率高峰期，过了这个"定局时期"的老年阶段，人体的生理、心理状况会重新稳定下来，内分泌恢复正常。因之在这之前先修丹功以抗衰老，为安全度过死亡高潮期，确有实际意义。当今社会竞争激烈，人生压力过大，55～65岁即已提前进入死亡高峰期，一些著名学者、艺术家、企业家英年早逝者颇多，更需要求师修道以自救。64岁为坤卦，元阳耗尽，性功能衰退，而后修道无望了。然各人体质不同，难一概而论，如精炁未竭，八十老翁尚可返还。72～84岁为晚年，乃交班时期，须安置好后事，专心修道，以尽天年。据我的推算，人的自然寿命应为56岁的两倍，即112岁。人能借丹道以养生，则可尽112岁的天年。普通人自48岁之后渐趋衰老，但切不可将"衰老"二字放在心上，应"不觉老之将至"为好。我之确定48～60岁为修道时期，除从内丹学本身的规律着眼外，尚考虑到社会功利的因素。人生来到世间，如不能为自己的同类作点贡献，不为民族和国家建立功业，虽活千年，又有何益？试想我中华民族一大批精英，都以毕生精力闭门求仙，则经济繁荣、政治革新、科技进步靠何人推进？当然那些专门研究内丹学的科学家，或自幼出家的道士等宗教职业者，又当别论。另外，人不到48岁，社会经历或学养不够，名利心未淡化，不能勘破世情，也很难下决心从事内丹修炼的大型人体系统工程。内丹修炼工程旷日持久，修道者一是要有见地，即弄清内丹学的理论体系；二是要有修证，即懂得内丹法诀并着手修炼取得丹功体验；三是要有行愿，即立诚心、恒心并发大誓愿。见地、修证、行愿三者，行愿最重要。人不到一定年龄，俗缘未了，也是难以发大誓愿专心修道的。内丹家要完成人类自我改造的旷古大业，必须树立献身科学，求证大道的真诚信念。

第四节　入室行功述要

内丹学与其他哲学流派不同，惟在真修实证，光说不练，终难深入堂奥。有志修丹之士，法财侣地具备，即应入室行功。入室之后，第一步是将万缘放下，先在心理上筑起一道屏障，将纷纷扰扰的外部红尘世界隔绝开来。道学之术，对物欲横流的社会既要行得实，也要看得空；对天下大事既要担得起，也要放得下；对荣辱利害之境，敢用一个"忘"字；对七情六欲之念，能持一个"静"字。丹道行功的法门，以"虚寂恒诚"为纲，欲行功修炼，必得有诚心，有恒心，有信心，有决心，有忍辱负重心，有勇猛精进心，一步一步地走下去。丹道法诀秘传，真师难逢，但只要抱一个诚心去修炼，精诚所至，金石为开，入手前有秘密，入手之后就无秘密，这就是所谓"诚则明"的道理。《参同契》内含丹法秘诀，故有"万古丹经王"之称。其中云："惟斯之妙术兮，审谛不诳语。传于亿代后兮，昭然而可考。焕若星经汉兮，昺如水宗海。思之务令熟兮，反复视上下。千周灿彬彬兮，万遍将可睹。神明或告人兮，心灵忽自悟。探端索其绪兮，必得其门户。天道无适莫兮，常传于贤者。"俞琰《周易参同契发挥》

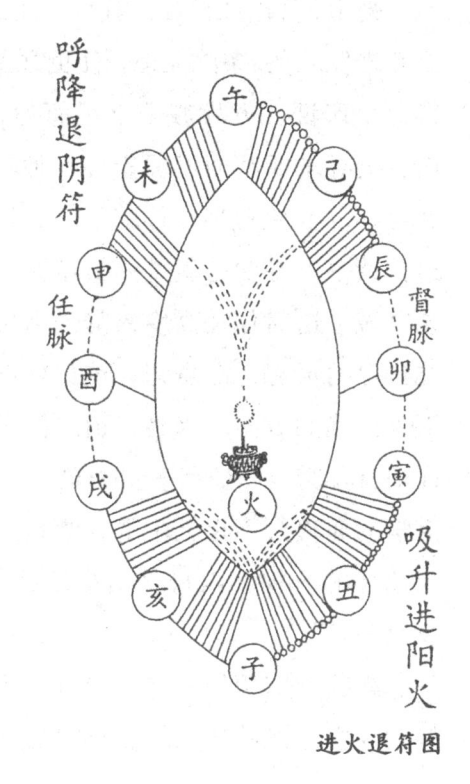

进火退符图

第十章　丹道修持入门

丹道仙术入门

荷花仙子

注云："读书百遍，其义自见。百遍且然，况千遍万遍哉！是故诵之万遍，妙理自明，纵未得师授口诀，久之亦当自悟，其悟多在夜深或静坐得之。盖精思熟味，反复玩诵，蓄积者多，忽然爆开，便自然通，此之谓神明或告人兮，心灵忽自悟也。《管子》曰，思之思之，又重思之，思之不通，鬼神将通之。非鬼神之力也，精诚之极也。"有志者以精诚之心千遍万遍苦读丹经，必能悟到丹法秘诀，自己摸着门户深入进去。张伯端《浮黎鼻祖经序》亦云："天不爱道，地不爱宝，吾岂敢自私。仆体太上之心，欲使人人成道，个个归真，以此未发之秘，条陈无遗。使世之留心性命专心修道者，有缘遇师，得此书印证，方肯诚心下手而为之。虽未面传，亦吾徒也。"学道者要寻求明师而不要崇拜名师，因为盛名之下其实难副；如遇到刁师的要挟刁难，你就下决心发誓超过他！当你走过求师、访道、读书、炼功的艰难曲折道路后，吃够了苦头，仍对修道有一念之诚，这时你在高度入静中会发现，真正的明师是你自己，是你自己的灵感、潜意识，这种精诚的潜意识就是真意，它会将你引入正确的方向。因之丹道之门前有秘密，入门后便无秘密；修证前有秘密，修证后一步一景，一步一验，秘密便逐步迎刃而解。道学的仙真，不是天生的，都是人变的，金丹大道，就是凡人进入仙界的阶梯。内丹学虽难，难不倒诚心人，"天下无难事，只要肯登攀"！

其次讲炼功的姿势。内丹入手，宜先学动功，后学静功；以静功为主，以动功为辅。动功之法，古称导引，可参照马王堆汉墓帛画《导引图》练习，或以太极拳、大成拳起手亦无不可。因为初学丹功，真气未通，便一味枯坐，阴气太重，易生偏颇，年轻人更是不宜。社会上流传的气功，择其优者，亦可作入门筑基功用之，但应注意心息相依，动作宜慢不宜快，宜柔不宜刚。另有仙家十六字诀云："一吸便提，气气归脐，一提便咽，水火相见"，丹家称"十六锭金"，万莫轻忽，要习之久熟以备用。

静功之姿势，有行、站、坐、卧四种，但以静坐为主。《性命圭旨·亨集》有立禅图、行禅图、坐禅图、卧禅图等，解说甚详，可以参看。先说行功法，这种闲庭漫步之功在于以身动求心定。王重阳诗云："两脚任从行处去，一灵常与气相随。有时四大醺醺醉，借问青天我是谁？"这首诗极得行功要领。行功正是要在如痴似醉的轻缓步态中，举足如趟泥水，务要心息合一，体会天人感应、无人无我的混沌境界。但初学时，意念稍注于足底涌泉穴，行到极佳处，即忘其行；达到行功如站功，动功如静功，由动求静而达真静，才是行功法要诀。

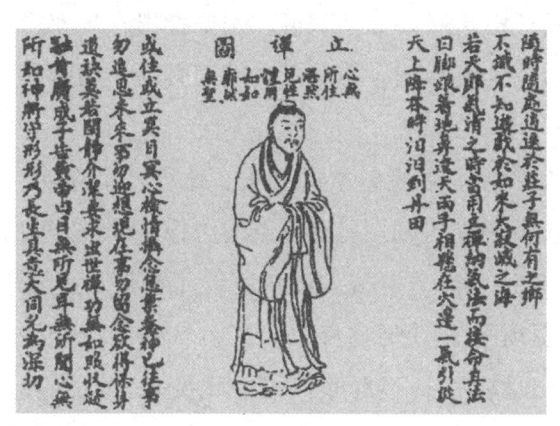

次说站功法，《性命圭旨·立禅图》文曰："随时随处，逍遥于庄子无何有之

乡；不识不知，游戏于如来大寂灭之海。若天朗气清之时，当用立禅纳气法而接命。其法曰："脚跟着地鼻辽天，两手相悬在穴边，一气引从天上降，吞时汩汩到丹田。"另外，大成拳创始人王芗斋所传站桩功，我曾从其弟子于永年先生修习，发现这是最适合作内丹筑基功之用的站功。于永年先生《大成拳站桩与求物》和曾广骅先生《大成拳——科学站桩功》二书，2006年均由山西科学技术出版社出版，对大成拳站桩功论之甚详。

坐禅图

其法要诀有"大动不如小动，小动不如不动，不动之动乃是生生不已之动"，站桩要求"内空洞，外清虚"，"注意顶心如线系"，两手轻松抬起，"臂半圆，腋半虚"，最后达到离形去知；虚灵独存，提挈天地，把握阴阳的境界。此术融入丹功，初炼时可用意微注海底阴跻穴，加之以提肛缩肾之动作，功夫加深，一任自然，只求松、静、不动即可。须要指出，丹家之静功，乃是据静极必生动的太极原理，心静极则精炁必动，动则必循经脉周天运转。

再说坐功法，丹家入室静坐是最基本的功夫，比行功、立功、卧功要常用，特别是筑基功完成后则以打坐入定为主要修持法门。丹功之坐姿以方便坐为常用，有单盘腿、双盘腿，不舒服则垂腿而坐亦无不可。按法诀说须在坐时要求身正脊直，从头顶沿脊柱如一串铜钱垂下，然而初学者感到不舒服，可放宽要求，直到功夫深了姿势自然趋于正确，歪身弓背反会不舒服。至于止念、调息等开始亦不严格,但有一条严格要求身形不动,先在外形上死死坐着不动即可。坐功有加以守窍者,一般守下丹田,但也可据师传守眼前虚无窟子、治命桥之窍中窍、上田、中田等,不拘一格。我所要讲的是佛教的跏趺坐,全真道将其引入丹功,至于金庸小说里也将"五心朝天"当作丹功要诀,这是不必要的。《参同契》中仅有"缓体处空房,委志归虚无,无念以为常。证验自推移,心专不纵横。寝寐神相抱,觉悟候存亡"之说,魏晋以前古仙更无跏趺坐之传。《性命圭旨·坐禅图》亦讲"坐不必咖趺,当如常坐",并有诗云:"坐久忘所知,忽觉月在地。冷冷天风来,蓦然到肝肺。俯视一泓水,澄湛无物蔽,中有纤鳞游,默默自相契。"人果能心念不起,自性不动;内不出,外不入,便是真坐。

后讲卧功法,《性命圭旨·卧禅图》及陈抟所传睡功,皆主张侧卧,读者可以参照修习。我以为卧功修丹,以仰卧为好。因为以卧功入静招摄先天一炁,进行人体和宇宙的能量交换,还是仰卧最易得气。仰卧一般守黄庭中宫,或在肚脐心息合一,存想丹田如鼻以行吐纳,或配合观想采气法、采日月星精华法,皆可进入天人合一之境。何况仰卧的姿势,符合内丹学"未学生,先学死"的原理,直至息停脉住,如枯木僵尸,生机内藏,这才是真正仙家境界。丹家入室行功必结道侣,忌独身长时间静坐,惟卧式炼功,可以独自静修。学者可以自己参悟,寻找适合个人的卧功法门。

接着讲清净丹法之饮食规定,当以素食为主,不吃

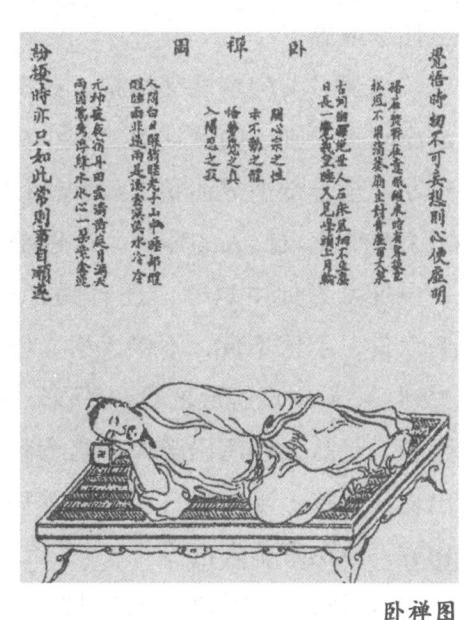

卧禅图

生葱、辣蒜、韭菜、芫荽等异味刺激性调味品。然而要注意营养，牛奶、禽蛋类制品不在限制之列，同时宜多食豆类制品、芝麻油、青菜等，以增加体内蛋白质、脂肪、维生素的供给。其他水果、干果如苹果、鲜桃、红枣、核桃、荔枝、干桂圆、葡萄干、花生、板栗等，皆可多吃。鸡蛋形如混沌初生之丹，豆芽菜充满生机，核桃仁形如人脑，龙眼肉益阴生阳，红枣补中益气，皆为丹家喜欢的食品。但对蘑菇等菌类、竹笋、腐乳、糟鱼、酱肉之类，则应少食或不食为佳。饮食调配分三类，一为正餐之饭菜；二是根据本身虚实寒热而特设的营养补品，包括加入人参、鹿茸等大补之物的药膳；三是干鲜果品。丹家饮食要根据功夫进程而加减，初入门修炼，筑基入手后食量大增，可一日七餐，即每日除三餐饭菜外，再加补品两餐，果品两餐。筑基至任督脉通，渐入丹功正途，可减至每日五餐，即正餐二，补品二，果品一。一年后又变为四餐，即正餐一，补品二，果品一。而后随着内丹功夫大进，饮食减至每日三餐，继之为二餐，直到功夫炼到每日一餐，再由饭菜、补品而变为仅食果品，断绝人间烟火，乃至数日不食，渐至仙家境界。

至于男女房事性交泄精，为清净丹法之大忌。修道者既选作清净功夫，则应随着饮食之减少由减少房事到交而不泄直至绝对禁断。至于梦遗等泄精之病和性欲旺盛失控等病，皆须根治，否则决难变化成仙人的体质，这也是不容含糊牵就的事。

丹家为促生真气，还有两种炼形之诀，一为辟谷二三日至五六日，不饮不食，不接人事，以逼生真气；二为采日光法。功夫到后，又出现解形之验，解形分内解外解。《玄门秘诀》云："内解者，是从大便泻出肠胃中之污秽。外解者，是生疮痍等症，攻出皮肤之疾。随人平日所受何等病耳。盖缘真气充足，邪气不能相容，自然发出来也。"

最后讲一下静功的时间规定。凡集体炼功，可以静坐为主，半个小时之内，不见效验，真正的效验一般发生在半小时之后。因之内丹筑基功入手，起码要一小时，即丹经中讲半个时辰。第一年每天从半小时渐增至一小时，随后逐日增加，一步紧似一步，第二年则增至二小时（即一个时辰）。如此逐年增加，由一小时至四小时，再至六小时，其静坐时间以此为限，应动静调节，但须日日炼功，不能间断。丹家直炼到每日六小时连续静坐，如此气满不思食，神旺不思睡，精气神由后天转为先天，相互打成一片，炼作一团，自然达到结丹的仙人境界。人们可以发现，随着丹功的进程，静坐时间越来越长，饮食则越来越少，最后食睡全无，息停脉住，才是真正的"活死人"功夫。

　　以上所论入室行功诸事甚明，有志修道者须知道家最重功夫，功夫全靠实证，如不立大誓愿，不下真功夫，一曝十寒，随意间断，在官场、商场、情场上脱不开身子，仍属尘缘未断，是难以进入丹道之门的。然而丹道之门，亦有多途可进，"条条大路通罗马"，并非仅有一派丹法可行。佛陀十大比丘弟子，成佛途径各异，阿那律失明，修成天眼第一；观世音耳聋，以天耳通证菩萨果；《楞严经》十种仙，成仙途径亦各不同。佛法如此，道法也不例外，否则内丹学岂能有这么多门派？因之我认为，真师真诀，无法教会那些没下死功夫的庸人。真师真诀只是一种机缘，能否得遇这个机缘，依哪条路修成正果，创立什么门派，全在于学道者自己的悟解和狠力摸索。学道者摸索的途径不同，悟解丹经或真师点化的焦点不同，便是形成诸多丹法门派的原因。

第十一章　丹道修炼的基本程序

小　引

自陈抟提出炼精化炁、炼炁化神、炼神还虚的基本步骤，内丹学诸派沿袭至今，此步骤源自于《无极图》，其形式是：

> 为环者四，位五行其中。自下而上：初一曰玄牝之门；次二曰炼精化气，炼气化神；次三五行定位，曰五气朝元；次四阴阳配合，曰取坎填离；最上曰炼神还虚，复归无极。故谓之无极图，乃方士修炼之术尔。[①]

内丹家一般将内丹修炼分为四个阶段。第一阶段为筑基入手功夫，称为道术。此时玄关一窍未见，主要为修补身体亏损，或铸剑补精，为炼丹作准备。后面三个阶段通称仙术，此时玄关初开，

[①] 朱彝尊：《太极图授受考》，见《暴书亭集》卷十八，又惠栋：《易汉学》卷八亦载。

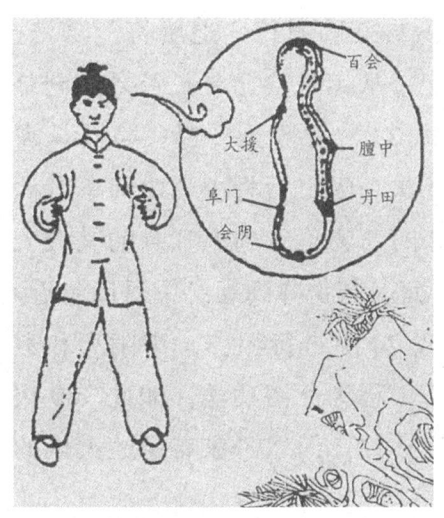

大周天运行图

药物、鼎炉、火候始见。这三段仙术又分初、中、上三关。初关亦称百日关，为炼精化炁阶段，属小周天功夫。中关称十月关，为炼炁化神阶段，属大周天功夫。上关仙术称九年关，为炼神还虚阶段。其中百日、十月、九年皆是比喻，丹功每步所需时日因法因人而异，不可拘执。其中"十月"乃比喻十月怀胎而来，"九年"来自达摩老祖九年面壁的故事。

另外，上阳子陈致虚以《参同契》每日两卦，每爻三符，两卦十二爻，相当12个时辰，共36符，每符二候，每日夜72候。每时辰相当现在两小时，计120分钟。一符40分钟，一候20分钟。一昼夜12时辰，共24小时，计13500息。一呼一吸为一息，一时辰1125息，一符375息，一候187息零一吸。内丹家（清修派）还依《参同契》关于用十二辟卦描述炼丹火候的框架，将丹田内真气初动的景象定为人身中的"活子时"，活子时到来后立即调整呼吸和意念，行小周天转河车运药。在子、丑、寅、辰、巳五个阳时行"进阳火"功法，即吸气着意而长，呼气自然而短。从复卦、临卦、泰卦、夬卦到乾卦，每卦用三十六爻，即以36次呼吸为一卦，从尾闾运药直到乾顶泥丸宫，共180

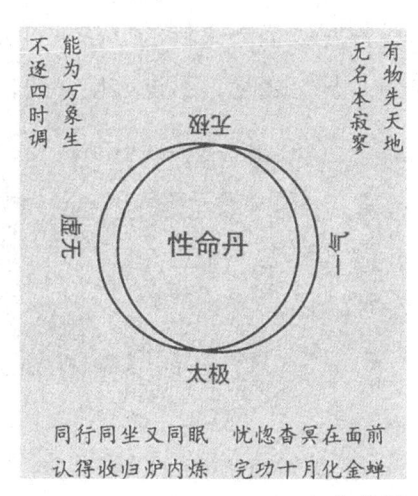

金丹图

第十一章 丹道修炼的基本程序

次呼吸。后在午、未、申、戌、亥五阴时行"退阴符"功法，即呼气着意而长，吸气自然而短。从姤卦、遁卦、否卦、剥卦到坤卦，每卦用二十四爻，即以24次呼吸为一卦，将药从泥丸宫再降到腹部下丹田，在120次呼吸之后将小药由河车搬运一周，行炼精化气的功夫。在卯时药物运行到大壮卦的夹脊关处，以自然呼吸36次进行温养；酉时药物降到观卦中丹田附近，同样以不加意念的轻微自然呼吸24次进行温养。进阳火和退阴符过程中间的卯酉二时，丹功中称为沐浴功法。如此360次呼吸为一周天，小药转河车搬运一周。因之丹家有记述火候的口诀云：

子午两时是火候，两时活取无昏昼。
一阳复卦子时生，午时一阴生于姤。
三十六又二十四，周天度数同相似。
卯时沐浴酉时同，火候足时休恣意。

以上以卦爻、铢两（计算药物则将384爻用384铢表示，而成16两，谓一斤之数，斤足卦满则知药火之轻重而丹成）、符候计算呼吸描述火候的办法，亦是学者应该掌握的知识。

丹家之秘，不过火候、药物。实则元神发真火，真火随真息，真息随真气，真气化真精，真精结成丹。玄关一见即为真，自有阴阳应候回，即为火候全部秘密。药物有内药、外药之分，外药是抽坎中之阳，内药为补离中之阴。诀云："前弦短兮后弦长，机关切莫向人扬，射入龙宫为

金木交并图

斗柄，元阳初动运神光"，此为外药之作用。诀云："真土擒真铅，真铅制真汞"，此为内药之作用。神非思虑神，息非呼吸气；元神是火，真息是药，调和神息为火候。以神驭气而成道，即以火炼药而成丹。学者参透"心息相依"四字，即参透丹道大半。

第一节　三家四派丹法略讲

陆西星《玄肤论》云："丹有三元，皆可了命。三元者，天元、地元、人元之谓也。天元谓之神丹。神丹者，上水下火，炼于神室之中，无质生质，九转数足，而成白雪，三年加炼，化为神符，得而饵之，飘然轻举，乃药化功灵圣神之奇事也。其道则轩辕之《龙虎》、旌阳之《石函》，言之备矣。地元谓之灵丹。灵丹者，点化金石而成至宝，其丹乃银、铅、砂、汞有形之物，但可济世而不可以轻身，九转数足，用其药之至灵妙者铸为神室，而以上接乎天元，乃修道之舟航、学人之资斧也。""人元谓之大丹。大丹者，创鼎于外，炼药于内，取坎填离，盗机逆用之谓也。古者高仙上圣，莫不由之。故了命之学，其切近而精实者，莫要于人元"。地元灵丹和人元大丹之理同，皆须洞晓阴阳、深达造化，一为体外之物质化学，一为体内之神气化学。天元神丹乃是一种心灵转化物质的实验，天元、地元虽称外丹，但亦和人元之内丹相通。地元灵丹除去"黄白术"的药金、药银可作修丹之资斧而外，炼出的丹药多有剧毒，如非修成内丹的

龙吟虎啸图

采药归壶图

特异体质之人，据称须借以杀三尸虫脱胎换骨之外，普通人服之必然丧命，又何言长生久视哉！至于天元神丹，乃是佛教所谓"心能转物"之大神通，若非以人元大丹开发出人体之生命潜能和心灵潜能，岂能采天地日月之灵气凝为神丹乎！据说由地元上接天元，须先以地元炉火之金华筑为神室，此步功夫要七七四十九日凝神不动以采金华，至于进一步采宇宙虚空中之阴阳精华聚于神室而无中生有炼成白雪神符，更须人元大丹成就之仙人才可为之了。据我所知，此术在世间仍有传授，直至清代朝廷中亦未绝炉火之事。地元炉火除作变换贱金属为贵金属的冶金化学实验外，即用以铸造神室，上接天元，继而以天元功夫采日月之精华，用天然水火锻于神室之中，九转数足，化为白雪，复加三年烹炼，转为神符，即为天元神丹。人元大丹功成，方可图天元之事。天元神丹是一种凝聚态的道，服之立即可以与道合真，连衣服、用具也同人体一起气化，化形为仙。相传黄帝鼎湖跨龙白日升天，许旌阳服之拔宅飞升，刘安服之鸡犬升仙，我辈无法究其实，仅视为丹道学中古仙留下的逸闻而已。自古天下英雄豪杰，老来看破世事，大半归于佛道之门。其中有以人生烦恼多者，则多归佛；有以人生灾病多者，则多入道。道家声称"我命在我不在天"，要盗夺天地，逆转造化，要将个人命运掌握在自己手中，与天争衡。丹道学就是道家创造出来的与天争衡的宇宙观和人体生命科学。我辈人元大丹未成，不敢妄希天元，因之真正要研究的，还是人元大丹，又简称"丹道"，即名之曰内丹学。

第十一章 丹道修炼的基本程序

内丹学在历史上有文始派和少阳派之传，少阳派传至钟离权、吕洞宾而大开法门，又分南宗、北宗、中派、东派、西派、三丰派、伍柳派、千峰派、金山派等多种分支。20世纪30～40年代，陈撄宁先生在上海办《扬善半月刊》和《仙道月报》，联合了一批知名的内丹学家，按丹道修持方法将这些门派统分为"清静派"（北派）和"阴阳派"（南派）两大类，被世人接受。在那一代内丹学家眼里，清静派就是孤男寡女的静坐法门，阴阳派即是通过性活动男女双修的采补法门，而对三家相见的龙虎丹法尚不了解。吕祖《指玄篇》云："玄篇种种说阴阳，阴阳本是大丹王"，其实无论何种门派的丹法，都离不开阴阳两般作用，因之仅把男女双修的彼家丹法当作"阴阳派"是不合情理的。就自身独修的清净功夫而论，也有胎息法门、止观法门、存思法门，守一法门、炼气法门、虚无法门、采日月精华法门、辟谷法门、僵尸法门、符咒法门、导引法门、空静法门等。男女双修功夫则有栽接法门、采补法门、合炁法门、感应法门、乐空不二法门、调琴铸剑法

三家相见图

养仙胎图

八仙渡海图

门、开关展窍法门、梅子红铅法门等。要之，无论是心、肾、汞、铅、神、炁、男、女、龙、虎、日、月、乌、兔，皆是阴阳的交和作用，三元丹法各家各派皆离不开"阴阳"二字，人元大丹都是炼养阴阳的法门。我经过多年对丹道的调研，将南宗、北宗、中派、东派、西派、三丰派、伍柳派等多种门派的内丹功法，归结为三家四派，这是从实际修炼方法上的系统分类。分类是科学研究的开端，我们的目标是对丹道进行科学研究，不得不先以科学的方法将内丹功法进行分类。我们首先将丹道功法划分为三家阴阳，即自身阴阳、同类阴阳、虚空阴阳，又将自身阴阳之清净丹法、同类阴阳之彼家丹法和龙虎丹法、虚空阴阳之虚无丹法分为四派。这样，自身阴阳、同类阴阳、虚空阴阳，谓之"三家"；清净丹法、彼家丹法、龙虎丹法、虚无丹法，称作"四派"。内丹学认为，自古及今之所有神仙，必假修炼而成道，而丹道修炼之所有法诀，皆是阴阳之把握和运用。"提挈天地，把握阴阳"为丹道修炼之本。阴阳不交，天地或几乎息矣，人类或几乎息矣，何来丹道？三家四派丹法之区别，在于阴阳之不同把握和运用，因之这种分类法比粗略地将丹法分为清静派和阴阳派，更切近自然造化的本质，也更具有科学性。

清净丹法以禁绝性活动作为修炼之内容，"清"谓清其心源，"净"谓净其气海，心清必净，凝神定气，水火既济，心肾交通，以自身之阴阳交合成丹为其修炼法诀。彼家丹法和龙虎丹法皆属同类阴阳交合成丹的法诀，即都要借用同类之人作为鼎器。彼家丹法之鼎器为同类的异性之人，可以将性活动作为修炼内容，故谓之男女双修。龙虎丹法则同时用童男、童女作鼎器，谓之"生龙活虎"，"灵父圣母"，"三家相见"，但不以性活动作修炼内容，其作用全在鼎器上，号称"步步不离龙虎窝"。自身阴阳之清净丹法和同类阴阳之彼家丹法，是丹道修炼的基础，未有不懂清净丹法和彼家丹法而能通达丹道者。然就清净丹法和彼家丹法而论，彼家丹法又以清净丹法为基，因为彼家丹法之要诀便是"清净头，彼家尾"。乾隆四年（1739）丹经抄本《玄门秘诀》云："至于清净头、彼家尾等诀，且谓药自外来，想又另有别传，此非吾之所知也。""点化者，清净头、彼家尾也。非道不能用鼎，难！难！难！今方士者流，先言用鼎，谓先浊后清，不思凡胎俗骨，岂能承受，此又不可解者矣。"《悟真篇》词云："白虎首经至宝，华池神水真金。故知上善利源深，不比寻常药品。若要修成九转，先须炼己持心。依时采取定浮沉，进火须防危甚。"其中"先须炼己持心"一句，即"清净头"也。否则"白虎首经"再好，也难以"依时采取"。民国以来内丹家多不明龙虎丹法之传，却误以为彼家丹法也像龙虎丹法一样行之于炼精化气阶段，声称炼气化神就不用鼎了，不懂"浇灌十月休离鼎"之意，这是对彼家丹法道听途说的误传。古丹家多以性功成就者，称"玉液还丹"，命功点化者，方是"金液还丹"。先"尽性"才能"至于命"。胎息不成，炼心不死，而行此一时半刻之功，乃自投地狱。丹道法诀的关键步骤，无非是采药和炼丹两步而已，三家四派丹法的分别就在这两步上。丹家每言"童体与破体不同，金液与玉液各异。清净乃首尾之功，服食乃点化之药"。彼家丹法如非以清净为基，离器不空，神剑不灵，不见药嫩水清，是无法行服食采药之工的。因之那些一提清净就判为北派功法，不知清净丹法乃各派丹法之基础的内丹家，皆没得同类阴阳彼家丹法和龙虎丹法之真传。

另有虚空阴阳的虚无丹法，是玄关窍开、元神呈现后在虚空中把握阴阳，见性而后了命。全真道龙门派第十一代传人闵小艮（派名一得），从高东篱受戒，得同门师兄沈一炳所传丹诀，后又从月支国人黄守中学斗法秘术。黄守中原名野怛婆阇，自印度来华，由王常月受戒，传龙门西竺心宗。盖闵一得所传丹法，本受印度教和密宗影响，多咒语，传《天仙心传》、《女宗双修宝筏》等书，为虚空阴阳之虚无丹法。其实密宗宁玛派的大圆满功法，有真修实证兼能了命的禅宗功夫，顿超直入的文始派丹法，都可归入虚无丹法一类。全真道所传清净丹法，修持到高境界，亦可接续虚无丹法。另有正一道所传神霄派、清微派、天心派等雷法乃至剑仙派功夫，亦属虚空阴阳的功法。

再有同类阴阳之龙虎丹法，是中国道教内丹学所独有的，它不像清净丹法、彼家丹法、虚无丹法那样与其他宗教修持方术相通，而是完全由中国道教医学、房中养生学等民族传统养生文化孕育而成，故称作"不共法门"。龙虎丹法可传于衰老体弱的学人"医枯朽"之用，可以坐享其成，故又称作"添油接命"之术。盖古时中国点油灯照明，欲延长照明时间，光靠拧紧灯芯省油和防止风吹等消极保护还不行，关键是想法添油，才能使灯经久不灭。这就是说，人想健康长寿，光靠防病保养还不够，须用返老还童之术。张三丰《无根树词》云："无根树，花正微，树老将枯接嫩枝。梅寄柳，桑接梨，人老原来有药医。自古神仙栽接法，

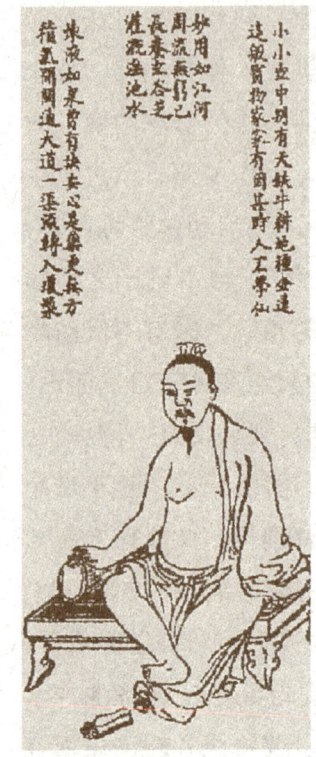

玉液炼形图

第十一章 丹道修炼的基本程序

留与修真作样儿。"由此可知，仙家返老还童之术就是模拟老树栽接嫩枝的功夫，也称作接命之术。古代房中养生学著作多讲"竹破竹补，人破人补"，载彭祖"以人疗人，真得其真"的话，谓之"人运中兴"，与《参同契》"同类易施功兮，非种难为巧"之语相合，此所谓"同类得朋"，"人要人度，命要命续"者，也即《悟真篇》所云"竹破须将竹补宜，抱鸡当用卵为之。万般非类徒劳力，争似真铅合圣机"。《黄帝内经素问·阴阳应象大论》云："形不足者，温之以气；精不足者，补之以味"，陈致虚注《参同契》引此二语，云"只此二语，道尽金丹"，足见龙虎丹法的原理植根于中国医学和房中养生学。实际上，丹道的逆转任督、后升前降，也是由房中术的"还精补脑"演变而来。龙虎丹法平实无华，极具中华民族传统文化特色，乃内丹学千古承传的一条正脉。在修持实践中，龙虎丹法和彼家丹法乃丹道命功的要害，二者相辅相成，运用之妙，必待师传，如无师授，妄意猜度，多记丹经，腾其口说，则火候难知，不能"献出青龙惹妙铅"，差之毫厘，谬之千里矣。济一子傅金铨《道海津梁》云："《易》曰'穷理尽性以至于命'；理不穷，则无以尽性；性不尽，何由以至命？盈科之理，未可一蹴，不到'知命'，未可言'至'，孔子'罕言'，佛云'秘密'。浅识之士，理不穷，性未尽，奈何轻言'命'哉！性由自悟，命必师传，自古及今，少有能窥其涯涘者。"今之江湖丹师，对龙虎丹法，闻且未闻，即以盲师引瞎徒，上阳子深叱此辈为"教中罪人"，济一子更著《试金石》设

刘海蟾

247

观音大士（左为龙女右为善财童子）

二十四问以辨真伪，稍有不合，便非透底之学。傅金铨《道海津梁》更描述龙虎丹法之法象如观世音大士，"左为龙女献珠，右为善财（童子）合掌。女本阴也而居左，阴中含阳也。男本阳也而居右，阳中含阴也。此珠在龙女身边，非善财不可得。红孩儿，火也；金圈手足，禁之也，鞠躬致敬以求珠。大士居中，真性为主也。"此乃秘密难知的稀有之事，说出后诸天及人皆当惊疑，须非常之人才能行，故《阴符经》云："君子得之固躬，小人得之轻命。"然虽得此道，法、财、侣、地等条件，实在难备，故《金丹节要》云："必须善财，预储完足，不令缺乏。若系孽财，必代受孽报。审慎择之。"傅金铨《赤水吟》诗云："万善无亏真性全，性光发处是先天。果能积行修阴骘，自有飞腾出世缘。"盖龙虎丹法之修持条件，古丹家以为由积德行善而天命有归，其栽接之术，多为老翁与少女的配合，丹家以为可双修双成，故其《赤水吟》又云："红颜女子白头郎，识得真时是药王。飞上九天餐沆瀣，好从云端看沧桑。"

据先师所传，修炼自身阴阳的清净丹法，全真道北宗多传之，以丘祖的龙门派丹法为正宗。世间所传《伍柳仙宗》、《大成捷要》、《大丹直指》、《性命法诀明指》等丹经，皆为修炼自身阴阳的清净法门。清净丹法通于禅宗，以静坐炼性入手，以求神气凝结河车运转，在社会上流传甚广。修炼同类阴阳的丹法，俗称阴阳派，全真道南宗多传之，以《参同契》、《悟真篇》为丹经之祖。《参同契》云："欲作服食仙，宜以同类者"；"类同者相从，事乖不成宝"；"同类易施功兮，非种难为巧"，可知《参同契》一脉相传为修炼同类阴阳的丹法。其中男女双修的彼家丹法，又分上中下三乘，

第十一章 丹道修炼的基本程序

门派歧出，但大多源于古代方仙道的房中术，为同类阴阳双修的采补法门，其采药程式和密宗乐空大定的提取明点功夫相当。这种彼家丹法，除丹经以外，在道家房中术及佛教密宗恒河大手印、无上瑜伽等书中，皆有教授，其上乘者须甚深定力，乃火里栽莲，转毒成智，针尖上翻跟头，如蛇入竹，不出即伏，不升天堂即入地狱，非等闲之辈所可问津者。彼家丹法上乘者双修双成，下乘者妙在用鼎，有《锦身机要》、《金丹节要》、《采真机要》、《玄微心印》、《三峰丹诀》等书露其消息，其中以陆西星的东派最为上乘。另有三家相见的龙虎丹法，乃以乾坤为鼎器、灵父圣母、生龙活虎、三家相见的功夫，为同类阴阳的栽接法门。此术虽用乾坤二鼎，但不用性交动作，仅是条件难备。知非子老师以孙教鸾、孙汝忠父子的《金丹真传》为龙虎丹法真传。据丹家秘传，《金丹真传》中记载的"安师父"名叫安思道。孙教鸾与龚廷贤同为内丹家安思道的弟子，龚廷贤道号云林子，在明万历年间有"医林状元"之称，著有《寿世保元》、《种杏仙方》、《万病回春》等书，其中亦透露龙虎丹法要诀。《寿世保元·神仙接命秘诀》云："一阴一阳，道之体也。二弦之气，道之用也。二家之炁，交感于神室之中而成丹也。万卷丹经俱言三家相会，尽矣，三五合一之妙。概世学仙者，皆不知下手之处。神室、黄道、中央戊己之门，比喻中五，即我也。真龙、真虎、真铅、真汞、金木水火此四象，皆喻阴阳玄牝二物也。炼己筑基、得药、温养、沐浴、脱胎、神化，尽在此二物

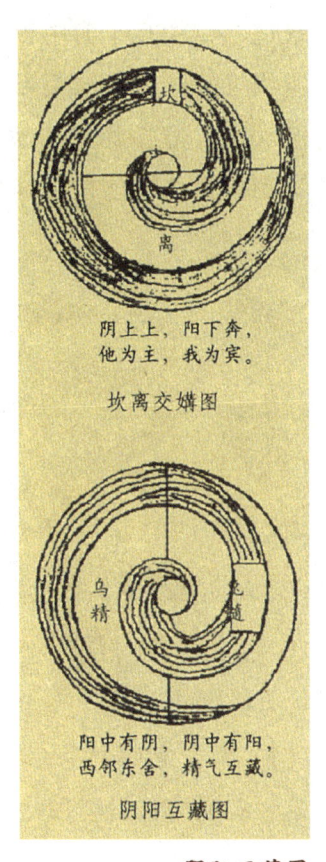

阴上上，阳下奔，
他为主，我为宾。

坎离交媾图

阳中有阴，阴中有阳，
西邻东舍，精气互藏。

阴阳互藏图

运用，与己一毫不相干，即与天地运行日月无二也。《悟真》云：'先把乾坤为鼎器，次将乌兔药来烹，临驱二物归黄道，争得金丹不解生'。此一诗言尽三家矣。千言万语俱讲三姓会合，虽语句不同，其理则一而已矣"。以上为凿穿后壁之言，乾鼎、坤鼎、丹士为三家相见，殆无疑义。《悟真篇四注》一直被南宗诸派视为枕中秘宝，其实也是各唱各的调，非等闲之辈所能分别。其中陈致虚注云："鼎器者何也？灵父圣母也，乾男坤女也"，显然为三家龙虎丹法之说。《性命圭旨》之"龙虎交媾图"已将三家图像明示，读者一望可知。吕祖所谓"吾道虽于房中得之，而非御女闺丹之术"。张三丰亦云："此药虽从房中得，金丹大液事不同。""无根树，花正双，龙虎登坛战一场。""烟花寨，酒肉林，不断腥荤不犯淫。"丹道法诀中凡于房中得药，又不犯淫的，非乾鼎、坤鼎并用，三家相见的龙虎丹法莫属。《参同契》云："乾坤者，易之门户"，"乾刚坤柔，配合相包"；《悟真篇》云"先将乾坤为鼎器"，证明同类阴阳丹法不能仅将坤为鼎器，《性命圭旨》中龙虎交媾鼎器图，其中戊己为丹家本人，龙虎为乾坤鼎器。先师知非子曾云："若能经高人指示，了解《金丹真传》的内容，许你是人元金丹功夫的真知者。"张三丰真人《服食大丹说》云："这福德胜三辈天子，智慧胜七辈状元，到这般时候，方可炼服食金丹。"盖龙虎丹法蕴藏着人元大丹的核心机密，自古难遇难闻，难得全诀，故至今绝少人传。傅金铨著《试金石》，将是否识乾鼎、坤鼎作为鉴别丹师懂不懂人元同类阴阳

龙雷真火图

丹法,是否为真师的试金石。他在《试金石》中说:"万卷丹经,都说要三人。今之羽流及在俗习玄居士,总不见谈及三人,便是与丹经相左。请问:必得三人何用?若是真师,必当知得。"

龙虎丹法,乃以人体化学补足破漏之躯,二八两弦之气并用,以匹配阴阳而成一斤之数。仅用虎不用龙,仅是一弦,仅是二家,皆非三家相见。丹经屡言如得此法诀,"自己一毫也不须作用","坐享其成","虽愚昧小人得而行之,立超圣地","虽百二十岁,只要有一口气在,犹可还丹",显然决非彼家丹法所能胜任。由此可知,凡否定龙虎丹法者,皆未得《参同契》、《悟真篇》之真传。

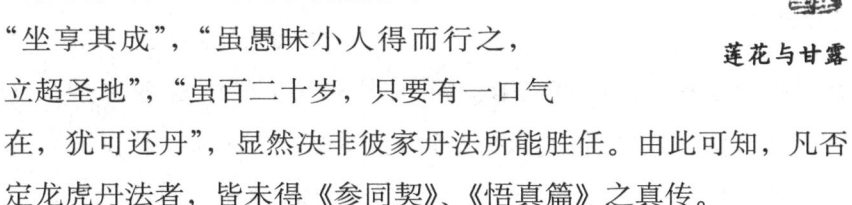

修炼虚空阴阳的丹法,俗称虚无派,乃人体和宇宙、心灵和虚空体道合真的感应法门。虚是虚其心,无是无其身。丹家达到人我两忘,无食、无息、无念、无身的"吾丧我"之境界,便可发出五彩神光,玄关洞开,交通阴阳界,与虚无空灵的道一体化。闵小艮之《天仙心传》、《三尼医世》、《阴符经玄解》、《女宗双修宝筏》等著作,载于《古书隐楼藏书》,还有刘一明《道书十二种》、佛教之《心经》,皆含虚无丹法要诀。此术应识得天罡消息;能深耕置种,假幻勾玄;敢赴无遮佛会,放光以引之,摄心以俟之,能采天宝,悟透玄机,彻底掀翻丹家境界,才有个入手处。《女宗双修宝筏》偈云:"可知世有无遮会,种子原来遍大千。假个坛场作炉鼎,卢能去后失算传。"其法诀是先将身还虚,"这边

莲花与甘露

事尽,那边易通;那边未通,事隔重山。其通也,以念引之,油然沛然。""有无交入为丹本,隐显相扶是水金。莫执此身云是道,独修一物是孤阴。"有真种子者在,四邻自至,虽隔山隔湖,有如当面,"法惟于虚寂中,寂然不动,虚而善受。气机一到,觉有谐畅之趣,仍自寂然不动,以意包摄之,深藏内炼,由坤达艮,乘槎入汉。"直至金光电挚,彼岸圆相。《参同契》之"以无制有,器用者空",即虚空阴阳之丹诀。这样,人元大丹分为自身阴阳、同类阴阳、虚空阴阳三家之传,又有清净丹法、彼家丹法、龙虎丹法、虚无丹法四派之分。三元丹法,本自相通,地元可上接天元,外丹亦赖内丹,前已论之。三家四派人元大丹,亦相互承接。自身阴阳可上接虚空阴阳,同类阴阳亦须清净筑基,虚无丹法也盗取龙虎二弦之气,各自手段不同,原理则相通。以上所谓丹道的三家四派真传,局外人得其一麟半爪者已不多见,那些得其一隅便自认正宗的人,只不过是瞎子摸象而已。丹道至简至易,而又大圆大全,决非一偏之学。

用比喻的手法来说明三家四派丹法的特点。如果将炼丹工程比作电化学反应,则清净丹法好比干电池里的电,靠开发自身阴阳起修。虚无丹法恰似天空中的雷电,要在虚空阴阳中做活计。彼家丹法和龙虎丹法犹如发电厂里的电,靠同类阴阳发出电力。彼家丹法类似火力、水力发电站,其上乘者可似三峡水电站,但都是靠借外力发电。龙虎丹法则如核电站,释放出了人体乃至细胞的生命能量，故称以人体化学发电。再如从广州到北京，清净丹法如同走路，只要方向不错，走一步则近一步，许以时日，终有一天要到北京。然而中途遇险，或生病、死亡、年老无力、半途而废亦所在多有，因之学者如牛毛，成者如麟角。虚无丹法是靠师传法诀穿越时空隧道，使自身生出双翼凌空飞到北京，此术对个人心灵素质要求较高，不但要有甚深的定力，而且须明师打破盘中之谜，并非人人有此机遇。彼家丹法是借用工具行路，比自己步行快些，但靠别人搭桥铺路、驾车摇船，有求于人且多危险，特别是技术严格非等闲之辈所能掌握。龙虎丹法就如同从广州乘飞机到北京，自己一毫不用力而坐享其成，然而建立飞行设施非有权有势且为亿万富翁不可。丹经屡言法财互施，张伯端《悟真篇后序》亦明言择"巨势强力"、"慷慨特达能仁明道之士"授之，皆因龙虎丹法法财难备之故。《丹经》中凡讲"坐享其成"、"自己一毫也不用力"、"百二十岁还能还丹"、"只要有一口气即能还丹"、"不离烟花不犯淫"之类的话，皆指龙虎丹法而言，其困难在法诀难求、财势难备，社会条件不允许而已。我今将三家四派丹法全盘尽行揭出，是从学术讲究的角度讲，要求融会贯通。仅从实修的角度，可根据自己的条件一门深入，以自身成道而无求于人的清净丹法和虚无丹法较少流弊。

第二节　自身阴阳清净丹法程序

自身阴阳派之清净派丹法，以《伍柳仙踪》、《大成捷要》和《性命法诀明指》所传为正宗。今据其丹经，分步破解如下。

第一阶段：筑基入手功夫（道术）

内丹筑基阶段，主要是补足人体生理机能的亏损，同时初步

打通任督和三关的径路，直至气通、热通、全身通，为炼丹运药作准备。实际上，在没有达到精满、气足、神旺的条件之前，一切为祛病、健身而采用的气功疗法，都属于筑基入手功夫。需要指出，今日用于医疗的各家气功，多由内丹筑基阶段的道术演化而来，然而气功师的"小周天气功"、"大周天气功"和内丹中"小周天"、"大周天"仙术根本不同。因为气功师所谓"通任督"、"过三关"，仅为用意念引导后天"气"循环而已，玄关未开，尚无药物、火候、鼎器可言，用意念引气贯通任督循环，俗称"转辘轳"。张伯端《悟真篇》云："咽津纳气是人行，有药方能造化生。鼎内若无真种子，犹将水火煮空铛"，就将筑基道术气通任督和仙术"转河车"① 作了区分。至于气功师的"大周天"，是进一步将气运通下肢，使气感遍行全身，和内丹的大周天炼炁化神不可同日而语，仍属于筑基阶段的后天气功。内丹道术阶段，先要入室静坐，调身、调心、调息，止念守窍，做到松、静、自然，心息相依，这和气功师的要求也大致相同。

内丹仙术以炼精为初关，从人的性功能炼起，因此筑基阶段亦首先要补精，增强人的性能量。精是丹功的基础，保精固肾，为筑基第一要务，其法以舌顶住上腭天池穴，促生津液，咽津补精。如老年人精枯阳痿不举，则又须用敲竹唤龟（女用鼓琴引凤）之法将真阳唤起，或以添油接命之术促生真阳，真阳萌动，玄关一窍自开，便可行丹功仙术。补精生精，阴跷一脉，甚为重要，

安神祖窍 I

---

① 丹家称督脉沿脊椎上行的线路为银河，运行的动态称河车，转河车即运药转通三关的丹功。

其窍即是会阴穴，亦有三岔口、上天梯、河车路、海底、危虚穴、生死穴等异名。阴跻上通天谷，下达涌泉，真阳出生之时，必从此穴经过，乃生药、采药之处，有调节肾功能和内分泌的作用。内丹家认为精是人生命之本，一个人有没有青春活力，其生理指标就在于是否性功能健全，性能量充沛，而恢复人的青春，使老者还少，发白还黑，齿落更生，这恰是内丹学追求的目标，无论何派内丹功法，都不例外。

精、气、神是维持人生命的三宝，筑基功夫就是要补足三宝，使人精满、气足、神旺，达到三全。精满现于牙齿，气足现于声音，神旺现于双眼，筑基完成后，牙齿健全，声音洪亮，二目有光，说明人的生命力旺盛，直至寒暑不侵才算阴精牢固，便可修炼内丹。

一 炼己

柳华阳《金仙证论》说："盖己者，即本来之虚灵，动者为意，静者为性，妙用则为神也。"所谓炼己，是指对心性的修炼，要求修炼者入室之时，外绝耳目，内绝思虑，惩忿窒欲，泯去一切杂念，使识神退位，元神呈现，恢复真意无朕兆的本来面目。北派清净丹法讲七分性学，三分命理，故把炼性放在首位，作为筑基入手功夫。实际上，炼心是贯彻始终的重要功法。上等根器之人，一步炼己还虚，由虚而灵，由顿法了彻一心，直入无为之化境。多数人则须用渐法，从惩忿窒欲做起，直至无忿可惩，无欲可窒，连惩窒之念俱无，方达到炼己的要求。

炼己的目标是还虚，虚是一种由纯化为静，由静化为杳，致使头脑中呈现的无

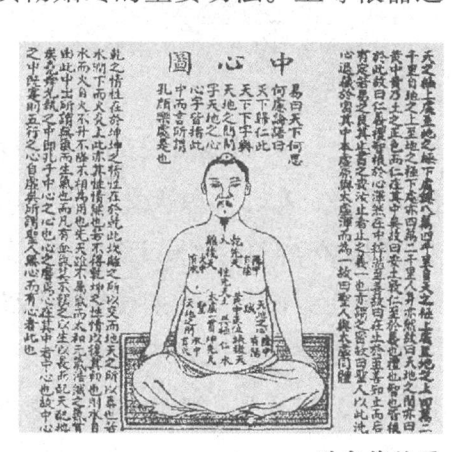

道家修炼图

思维状态。这时，虚灵的元神才活泼泼地寂照不昧。

另需说明的是，丹功炼己，高度入静，会出现一些效验，如可返观内景隧道，见自身五脏六腑及经脉；或出现外景幻觉，俱应以正念正觉扫去。其效验最显著者，为身体出现痛、痒、冷、暖、轻、重、滑、涩等异样痛苦感觉，相当于佛教禅宗进入初禅时的"八触"（坐禅八触为动、痒、轻、重、凉、暖、涩、滑。又有掉、猗、冷、热、浮、沉、坚、软之副八触。《摩诃止观》卷九称空、明、定、智、善心、柔软、喜、乐为正八触），此乃体内气血邪正相搏，阳长阴消的反应，炼到身体无痛苦，平和舒畅，才算有了功夫。

第二阶段：炼精化炁（初关仙术）

日乌月兔图

初关仙术阶段，属于小周天丹功。小周天又名转河车，以泥丸宫为鼎，下丹田为炉，行炼精化炁之丹法。这段丹功以精为药物，以气为动力，以神为主宰，最后将精和气炼化为炁，便是丹母。元精是无形无质的性能量，和后天自然界的物质不同，属于先天的机能，它的本源是元炁，二者相互转化，动为元精，静为元炁。人之元炁禀受于父母，生后隐藏在炁穴（下丹田）之中，长到16岁，丹田元炁自然萌动，有暖信至阳关，生殖器自动勃起。此时人会觉得有一种如射精般的快感，但实则并未射精，要放松入静专心修炼。人如不知修炼，则神转为情，元精化为有质的淫佚之精，走"熟路"泄出，便是"顺而生人"。内丹家要"逆而成仙"，便留住元精，炼精化炁，行小周天功法还精补脑。

二　调药

药即人体的元炁，它有顺逆变化，顺则化为精液由阳关向外泄露，逆则返还于炁穴。内丹家抓住此变化之机，凝神入炁穴，将元精从外摄归炉内，所以称作"勒阳关"，又叫"调外药"。

调药功法要掌握三点，即调法、调所、调时。调法的要诀是凝神入炁穴，神炁相依，息息归根。调所即在炁动之处，调时即阳物勃起欲动之时。这时要用武火，以后天呼吸接先天炁穴，以正念深入炁动之处，将所生之精摄回丹田本穴。使神炁交媾，纽成一团。随后再用文火温养，忘息忘意，不存而照，方得药产。

人的生殖器无念而举，便是身中"活子时"，这时一阳初动，有光现于眉眼（阳光一现），元炁产生，称为产药。小周天所产之药也称"小药"，又名"真种子"。小药产生时会感到周身融和，四肢绵绵，痒生毫窍，心觉恍惚，如色情浓饿，阳物勃起，精生炁动，任督自开。这时须急行"采、封、炼、止"之法。

三　采药

产药之景出现时，要不惊不惧，待时而采。当药产神知，感觉到形成一团暖炁时，说明元炁已经充盈，不老不嫩，当抓住时机，速起武火，吸则有心，呼则无意，目光射定，用吸不用呼，凝神合炁采药归炉。[1]

起火归炉后，须在炉中以文火温养，息息归根，以伏神炁，叫做封固。

---

[1]　调药与采药，各派丹家都有口诀秘传，《葫芦歌》云"行着妙，说着丑，惹得愚人笑破口"，同类阴阳丹法易受俗人诽谤，清修派丹法则无骇怪之处。吾于1982年春访道于崂山太清宫，据匡常修道长所传：其法以微意照在丹田，待所生之元精欲返回时，急吸一口气，下达会阴穴，呼气时用意一提将精炁引入丹田，如此数次或十数次，内精归炉，原来勃起的外肾自然消缩，称为采药。还有青岛杜永盛先生所传"凤凰三点头"等，为火候秘诀。

四　炼药

采药归炉之后，当速起火，呼吸并用，由文而武，神聚炁穴，烹炼药物，使精化为炁，以绝漏精之患。武火之后再行文火，使心息相依，丹田常温，火候既足，真炁氤氲不散，便有开关之候。这时丹田发热，热极生动，炁足冲关，急行"吸、舐、撮、闭"四字诀①，用真意自生死窍引入尾闾穴，沿督脉过三关直上头顶泥九宫，稍停后（去矿留金）由任脉过绛宫下降回丹田，以运转河车。丹家称为"聚火载金，火逼金行"，子、午进阳火，退阴符；卯酉沐浴；行小周天丹法。凡遇一动之炁，即要采药转河车炼完一周天，如此动而复动，炼而复炼，周而复始。炼至纯熟，一吸而神炁直上乾顶，一呼而神炁降归丹田，每次呼吸循环一周。入定之后，神随炁行，沿任督二脉旋转不停，真炁不再行阳，称作法轮自转。凡运转有药，采、封如法，炼、止合度，神真炁清，便是一次符合"玄妙机"标准的周天。如此积之不过百日，完成合于玄妙机的三百周天，则精尽化为炁而不漏，淫根不举，便修成"漏尽通"了。

内丹家把修成无漏之躯，淫根缩如童子，真炁足似婴儿，看作是返本成仙的要害步骤。但同时认为僧人持戒禁淫者和年老精竭者都不是真无漏，只有小周天功成，精满化炁而无泄精之路，真炁足而生机不动，才是无漏之真人。

洗心退藏图

---

① 吸、舐、撮、闭四字诀为：鼻中吸气以接先天；舌抵上腭以迎甘露；紧撮谷道内中提；塞兑（口）垂帘（闭眼）兼逆听（耳）。

五　止火

当小周天三百妙周圆满，有龟缩不举之景（马阴藏相），阳关一闭，龟头缩回，于入定之时，两眉间一道白光亮如水银（阳光二现），便是火足药灵之候，火足丹熟，再行火候要伤丹，应及时止火。如果三百妙周完成，仍未出现阳光二现，则再继续加炼（三百妙周之外称为"闰余"），直至三百六十妙周，如阳光仍未现，则止火入定以等待。如三百六十妙周未完而阳光已现，则以阳光为准。止火之景出现标志着炼精化炁阶段的完成，这时已积累三百多次的元炁（外药）在下丹田凝结。止火之后，神入丹田，与所储之药会合，促生内药。

第三阶段：炼炁化神（中关仙术）

炼精化炁的小周天丹功完成后，便经过"入圜"（释教称坐关或闭关）的过渡阶段，转入炼炁化神的大周天丹法。小周天要求精不漏，大周天要求炁不漏，炁比精更易泄漏，因此大周天自始至终强调防危虑险，以免炁散而功败垂成。大周天时人体的精气全化为炁，只剩下神和炁两个成分，只在中、下二丹田之间运转，不再循河车之路，使神炁合炼而归于神，为二归一的中关仙术。中关实际上是进一步炼药的功夫，使神炁凝结，从有为过渡到无为。

六　采丹

大药称为丹母，有的丹经中泛指为金丹，采丹就是采大药，需七日之功，乃真阳七日来复之意，又名入圜，是大周天之前的过渡阶段。丹家行子午周天数足止火之后，应行卯酉周天以团聚药物而作沐浴，卯酉周天与前后循环的子午周天不同，乃是左右旋转，有收敛团聚之功。此阶段有"大死七日"之景，人的基础代谢率降到最低点，有如恒温动物（如熊）之冬眠。丹经认为"若要人不死，须是死过人"，丹家由此得到濒死体验。

止火后，外呼吸停止，有炁从会阴上腾丹田，内药产生，和外药相迎，凝结内药、外药而成大药。

这时人于静定之中，忽眉间又掣电光，虚室生白，是阳光三现之景，说明体内真阳圆聚，炁根内大药已生。大药产生时还有"六根震动"之景①，说明正子时已到，应凝神入定，专用目光内视，日夜观照中丹田，渐入无为功夫。同时做好各项准备，按秘诀采大药服食过大关。

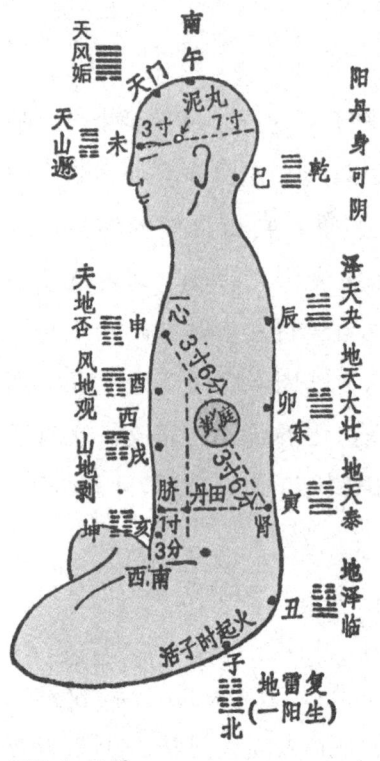

周天火候图

采大药之前，为做到"六根不漏"②，先准备下状如馒头的木座，上以棉布覆盖，以抵住谷道，同时将鼻呼吸变为内呼吸，用木夹夹住鼻窍，防止内炁由上、下鹊桥③外泄的危险。

大药生时，如弹丸、火珠，惊颤旋动于脐间，先后上腾心位，前触阳关，后冲尾闾。由于心位不能存炁，止火后阳关已闭，尾闾遇阻不透，便下奔谷道而去。这时谷道外用木座抵住，内以"吸、舐、撮、闭"四字诀，乘大药自动冲关之机，以"五龙捧圣"之

---

① 六根震动为丹田火炽，两肾汤煎，眼吐金光，耳后风生，脑后鹫鸣，身涌鼻搐之类。

② 上用木夹夹住鼻窍，使鼻根不漏；含两眼之光使眼根不漏；凝两耳之韵使耳根不漏；舌舐上腭使舌根不漏；下用木座抵住谷道使身根不漏；一念不生使意根不漏。

③ 上鹊桥在印堂与鼻口，下鹊桥在尾闾与二阴。

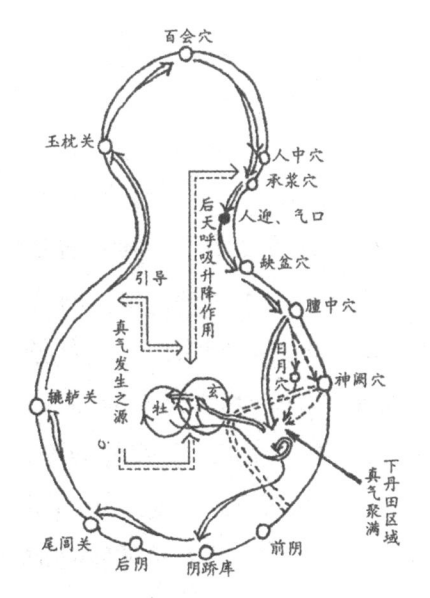

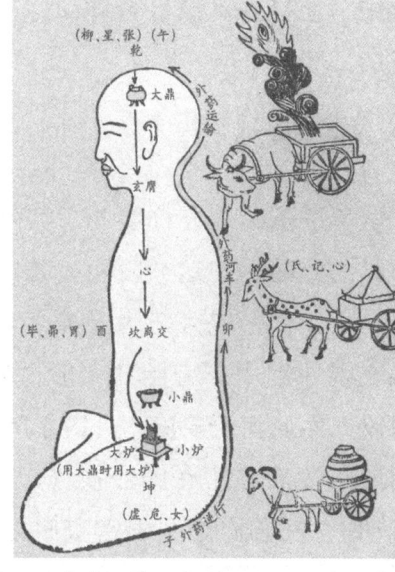

大周天河车搬运图　　　　　　　内外二药、大小两鼎、三车运药图

秘① 用微意轻轻上引，如同羊拉车过尾闾而至夹脊关。大药在夹脊关通阻不动时不可意引其动，要待其忽又自然而动时以微意轻引，便如鹿拉车般轻快地撞过夹脊关升至玉枕关。大药至玉枕关又遇阻不动，复以五龙捧圣之法待其如牛拉车②自动以大力冲开玉枕关，直贯顶门脑中以意守之，补足泥丸、髓海，谓三华聚顶，再引下至印堂。大药在印堂遇阻不通，易从上鹊桥泄漏。这时须用木夹关锁鼻窍，以舌舐上腭，将大药引下，如甘露、雀卵，颗颗降下，过十二重楼（喉下气管），下入中丹田亦通彻于下丹田，须行卯酉周天以团聚大药。中关仙术须移鼎于黄庭，将中丹田和下丹田合成一个虚空大境界，称小鼎炉，采大药服食后入于黄庭

---

① 五属土，为真意，龙乃元神，圣为大药。用意引大药过关之法为五龙捧圣。其诀或以心、肝、脾、肺、肾之五气化为红、青、黄、白、黑之五龙，以水（黑）龙居左、火（红）龙护右，青龙、白龙、黄龙拥丹上行。

② 羊车、鹿车、牛车，丹家名之为"三车牵引"，由尾闾至夹脊，如羊驾车，细步慎行；由夹脊至玉枕，如鹿驾车，巨步快奔；由玉枕至泥丸，因玉枕细微难通，须如牛驾车，大力猛冲过去。

之中，使目光常照，合神而炼，在此神炁相包，凝为一体，称为圣胎。

七 养胎

所谓圣胎，亦称婴儿，实际上非有形有质之物，而是对神炁凝结的比喻。在这一阶段，先以神入炁，后以炁包神，以元神为大药之主人，以大药为元神之宅舍，直到十月神归大定，恰如神炁交媾在胞中产育胎儿一般，故有养胎之喻。大周天不转河车，只以二炁氤氲于黄庭、丹田之间；其火候不计爻象，昼夜无间断，用四正沐浴亦不在卯酉换气，以常定（意念若无）常觉（按四正行动）、洗心涤虑、绵密寂照之功及入定之力，促使元神发育成长。十月之中炁由微动到不动进而尽化为神，真意的运用也是由双目观照而至无觉，更不着意于火，以免影响元神的大定。实际上，大周天功夫本身就是入定功夫。

大周天的入定功夫，目的是炼阳神，其丹法称为抽铅添汞。汞为阳，铅为阴，汞为日，铅为月，炁动神散则为阴，炁定神纯则为阳。故炁定一分，阴消一分，阳长一分，至二炁全化，昏沉尽绝，独留一虚灵之阳神，方成纯阳果满之胎。在第一个月二炁仍活动升降；第二个月炁动微微；三个月后仅有余炁在中下丹田微动；第四、五个月炁不再动，阴减阳增；第六、七个月定功已纯，化炁为神；至八、九、十个月之后，寂照已久，性功已满，神已纯全，则须用迁法移胎于上丹田，向上关过渡。其中有日月交光合壁、

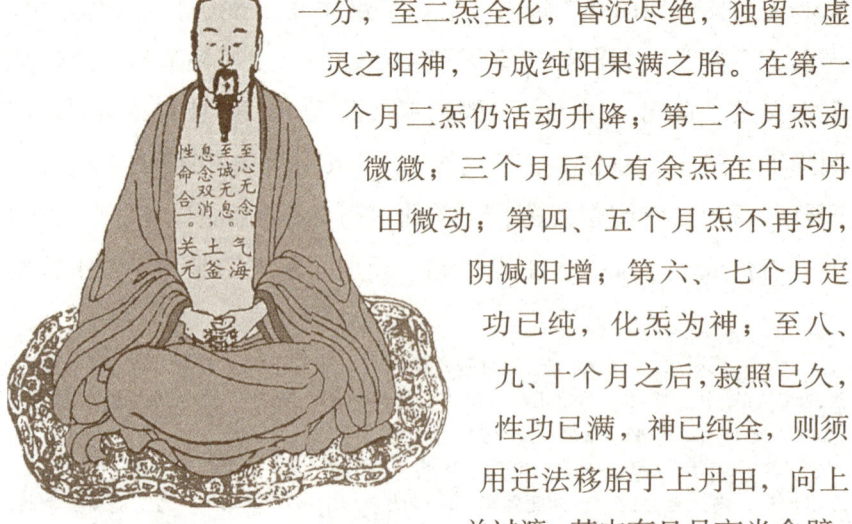

蛰藏炁穴图

芦芽穿膝、珠落黄庭诸景，皆当以卯酉周天收之。中关养胎阶段随丹功进程会逐次出现以下证验。

（一）辟谷现象

约在三个月后，神炁已入定，人体元炁充盈，则饥饿感消失，便会出现辟谷现象。本来谷为后天之物，食谷为阴，体内无阴，自不思食。辟谷现象出现早晚因人而异，直接和人的定力相关，辟谷早则说明得定早，以后出定亦早。辟谷是入定的证验，不可强求。

（二）昏睡全无

约至六七个月后，定功已纯，元神为胎之主。这时自然无昏沉之意，也不需睡眠了，但有一分昏沉之意，便有一分阴在，昏睡全无是阳神旺盛的证验。

（三）胎息脉住

养胎至八九个月时，炁已尽化为神，即出现脉住之候和体呼吸现象，这时人百脉俱和，如有如无，口鼻中已不存在呼吸，说明已返回到如在母亲胞胎时的境界。

（四）六通之验

养胎至十月圆满，成纯阳之体，日月合壁之后，神归大定，定能生慧，遂有六通之验。漏尽通在小周天功法时已达到，重返童真之体；天眼通能见天地间一切事物；天耳通能闻十方之声音；宿命通能晓世事因果；他心通能知别人思想；神境通能推往知来，洞察隐微。实际上，所谓六通大多是通过修炼开发出来

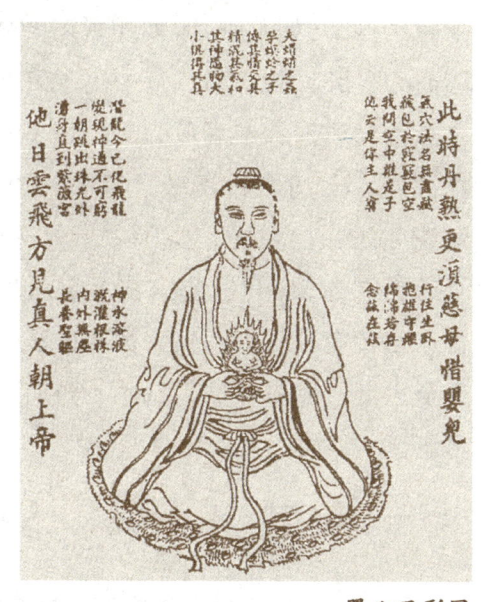

婴儿现形图

的人体潜能，其中遥视、透视、遥听、预知、思维传感之类已有实验报导。然而内丹家对人体潜能的态度，和现代气功师不同。他们把这些心灵潜能现象当作炼丹中必然出现的证验，不喜不惧，仍以炼成内丹为人体实验的最终目标。特别是对神境通，他们担心这种对识神的智力开发反而导致元神蒙昧，故特别小心。《仙佛合宗》云："惟神境一通，乃识神用事，若不能保扶心君，即为识神

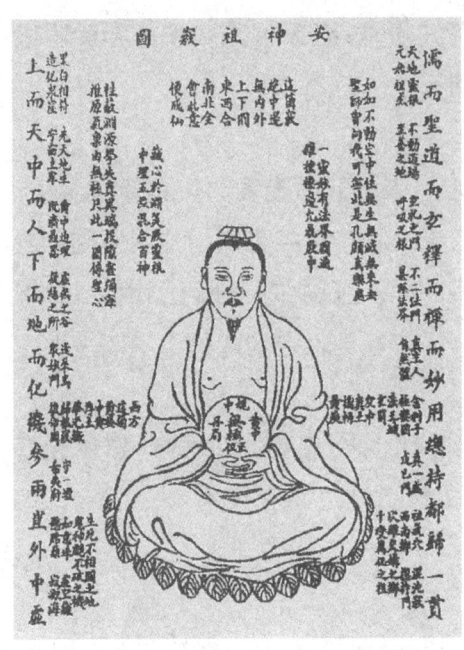

安神祖窍图 Ⅱ

所转……惟是慧而不用，则能转识成智，始得证胎圆之果也。"

十月养胎期间，会突然胸膈闷痛，口吐淤血；如斧劈脑，便下脓秽，此乃如龙脱骨，如蛇蜕皮的真空炼形之景，可使痼疾俱消。继而心、肝、脾、肺、肾中阴气炼尽，又有五气朝元、赤蛇透关之景。大周天入定后还会出现许多幻觉，丹家称为外景或魔，有六欲魔、七情魔、富魔、贵魔、恩爱魔、灾难魔、刀兵魔、圣贤魔、乐魔、色魔，实际上皆是人们在中国的现实社会中经常泛起的欲念。内丹家要求在入定后见魔不认不应，皆以正念扫去。丹家秘传有存思太阳真火焚身之法，可消魔障。当十月阴尽阳纯，神全大定，胎息脉住，自然不再有魔，应进入炼神还虚的上关仙术了。

第四阶段：炼神还虚（上关仙术）

内丹学中认为道即是虚无。丹经中以○代表虚，宇宙中只有○

是不坏长存的，神归虚无，就完成了三归二、二归一、一还〇的全过程,称为与道合真了。炼神还虚为丹功的最高阶段,纯入性功,约为九年,前三年乳哺阳神,后六年有出神之景。

八 出胎

炼炁化神之功完成后,只剩下一寂照之神,元神不能久居中、下丹田,须先用迁法将神迁至上丹田(即脑中心之泥丸宫,为阳神的本宫),称为移胎。然后将阳神寂照于上丹田,混融成一虚灵之境,存养阳神,称为乳哺。这是说阳神初时尚未稳定,如婴儿幼小需要乳哺。乳哺的基本丹法是入定,入定即炼神,神愈炼愈纯,称作见性,入定愈久,定力愈大,阳神则愈健全,神通也愈大。丹家称人体为"壶",坎离交媾直至出神,皆是在壶中的腔子里完成的。在上关仙术中,《黄庭经》中的三部、八景、二十四真之身神皆现出景象,丹家入定收服为护法,可见丹道修炼离不开人体的腔子。阳神乳哺日久,六通已全,性合虚无,这时在死心入定之中,突见眼前有金莲从地涌出,上透九霄,化为飞,天花乱坠的景象,囟门自开,为出胎之时。囟门又称天门,其实婴儿时囟门原是开的,此时天门骨亦如婴儿般开缝,金光四射,香气满室,阳神自泥丸宫脱胎而出。如果不及时出胎,神久拘于形中不能解脱而还归虚灵,仍可离定而动,出现危险。例如道士的尸解,和尚的坐化都是元神出壳失去控制无疾而亡的结果。

调神出壳图

即使没有尸解坐化，神拘于躯壳中顽而不灵，也只能算"寿同天地一愚夫"。阳神即人的精神的最高精华，是至虚至灵无形无质的。

调神出壳之后，三年乳哺功完成，要继续六年温养之功。此时在人的躯体二、三尺周围，出现一轮金光，即是温养元神（法身）的乳汁。其法先以法身近于光圈前，以念聚光收于法身之内，然后收法身入躯，依灭尽定而寂灭之。此功法要以太虚为超脱之境，以泥丸为存养之所。为防止阳神出而不归，迷失本性，须旋出即收，多养少出，始则出一步即收，宜近不宜远，宜暂不宜久；继则出多步、多里而收，渐出渐远，渐出渐熟，使阳神逐渐老成。

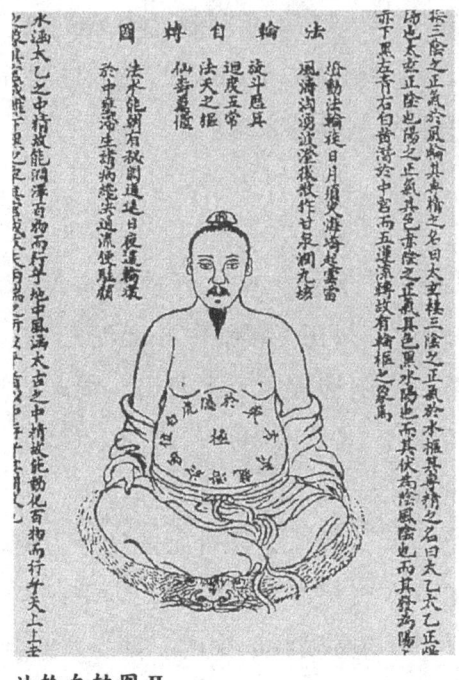

法轮自转图Ⅱ

阳神出壳后，仍会有幻景出现，引诱阳神迷失不返，这是由于原来炼己不纯，有阴神外游造成的。不得已，尚有炼虚一段功夫，以补原来炼心未至之功。这时重以定功炼神，神愈炼愈灵，渐入道境，放阳神出去，便可以达地通天，千变万化，移山超海，神通广大，并能将法身愈分愈多，称为身外有身了。

九　还虚

还虚合道，为内丹学最终的撒手功夫。这时复将阳神收入祖窍之中，炼而复炼，炼神还虚，更于虚无处炼之，阳神百炼百灵，炼得阳神的慧光内神火，贯通躯体百窍，阳焰腾空，透顶透足，将色身（躯体）炼化入法身（阳神）之中，使神光普照。最后炼得通身神火，躯体崩散，粉碎为不有不无、无形无迹的先天祖炁，还归于○，一如佛家之无余依涅槃，方是还虚合道了。这最后一步称为"虚空粉碎"，做到聚则成形，散则为炁，便见仙人本色。内丹家所谓"带肉大觉金仙"、"万劫不坏之躯"、"本来面目"，所谓"形神俱妙，与道合真"、"性命双修"、"超神入化"，都是化归虚无的意思。

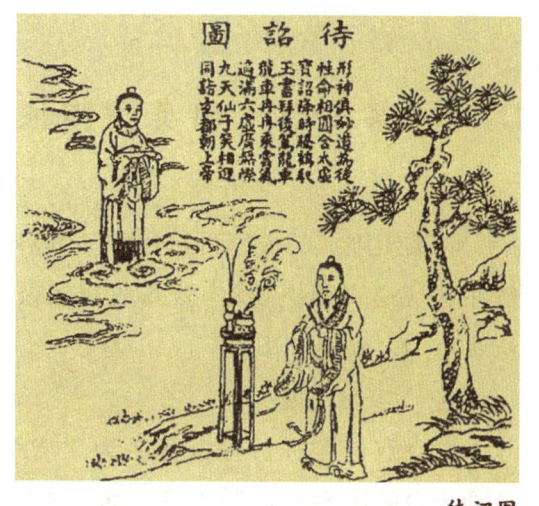

待诏图

内丹修炼的全过程是以道学的宇宙生成论和内丹学原理为依据的。炼神还虚，就是要炼得神不自神，形神两忘，不见有道法可修，不见有神仙可证，尽归无极，复还空无，达到与天地合一，与宇宙同体，乃至后天和先天合一的境界。内丹学认为，宇宙的自然本源是道，道就是虚无，是宇宙中唯一永存的○。内丹学追求人与道的契合，其中所谓"长生成仙"的概念，也无非是虚无一个圈子。俗人像在现实社会中求名求利求色求权一样想通过炼内丹追求长生成神仙，这本身就和道教内丹学的理论背道而驰。《唱道真言》云："炼丹，非有事事也。无所事事，方谓之炼丹。人能无所事事，以至于心斋、坐忘，丹亦何必炼？丹至于不必炼，乃善于炼丹者也。"又说："夫无上之道，原无可道，无上之丹，原无所为丹，欲执象而求之，背道远矣。"

读者须知，自身阴阳的清净丹法乃所有丹法的根基，学者应将此丹法程序烂熟于胸，才有可能深入其他丹法之修持。

第三节　同类阴阳彼家丹法程序

同类阴阳派的彼家丹法程序，历来秘而不传，外界少有人知。仇兆鳌《悟真篇提要》，微露双修派彼家丹法之玄机，今依师传法诀特为之破译如下。

（一）凝神定息

男女双修功夫，丹家称之为"清净头，彼家尾"，因之要把凝神定息的踵息术贯彻始终。其诀要万缘放下，心息相依，虚极静笃，一念规中，行玉液炼形之功。

（二）运气开关

其法有积气开关与聚气开关之别；积气开关功迟，聚气开关功速。开关为得药做准备，欲采药上运，必须关路通畅。积气开关乃贯通任督二脉的逆转河车功夫。聚气开关须用女鼎熏蒸，外提玉茎，姹婴含吐，使管通关透。

（三）保精炼剑

元精坚固，则剑锋刚劲；锻炼有方，则剑气通灵。剑要刚、通、灵；金水相资，刚柔选用，屈伸如意，呼之立应，则可明强弱而出入，用提吸以回阳，或侧身修道，或颠倒行功，顺逆皆可用之。

（四）采药筑基

鼎佳剑良，须按寅申

裴航与云英

子午气动时刻，用法器（渡河筏、上天梯）按地天泰卦，于晦前朔后采药筑基，以前短后长之作用行功，使民安国富，身雄力健。筑基用后天鼎器，每日两番，乃滋培温养之功。

（五）还丹结胎

诀用二七先天鼎，待其天应星，地应潮，唇红如珀，瞳黑如漆，两眉间现"太平钱"象，五千四八先天首经当产，急忙下手，如磁石吸铁，隔碍潜通。此先天虚无真一之炁，送归土釜，配以流珠，到口香甜，遍身沉醉，便是一得永得之金液大还丹。此炁肇自混沌鸿濛，霎时乍来，惟此一度，三家相见结婴儿，片晌得丹。

娘娘分身图Ⅰ

（六）火符温养

此乃双修派抽铅添汞、取坎填离之功，属炼炁化神阶段。其功法之行颠倒、识浮沉、调水火、辨癸壬、合戊己，大致与筑基相似，须用阳火阴符，抽彼之铅，添己之汞，务要天君泰定，对境无心，三百日朝暮行六百卦。周天数足，十月胎圆，婴儿现相则通神入圣。此段功夫须守满持盈，防止阴佞阳骄，妄作走丹；更要慎密火候，防危虑险，功成则将丹房鼎器善遣之。

（七）抱元守一

其炼神还虚之功，和清净丹法相同。十月功完，阳神出壳，须行哺乳温养，入定寂照之功。此段还虚合道功夫，乃无为之性

第十一章 丹道修炼的基本程序

功，诀在绝虑忘机、逍遥静观、虚寂恒诚，便可达天仙境界。

彼家丹法之功程，开关须三七，炼剑用百日，筑基在期年，还丹只片时，温养经十月，抱元历九载。内丹学本是仙家虚无大道，中间琴剑鼎炉，乃搭桥借径之方便法门。其采药之法诀云："垂帘闭兑目视顶，鼻引清风入金井。拳手缩脚似猿猴，明珠自上昆仑顶。"这套功法，虽说步步有诀，但一经抉破，即可恍然大悟，要言不烦。然其用五千零四十八卷《大藏经》之先天金鼎一说，是中国封建社会妻妾成群的腐朽婚姻制度之陈迹，为现代文明社会所不容，必须坚决革除。否则一旦有人秘传此法，就会引诱一些人创造条件跃跃欲试，出现触犯现代道德和法律的性犯罪，成为社会之大害，危及内丹学的声誉。我在1980年冬得彼家丹法之法诀，深知此派丹法中有可知而不可学者，有可学而不可修者，有可修而不可传者。研习内丹学必须有足以自律的思想品质和高度的社会责任感，否则好大喜功，误传误导，反而给内丹学的研究事业造成灭顶之灾。对此种丹法应重新研究，取利去弊。孚佑帝君《指玄篇》诗云："天机不泄世难知，泄漏天机写作诗。同类铸成驱鬼剑，共床作起上天梯。人须人度超尘世，龙要龙交出污泥。莫怪真情都实说，只缘要度众群迷。"丹家每言"只有铅汞二味药，余者多是弄愚夫！"同类阴阳之彼家丹法是古代丹家的一项发明，其上乘法诀所用采药之彼乃神剑，故可用炁不用质，采清不采浊，

密宗双修图

须有拿云捉雾的手段，非等闲之辈所能行。无上瑜伽之乐空大定，提取明点，亦是如此。总之，彼家丹法是一项仍须实验和研究的课题，不应使其失传，但又不可滥传，以免造成流弊，危害社会。

第四节　同类阴阳龙虎丹法程序

同类阴阳之龙虎丹法，本为中国内丹学人元丹法的一条正脉，是世界上其他宗教修持法门所没有的不共法门，是中华民族一项特殊的文化遗产，不应使其失传。然《华严经》载善财童子五十三参，所参访皆单身男人及单身女人，惟有参德生童子和有德童女学"幻住"法，与三家相见、生龙活虎的龙虎丹法相类。陈

善财童子五十三参图

致虚《金丹大要》中有《丹法参同十八诀》，为同类阴阳龙虎丹法程序要诀，读者可以自己参究。今依《金丹真传》将孙教鸾真人于明万历年间传出的同类阴阳龙虎丹法程序略述如下。

（一）筑基

丹家先将乾坤为鼎器，用法器依程式与灵父、圣母、乳虎同修百日筑基之功，取坎填离，追彼气血，入我丹田，用逆不用顺，用气不用质，以对境无心为法诀。此百日筑基功，乃迈过丹功之铁门槛，咬碎一个铁馒头，琴剑、兑艮互用，生龙活虎并行，补气补血，将自身还成乾体，立就丹基，人仙不远。筑基之功实为修补之道，《金丹真传》疏云："补之之时，神交体不交，气交形

不交,虽交以不交。却将彼血气用法收来,与我精神两相凑合,而凝结为一,然后虚者不虚,损者不损,而丹基始固,可以得药。"此法必用鼎器、法器,依人体上、中、下三关吹嘘进气,先开关窍,追得彼家气血入黄庭宫内和合四象,复成乾健之体。

(二)得药

此乃人仙之第二步功。《金丹真传》疏云:"得药者,采取后天鼎中外药,收入身中,与我补完之气血,两相配合,使点制阴精,化为真汞,然后形神乃全,寿元坚固,可为仙佛之阶梯。"阴精乃我身五脏之气,未得外药,散乱不凝。此法须明药分癸壬,癸不采而壬可采,因为癸铅乃阴中之阴,不堪为药;壬铅乃阴中之阳,可以为药,采之数度,丹基坚实,才能结丹。七日得药,体内阴阳相搏,阳长阴消,丹自内结,如醉如痴,昏昏默默,百刻功成,才觉精神爽快。得药乃生死大事,须道侣扶持。

(三)结丹

伏虎图

结丹为人仙修成之功。采得外来之药,擒制我体内五脏之气,使不散乱,两相凝结,聚而成丹。丹基初立,须将耳、目、口等六门紧闭,静心调息,谨慎梦遗,排遣昏沉,节省言语,进火退符,在下丹田(炁海)温养锻炼。如此百日火功,血化为精,精化为汞,阴退阳纯,得半斤真汞,名曰"己土",是谓结丹(内丹),即至人仙之位。

(四)炼己

炼己乃地仙之初功。龙虎丹法每云"还丹容易,炼己最难",须将己身中之活汞,炼成一块干水银,称汞结成砂,方可行还丹之功。《金丹真传》疏云："其必在欲绝欲，居尘出尘；洁净坛室，安排琴剑；看铅花而行火候，托黄婆而定浮沉；凭侣伴而分刻漏，照子午而备抽添。用飞灵剑采铅于虎尾之中，用通天剑进火于龙头之上。依法度追魂制魄，凭匠手捉雾拿云。使神冲气，气冲形，熏蒸百骸；火炼铅，铅炼汞，配合三家。赶退三尸九贼，消磨六欲七情。精津血液，一点化为琼膏；唾涕汗泪，半滴不生诸窍。"直到"骨气俱是金精，肌肤皆成玉质"。这套功法要求较高，须别安炉鼎，重置琴剑，日日行功不止，弦前弦后火候无差，心无杂念，步步不离龙虎窝，直到见到效验，炼己功纯，再行还丹之功。

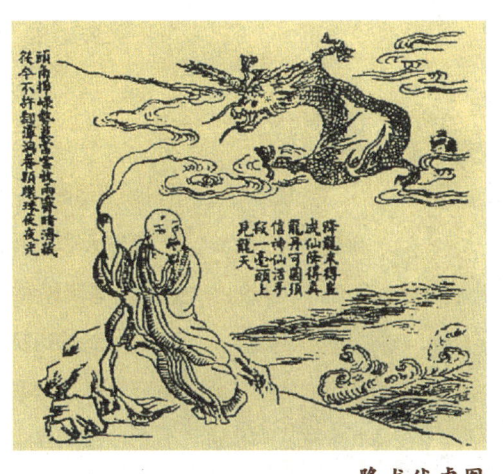

降龙伏虎图

（五）还丹

还丹为地仙之关键功夫。丹分内外，内结丹而外还丹。外丹者，彼之真铅，名曰"戊土"。结丹之法，由我不由人；还丹之功，在彼不在己。此为龙虎丹法中采取彼家先天太乙真气（水中金）之功，必须穷戊己，定庚甲，于晦朔前后，癸尽铅生，须六根静定，大用现前，流戊就己，采此先天中之先天，仅几十分钟时间（二候）即可得丹，然后归入土釜，以四候匹配阴阳，运药合丹。在龙虎丹法中，"前行短"（二候），"后行长"（四候），皆指行功时间、息数而言。《金丹真传》疏云："还丹者，彼之真阳方动，即运一点己汞以迎之，外触内激而有象，内触外感而有灵，如磁吸铁，收入丹田，还外丹也。""以下弦之弦后，合上弦之弦前，则阳与阴相凑，魂与魄相成，二八共成一斤，是为满月，是为纯乾，而丹道成矣。"《金丹大要》云："行人既得刀圭入口，运己真火以养之。运火之际，忽觉夹脊真炁上冲泥丸，沥沥有声，似有物触上脑中。须臾如雀卵颗颗自腭下重楼，如冰酥香甜，甘美无比。觉有此状，乃验得金液还丹，徐徐咽下丹田。"其中火候最秘，采取有诀，须元神主宰，虚心实腹，归根复命，有无交入，颠倒妙用，依师传行功。

（六）温养

温养实为炼药功夫，十月温养，二月沐浴，共一年时间，九转功成，阳神可待出户。此段功法相当于清净丹法中之养胎阶段，但须用鼎器，进火退符。《金丹真传》疏云："故温养之时，必用鼎器，辨屯蒙，朝进阳火，屯卦直事；暮退阴符，蒙卦直事。""朝屯暮蒙，进火退符，法十二时而行事，亦协三百六十之数。""然进火退符之时，含沐浴一节在内，沐浴者，住火停工，洗心涤虑，而防危虑险也。""修真之士，运火行符，须要精调火候，斡运天罡，顺阴阳四时代谢之机，明天地五行生克之理。呼宜默默，吸用绵绵。庄子曰'众人之息以喉，真人之息以踵'者，此也。"其中以生龙活虎按法度吹嘘，须心定性觉，知白守黑，神明自来。

（七）脱胎

此为出阳神成地仙之功。《金丹真传》疏云："凡父凡母交，汞来投铅，阳施而阴受，谓之顺，顺则人胎结，而生男生女。灵父灵母交，铅来投汞，阴施而阳受，谓之逆，逆则圣胎结，而生

娘娘分身图Ⅱ

佛生仙。""十月胎完，霹雳一声，顶门迸裂，婴儿出现之后，又有调神一节功夫。"其调神出壳之法和清净丹法同，然后身外有身，化身百千，周游三界，为陆地神仙。

（八）天仙

此龙虎丹法之最高境界。言修真之士，广积善德，功满三千，行圆八百，"然后冥冥之中，默相感召，降生龙女，按五千四十八日之期，正合一览《大藏经》之数。天地日月之精会于斯，阴阳五行之粹聚于斯，标灵呈瑞，结一宝珠"（《金丹真传》），名

汉文版《大藏经》

藏文版《大藏经》

为玄珠，饵而服之，名列仙班，天仙成矣。所谓"玄珠"，乃是宇宙之先天鼎中所产黍米珠，悬于空中，霞光耀日，高贵莫名，服此玄珠，便可赴瑶池，功成名遂，大丈夫平生之事毕矣。此乃金鼎火符龙虎并用之同类阴阳栽接丹法，乃张三丰祖师一脉真传，其要诀全在用鼎，药由生龙活虎而来，丹由乾鼎坤鼎而结，阴阳相激而生药，阴阳交合而成丹。此种丹法，亦重炼心，炼心不死，虽得真炁，而无元神主宰，终不见功，其中诸多细处，"工夫毫发不容差"也。

第五节　虚空阴阳之虚无丹法揭秘

虚无丹法之要诀，端在"虚无"二字，与其他丹法所不同者，

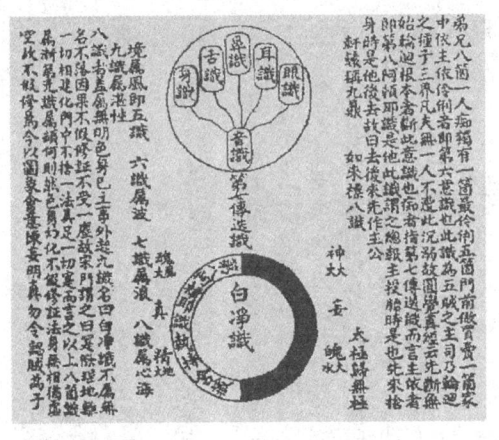

道教八识图

首先是定力要求甚高，属丹道里的顿法，程序简单，一步登天。其基本法诀可见《天仙心传》，此书既名"心传"，乃心领神会之传授，靠读者诵读此韵文自己悟解。另有仙人李泥丸祖师之《三尼医世功诀》，略述其程序，读者可以参考。所谓"三尼"，即"仲尼"（孔子）、"牟尼"（释迦）、"青尼"（老子）三教圣人，显为儒、释、道三教之精华，据说王阳明及其门人王龙溪亦曾研习此书，后由闵小艮连同《天仙心传》、《三尼医世》、《如我是闻》、《泄天机》等虚无丹法功诀一齐公之于《古书隐楼丛书》中。所谓医世者，非谓禳旱涝、消灾疫、厌兵火等道教方术，盖因明玄学者，不屑为触石斗棋之幻；握神机者，不屑为羽扇反风、杯酒噀雨之事，此书所传乃参赞天地之化育的大道而不是小术。盖天地无心，其心在人，人为宇宙之精灵，天地之缩影，故人亦有转移天地造化之力。凡天地间之暴殄之气，足以致虚耗；淫乱之气，足以致水涝；冤抑之气，足以致亢旱；悖逆之气，足以致刀兵；乖戾之气充于世间，而世运必危，世人作孽深重，天将聚而歼之。大道流行，人心向善，则祥和之气充于世间，

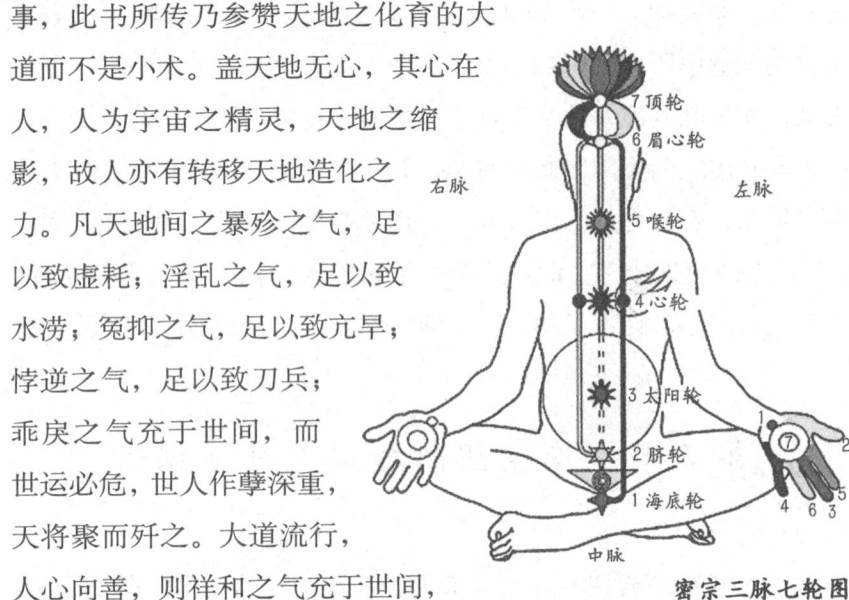

密宗三脉七轮图

必能维持世运。如此传道便是正天地之气，医世运之病，此为"医世"一说之由来。老子《道德经》云："故道大，天大，地大，王亦大。域中有四大，而王居其一焉。"（25章）何以谓"王"为四大之一，因"王"有权，有权而无道，则可以致天地之病；有权又有道，则可医天地之病。道家学者多为素位布衣之士，仅可以劝善教化世人，不可以强令世人必行。故《三尼医世说述序》云："世之为病有二，曰人为之病，曰天运之病。人为之病，戾气所钟，所谓自作之孽不可活，惟有权者能医之。天运之病，协气可逭，所谓天作孽犹可为，惟有道行能医之。"要之，虚无丹法是一种在虚极静笃的境界下以人心合天心，以正气化戾气，以人体修炼交通天地之气的功法。

虚无丹法之修持，亦可用其他丹法为基础，再向上一步，转入虚无。故云"当以《参同》、《悟真》了命，《大洞玉经》化凡，《唱道真言》炼心，然后以《三尼医世》证果。"又云："性功不圆者验不淳，命功不圆者质不坚，气质不圣者用不神。三宝尽圆，返夫先天者，行之藉诸人。此即至玄玄理。"其法诀之要点，是"先修人道，再修仙道"。所谓"人道"，即清净丹法之修任脉、督脉的小周天运药工夫。任脉通心，为赤道；督脉通肾，为黑道；在任脉之赤道和督脉之黑道间后升前降

魂魄图

的运药工夫,统称"人道"。中间从海底会阴穴至头顶百会穴脊前心后之夹缝直上直下一线,为黄道。赤道和黑道可以运行先天和后天之气,但黄道只容许先天炁进入,如果混杂后天气则出闯黄、闹黄之大病,故黄道又称仙道。实际上虚无丹法是直修仙道的功法,在虚极入定下真一之炁直归黄道,其逆转任督法乃其"加行"。此功法类似于藏传密宗白教"大手印"之"四瑜伽"或红教之"大圆满"工夫,但黄道比大手印之中脉要求严格,真炁归黄后上冲百会穴之囟门镇骨,下降时亦可由任脉直达海底。其功法是元神的妙用,就如大手印之"四瑜伽"必先见到灵明性体一样。虚无丹法之药物为先天一炁,其火候为元神妙用,其鼎炉为玄关一窍,故其药物、火候、鼎炉都是真的。虚无丹法以真性元神、真一之炁感应天、地、人三才之真,可出现许多天人交通的逼真景象。丹家以刚健中正之真性(中正为性之体,刚健为性之用)于方寸之内,纳大千世界于一粒粟中,感应天地之气,道之用存乎其人,人故能行,行必有成,小用则小效,大用则大效。但能虚其心,直其体,平其气,以甚深定力,安守下极,逼透尾闾,用下翘上耸之诀,久之觉脊背,旷若通衢,山花夹道,绵亘上行,如朝神殿。气至昆仑,则见白虹一道,啸啸有声,又见赤焰震烁,已至天罡顶门,入元神殿。又闻天乐弥空,凝神定志,突起霹雳,甘露普降,遍体作旃檀气,寂而守之,则光明顿开,见沃野千里,城雉环列,气象壮丽,身成鄞鄂,已至仙境。至此身随云逝,渐入虚无,回视天宫五彩眩目,俯视大地山川相错。"定神审视,熙来攘往之众,粟如蚁如,既而渐近,历历如掌示。斯时心目中,觉众庶非众庶,直是一我所分现。众庶之悲愉忻戚,悉无所隔,直是一我所亲尝。此即融万为一,物我无分之真境也。"(闵小艮《读三尼医世说述管窥》)要之,此功法先由心注脑,继而由顶门达胸,由胸达腹。其行人道通任督时,则由下极穿尾闾、循夹脊、透玉枕、上昆仑、驻泥丸,天雷震动而任督相交,甘露霈洒,五脏清凉。

第十一章 丹道修炼的基本程序

人身督脉黑道有三关，乃尾闾、夹脊、玉枕。尾闾起，号曰漕溪，又名黄河，过夹脊至玉枕，因其窍细，又名铁壁，可穿窍入脑。人身之任脉赤道有三田，乃上丹田、中丹田、下丹田。上丹田为泥丸宫，乃藏神之所，正对眉心天门穴（又名天目）。眉心下鼻柱，内藏两窍，谓之鹊桥。喉下气管十二节，称十二重楼，直达肺窍（胸膺，又号阙盆）通心脉，中有一窍，名曰绛宫，乃龙虎交会之处。绛宫下为中丹田，又名上釜，亦名黄庭中宫，乃藏炁之所，养丹之地。脐门号曰生门，脐后肾前正中处，名偃月炉，又名炁海。稍下为下丹田，乃藏精之所，采药之处。真炁穿尾闾，如蛇内钻；及至夹脊，若升车轮；及透玉枕铁壁，声若海潮；继尔甘露洒须弥，华池甘香，眉心挚胀，天门随开，全身关窍一齐爆开；引气过鹊桥，清凉香甜，灌溉五脏，直归肾根，为一周天。诀云"穿间破关是人道，息心止念为圣功"。斯功而后，方可从尾闾前海底虚穴而升，名曰"归黄"，上达顶门百会，得真一之炁。天心之气曰真元，真元之宰曰真一，真一即天心，如此一丝不挂，身世两忘，复归无极。

《三尼医世功诀》入手功夫如下：

法先闭目，意敛目神，向脑一注。继于脑中，向顶注之。

丹家行则意注两涌泉，坐则意注两腰肾。今行虚无丹法，向脑一注，脑为髓海，再向上意注囟门顶骨，自内意守天灵盖之百会穴，真一感通，得见红黄色星点，如雨沥下为验，此即《天仙心传》之"爰引天罡，晋照常持"之法。

乃自百会，下游阙盆。游夫阙盆，体得闲趣。

头为阳，腹为阴，引乾阳下注以决阴，胸乃阳和阴的通道。阙盆即胸膺（又名绛宫），气到此必有纷扰之景象，必要毋率躁，毋昏迷，毋莽荡，须识胸中本无一物，一尘不染，五蕴皆空，光明磊落，彻地彻天，机动而心体现。

运值正午，诀惟勒照；巳值未正，正本清源；一入申正，植培而已；运至戌亥，法惟屯蒙以俟复。

《天仙心传》云："于天于渊，无间刻时"。气运行至"姤卦"，天下有风，无路不通，中元运旺，恰为"活午时"，一阴来姤，故宜勒照。后阴渐长，当迎真一之炁以化之，正本清源，殊少偏颇。当阴至半，为申正，当防危虑险，培植为事。至阴过半，迎乾气以廓清之，使民自新，后阳气更衰，六爻皆阴，法惟息养以俟其复。此时真炁由胸降至腹，腹为地，为一虚空大境界。闵小艮《医世说述管窥》云："忆昔事此，每到身世两忘，旋现一境，上截清彻，下截浑如，虚无边际。返而内照此身，肢体脏腑空无所有，但觉白者天如，黑者地如，且有激浊扬清之变化，流露于动静之中。寂而体之，下界叠现，历历布若棋局；更寂体之，又见熙熙攘攘，纷若明窗之尘，以是气机之征验。"

已而花开见佛，自造庆会，于万斯年。

闵小艮《医世说述管窥》云："若未迎合真一，但当循是征验，益加虚寂其心，值此真元景象于不见不闻之中，庶不为元所障，久之自可冀得真一。"此段功法，必以《天仙心传》之"圆虚圆寂，圆清圆和；何内何外，何有何无；生生化化，一付如如"，开心见诚，毋意必固我，随机导引，以真一为宗。

于是时也，功造无间，一举一措，不谋自合。盖已两气混一，志神不二，是妙凝之神验。

行到此步，宜人我两忘，任此乾坤正气，氲如氤如，有弥天盖地气象，乃得此验。

飞升图

功到此际，朝宁雍熙，百工亮采，而民隐君悉。从而加迎真一，下照万方；继迎坤元以抚之，乾元以一之，物产繁衍，民行淳驯。

此乃全以元神主宰，灵明性体显露，是名"真我"，道证果圆。

另有《玄蕴咒》和《玉经》，于行功时持诵之，可至诚无息，渐入道境。又综述虚无丹法全功之《西江月》词云：

筑基全凭橐龠，炼己须用真铅。金水铸剑采先天，得药方施烹炼。

抽添火候不差，再求大药九转。九年面壁绝尘缘，始合神仙本愿。

虚无丹法必心如天之清，身如地之宁，其要诀在"至诚无息"。其功法必从胎息始，胎息成则无息。其诀先虚其心，使息开阖自如，不假意念，后降下小腹，谓之"虚心实腹"。再鼓动小腹，激起橐龠，手摩阴茎及阴囊令热，使阳气发露，以应天地之阳气。阳举而动欲火，则我之阳气被天地消受夺去；阳举而欲不动，则我召摄天地之阳气。先行人道，待遍体冲和，再行仙道。其法乃于阳生之际，以天目照定阴跻，使之随息起伏，自觉尾闾前灵窍开启，窍内飕飕然，如磁石吸针，将天地之真气吸入阴跻，沿黄道直达泥丸，存三五息，沿重楼降入下丹田，复存三五息，又至阴跻。复由阴跻穴中黄直透，不计遍数，直至元气冲和，精满不思淫，如不动金刚之体。待先天活子时至，阳生而急采，透尾闾后升前降运周天，结为内药。待正子时至，真阳萌动，采外药过关服食，天灵盖有甘露洒下，直归黄道，在中宫结成大药。后由道友护持，入环静定，眉间放光，感生大药，温养十月，谨持九转，化为意珠，悬于顶上虚际，养育婴儿（阳神），九年面壁，至天仙境界。

第十二章　女金丹述要

内丹学注意到女子生理和心理同男子有差别，因而有女金丹之传。内丹学以后天离（☲）卦喻男，坎（☵）卦喻女，以为男外阳而内阴，女外阴而内阳，女子本有丹在身中，性纯质柔，因而女子修丹比男子为易。古来女子修仙者多，但论女修的丹经甚少，再由于女子年龄老少、是否婚媾、有否生育等条件不同，修炼次第亦不同，很难有统一的女丹套路。现据所知的女丹道书，可综其源流将女子丹法略分八派。

（1）南岳魏夫人（华存）派，亦称存思派。奉《黄庭经》为宗，存思身神，积气成真，男女皆可修炼。

（2）谌姆派，亦称外金丹派。由谌姆传许逊、吴猛，以许逊《石函记》、吴猛《铜符铁卷文》为主经，传天元神丹之烧炼与服食，兼以符咒修炼。

纪念许逊的西山万寿宫

《黄庭经》

（3）中条山老姆派，亦称剑术派。《吕祖全书》记其源流，以剑术内炼成道，分"法剑"与"道剑"两般作用。

（4）谢仙姑派。仙姑名谢自然，十余岁童女即修道，故亦名童女派。童女尚未行经，身中元气充盈，可免去筑基功夫，以辟谷休粮、服气、安神、静坐入手，以清净无为法得道，传《太清中黄真经》功法。辟谷休粮之术最宜女修，可作为女丹各派入手功夫，非独童女为然。

（5）曹文逸真人派。此派以文逸真人曹道冲所撰之《灵源大道歌》为祖经，以清心寡欲、神不外驰、专气致柔、元和内运为要诀。此丹法为女子清修功夫，男女皆可修，功法纯正，可得玉液还丹。

（6）孙不二元君派，亦名清静派。此派为清静散人孙不二所创，传太阴炼形之法，从斩赤龙入手，先变化形质，后按男女清净丹法修炼，为女丹正宗功夫。此派有《孙不二元君法语》、《坤道功夫次第诗》等传世。

（7）女子双修派。此派功法复杂，有上、中、下三乘，下乘为房中秘诀，有养阴驻颜之方；中乘有采阳补阴之青娥术；上乘

孙不二塑像

赵飞燕　　　　　　　　　　　　　　吕洞宾

有双修双成之诀。其中有玄女、素女、采女所传合阴阳之术；有夏姬调和巽艮驻颜留春之方；有赵飞燕内视之法。女子双修诸派皆称其丹法为吕祖亲传，故亦称吕祖（洞宾）派，有《金丹诀》、《女丹要言》等丹书。另有《西池集》，亦为女丹秘传。此派丹法要知庚甲、辨有无、坐宝龟、着甘露、去浊留香、月照寒潭，骑牛赴月撞金钟，捉得金精锁毒龙，最终达到"救人兼救己，内外两功成"的目的。其实《悟真篇》讲"大小无伤两国全"，亦传有男女两利之双修功夫。

（8）女子虚无派。此派传女子虚空阴阳丹法，有李泥丸祖师和沈一炳大师所撰《女宗双修宝筏》载其法诀。此术亦从按摩双乳入手，以防痰凝血瘀之疾，继而息心清神念注乳溪，先炼形后炼神，先修色身后修法身，最后在虚空中做活计，夺天地之造化，乃最上乘丹法。

女子丹功同男子内丹的差别，主要是筑基入手工夫和初关仙术不同。男子以精为基，女子以血为本；男子入手先要补精，进而炼精化炁；女子入手先要补血炼形，返还童女之身，炼血化炁，使乳房缩如男子，月经自绝（斩赤龙），因而有"男子修成不漏精，女子修成不漏经"之说。女子丹功的关键步骤为"太阴炼形"之术，其重要关窍为两乳中间的膻中穴（女丹亦称炁穴、乳溪，相当男子的中丹田）和血海（子宫所处部位，相当男子下丹田），"形"即为乳房，"质"指经血。男子以精元为命，先炼本元，后炼形质，中老年先补精气，还为童体；女子以血元为命，先炼形质，后炼本元，年老经绝之女子，先炼至月经重至，恢复处女之体，再斩赤龙使体质变如男子，才可按男子内丹功法依次修炼。男女丹法，要在一个"中"字，丹家在变化男女体质的命功上求其"中"，在性功上也求"中"，"中"即是阴阳造化的枢机。女丹只要修成胎息，玄关一窍展开，由后天转为先天，三年五载可抵男子十年之功。

女丹太阴炼形之法，先静坐凝神，舌抵上腭，嗽津咽液，意注膻中穴，闭目调息入静止念。然后以两手交叉捧乳，自左至右以顺时针方向，轻轻揉摩三十六次，再以反时针方向旋转揉二十四次。揉摩时以神相抱，使气机活泼，揉止后以两手捧双乳至膻中，凝神入膻中穴，使元炁氤氲回旋。再将气自下丹田血海微微提吸三十六口，仍两手交叉捧乳，反照调息入定。这时血海之中真炁萌生，上升至两乳、膻中，真炁往来不绝，血液亦随之发生变化。而后将真炁降下血海，循脐轮，透尾间，过夹脊，上升泥丸，

吹箫女仙图

复下重楼，入下丹田，行转河车之功。如此炼血化炁，完成斩赤龙工夫，月经自绝，乳房缩如男子。斩赤龙之后，不必捧乳吸气，只须凝神寂照膻中，真息悠悠，一任河车运转，无碍无滞，小周天初关功成，便与男子内丹功法无异了。女丹初关采用中黄直透的修冲脉功法，亦较方便，采血海中元炁为小药沿冲脉升泥丸再降至膻中（炁穴）炼药，完成小周天工夫。

女丹入手，先须放松入静，心和气畅，火候亦要活泼自然，不可拘执用意过强，妄动武火，以免引起神经分裂症、血崩等奇疾。女子在月经前信至潮未至时，有头晕腰疼之感，称为壬水至癸水未至，可以用回光返照法采壬水补脑，如月经潮到（癸水至），便应停功，心平气和地静养。如果在月经期间妄加采取，反会引起疾病。至三十个时辰癸水尽时，方可行功。

女丹修炼，以童女未行经者较易成功，可省去筑基一段功夫，少女则需加上斩赤龙功法。已婚生育之老年妇女，则不应急于斩赤龙，当先从补救亏损入手。女子丹功，往往和美容术相结合，以驻颜为效验。相传夏姬得养阴之方，年老而貌如处子；飞燕行内视之术，体态轻盈多姿。还有夫妻同修，双补双益者，成为神仙眷侣。中国历史上在公元前6世纪有楚、陈等诸侯之间为争夺美女发动战争的记载，这个美女即是郑穆公之女夏姬，陈灵公为她遭杀身之祸，巫臣为娶她叛楚并挑起吴楚之争，而她当年已近50岁了，足见其驻颜留春之术决非虚传。世上苟有福慧双全之女

麻姑献寿 I

子，结下道缘，得传此女子金丹秘诀，能以现代科学知识进行女丹功法的实践和研究，必能揭开女子内丹之秘，为全人类造福。

为使爱好丹功但尚未入门的女士便于入手修炼，将牛金宝先生1987年在《武魂》杂志上发表的《道教龙门派坤生功法法诀歌》附录如下：

> 盘膝坐，炼静功，全身内外要放松。
> 闭目观心守本命，凝神含光意归中。
> 手掐子午除杂念，舌闭天池津自生。
> 深细长匀调呼吸，心定念止是正功。
> 坐到人我两忘时，光在眼前空不空。
> 下座搓面熨双睛，伸臂长腰气血通。
> 浑身上下搓一遍，揉完两乳揉绛宫。
> 持之以恒能驻颜，人老也会变年轻。

这段法诀浅明生动，便于记忆，为入手功夫。牛金宝之功法传自千峰老人赵避尘（1860～1942），赵避尘著有《性命法诀明指》，读者可以参照《性命法诀明指》一书理解这段功法。但同时要注意，女丹功法，切记不可着相，火候要轻松自然，毫不拘执，这是要特别警惕的。

女子金丹要点及入手功夫既明，再据《坤元经》将女丹修炼程序讲述如下：

（1）静养化炁。女子初行静功，魔障多，束心难，不可强炼硬行，拘执不化，要松静自然，心和气畅。入坐时要万缘放下，清心寡欲，意默血海，二目返照两乳中间炁穴。两手交叉捧乳揉摩三十六遍，自下田血海微微吸气二十四口（童贞少女不必用揉吸之法），而后仍双手捧乳，回光照定炁穴。此为意守膻中的太阴炼形功夫。如此寂静自然，呼则微微起意上照神室，吸则悠悠回气下达丹田,直至虚极静笃,不知不觉生机触动,丹田血海中有一缕清气升至炁穴。复凝神照定炁穴,元和内运,舒散周身,一片浑圆景象,方可下坐。每日打坐宜在亥子时,日可三四坐。

(2)知时炼形。女子月经上应月出庚(初三)、月生甲(十五)之太阴运行之象,下连人体玄根先天真一

麻姑献寿 II

元炁,牵动女子真阴。月经一月一来,分为壬水、癸水。壬水生时,信先至,女子有腰痛身软、头昏喜睡之感,至癸水生,潮立至,经三十个时辰,潮将止未止之时,癸净壬现。月经信至潮未至之时,及癸净壬现之时,皆真阴发动,牵动先天一炁的良机,女子七莲花放,露蕊含苞,为顺则生人,逆炼成仙之期。丹家宜于信到时行化气养形之功,经止时行炼形和气之功。两日半行经赤龙正旺,不可妄行采炼,否则易患血症奇疾,应安心静养为妙。化气养形之法:预先算定信至之期,焚香静坐,呼由丹田起意上照神室,吸由炁穴回返下笼血海,少刻觉生清气一缕上升炁穴,复引下血海,丹田生热,血化之气引动真一之炁,如鱼吸水,真阴发动,身体酥绵如醉。妙景现前,速回光聚气于海底,用意引过尾闾,穿夹脊入泥丸,复透上腭,舌引生液,咽下重楼,至乳间炁穴运液化气,经两乳舒散周身百脉,以养形体。月经将止未止之期,有"三十时辰两日半,二十八九君须算"之口诀,真阴忽

又发动，如鱼吸水，急照前法行炼形和气之功。养形至气旺，一日内真阴数动，亦要静炼数次。女子还元贞之体，全借真阴，萌动出先天真一之炁，炼而运之。

（3）斩龙立根。女子斩龙之功，略有四种。一种内炼丹田与炁穴间之气，接乎外来之气，融成一片，由乳运化，散于全身。同时将口中所生津液和清气下咽丹田，并沿带脉运息烹化，静守自然，称玉液炼形之功。二是意照血海，炼液化炁，沿督脉过三关入泥丸，复化为津液滴下，经重楼入炁穴，在炁穴烹液化气，经两乳流通全身，妙化自然，称金液炼形之功。三是信至潮未至前，采血海之气入炁穴炼化，称索龙头之功。四是癸尽壬生之际，炼血海之气过尾闾转督脉下降炁穴，舒散周身，称擒虎尾之功。要诀皆在真阴萌动时烹炼血海之炁，经炁穴、两乳散于周身。如此壮者二年，弱者三年，经血由红而黄而白而无，赤龙斩断，乳头缩如男子，丹基始立。

（4）采取生药。女子斩赤龙后，可如男子一般炼功。斩龙功后，继之采取之功。其功法即虚极静笃，凝神入炁穴，逆升头顶为进火，进火即为采取；顺降腹部为退符，退符即是烹炼。吸则降火，呼则升水，药均在丹田血海产生。先采心肾之气炼之促生外药；再采外药炼之引生内药；终采内药炼结而生大药。炼心肾之气、外药、内药皆用小周天进火、退符火候，功夫逐层深入，至采大药方用大周天火候炼炁化神。丹家静坐觉丹田温热，心肾之气足，采取穿尾闾沿督脉、任脉入炁穴复降丹田，日日加工，体如蒸笼，紧闭六门，绵绵熏蒸；一年之间，便有生外药之象。此时人体酥绵如醉，异香遍身，眉上明堂放光，外药生于下丹田之内。丹家一觉药生炁到，趁其生机，采而聚之，转河车炼之，后藏于丹田，温养日久，方生内药。女子采得外药有七日混沌如醉之验，最怕忧怒邪念；得外药而内药方生，内药生时女子有肤嫩色艳，貌庄神清之象，观之可知。

（5）炼结还丹。内药生后，可炼结成丹。丹为先天大药，经锻炼还归炁穴，而称还丹。女觉生内药，速采而勿失，即行炼结之功。吸降心中真火以养之，呼升肾中真水以温之，子前进火，午后退符，行小周天火候，取坎离中真土，水火烹炼，渐聚渐凝。丹家用息运炼，一时生恍惚杳冥之景，真炁凝结一团，内结粟米之珠，盘桓活泼，圆灼光明。炼结之功成，再行炼还之功。当炼之时，定息运气以抽铅，行火炼形以添汞，以呼吸轮转，河车搬运，周天火候不差，先天大药结成紫金丹，方可移炉换鼎。大药穿尾闾沿督脉经泥丸降至乳间炁穴，还乎先天本位，称作还丹。丹功百日生大药，一时结丹，三年炼丹，七日还丹。其中得大药，有六根震动之景；移炉换鼎，有五龙捧圣秘诀。女子炼结还丹，目如点漆，光同展电，静极生智，开发出人体生命潜能。

元君像

（6）会合胎息。还丹功成，大药入炁穴，进入炼炁化神阶段。丹家先行乾坤交媾，神炁会合之法，后以胎息养仙胎，为十月温养之功。法以真意引元神下入炁穴，和元炁在炁穴内相包归一，意引息运，交合融化，结成珠胎。然后行大周天火候，如鸡抱卵，如龙养珠，静养胎中生息。而后化后天呼吸为先天呼吸，化真息为胎息，以胎息养胎神。依法制伏呼吸，在前对脐轮后对命门，上自丹田下沿冲脉至两足心之涌泉穴，其间真息自然运动，称真空倒机。丹家于先天大定之中，静中息归于胎，气息似在脐轮又似在虚空，悠悠绵绵，觉有终无，胎息功成，仙界不远。

（7）调养出神。养胎之功，先行入定，息住胎中，胎中生息，随息感应，相合如一，百日神炁大定。再以五脏真气，随息入胎中凝炼，百日药力渐全，为五气朝元之功。复加百日，化去胎中之息，炁化为神，神定阳纯，胎神坚固，炼炁化神之功全。三百日胎神大定，谓之胎圆神全，又称灭尽定。至此须将此太和元灵真性之胎神，由炁穴上移泥丸宫。阳神一名婴儿，在泥丸宫盘结数周，冲开天门，霞光三耀，电闪雷鸣，婴儿出胎。此段功夫，须道伴防护，莫出偏差。

斗姆星君

碧霞元君众仙

（8）合道成仙。阳神出壳，婴儿现形，须经三年哺乳，九年绝阴，方始成熟。初出婴儿幼嫩，恐迷失不返，应即放即收，渐放渐远，炼到出在定中，入在定中，婴儿老成，得大神通，还虚合道，渐至仙人境界。女子金丹法诀，自古丹经罕言，故稍为详述，以便女修。

内丹学中男子自身清净丹法、同类阴阳丹法和女金丹的修炼程序已如上述，这只能算给有志于此道的学者提供一些入门线索。《唱道真言》说："人人说个炼丹炼铅，岂知真丹不是铅作，寻着自己这件丹头，方知丹经千错万错。"丹功的传授需要真师临炉指导和个人在炼丹实验中细心体会，而将这些丰富、形象、具体、生动的自我体验著成丹经就难免千错万错。既然古代内丹家著的丹经尚且千错万错，我们这里概述的内丹修炼程序就更需要学者根据自己的体验去重新认识了。修习丹道的人，万莫将活法学成死诀。

小　　结

现在内丹学的研究正在引起西方一些著名学者的注意。早在1920年德国学者卫礼贤（Richard Wilhelm）就在北京得到一本恰巧是较为通俗的丹经《太乙金华宗旨》，并立刻觉察到它的科学价值，于1926年将其译成德文。1928午，卫礼贤将自己的译稿交给著名瑞士心理学家荣格(C.G.Jung)，荣格为此书写了长篇评述，于1929年出版。1930年卫礼贤教授逝世，荣格又将他在慕尼黑纪念仪式上发表的关于卫礼贤生命研究的讲话收入德文新版和1931年的英文版。此书译印后很快成为畅销书，德文再版5次，1961年贝恩斯(Cary F.Baynes)又与卫礼贤之子卫德明再次修订了英文版，后来日本学者汤浅泰雄和定方昭夫据英文版译为日文，在世界上引起轰动。荣格在对《太乙金华宗旨》的评述中认为中国古老的内丹学和西方现代分析心理学、心身医学是相通的，他从分析心理学中"看到了一个接近东方智慧的崭新的意想不到的途径"，使我确信这篇评述说明荣格是最早以现代分析心理学剖析内丹之秘的人。《太乙金华宗旨》德文第5版上载有歌德的诗："西方与东方，不会再天各一方"，英文修订版按语中提出"认识心灵始终是人类的最终目标"，而内丹学的研究正是指向这一目标的。英国学者李约瑟博士自号"十宿道人"，对道教方术中的科学内容进行了认真发掘，《中国科学技术史》第5卷第5分册专门讨论内丹学，他称之为"生理炼丹术"，并说："内丹成为世界早期生物化学史上的一个里程碑，是值得我们庆贺的一件事。"（何丙郁：《我与李约瑟》）这说明道教内丹学已开始传往西方，它的真实面目正逐步被西方学者所认识。内丹学的研究是打开人体生命科学的钥匙，内丹之秘的揭示必将给人体生命科学特别是认知科学、现代心身医学、生理心理学、脑科学带来突破性的进展。内丹学不仅是"心的哲学"(Philosophy of mind)，而且是"心的科学"(Science of mind)，是新科学革命的突破口。现在我们应努力揭开笼罩在内丹学上的宗教神秘面纱，用现代科学和哲学进行内丹学的研究，使之成为全人类的共同财富。

附录一

斯人在思：直接同先哲对话
——记叶秀山教授的爱智境界

胡孚琛

我初次听说叶秀山教授的名字，是20世纪70年代末在广州中山大学读研究生的时候。这倒不是我读过他的书或看过他的论文，而久慕其名，因为我那时还是一个自然科学领域的学者，对哲学界特别是西方哲学领域的情形所知甚少。我在"文革"前是南开大学化学系的学生，"文革"后原南开大学校长、先师杨石先教授介绍我考取了原中山大学副校长、物理学家黄友谋教授的研究生，研究方向是自然科学史和科学方法论。指导教师还有哲学系的张华夏教授和杨维增教授等、物理系的关洪教授等多人，因此我对这两个系的教授接触较多。我是一个不拘一格的人，在中山大学和哲学系的李锦全老师、丁宝兰老师、罗克汀老师、中文系的王起老师、商承祚老师、电子系的邓鲁阳老师等建立了很深的友谊。

罗克汀教授是西方哲学领域的资深学者，他二十多岁就被聘为教授，20世纪30年代以来和侯外庐教授合作以马克思主义观点写了不少书。罗克汀教授性情豪爽，敢做敢言，因之在1957年中了官方"引蛇出洞"的政治圈套被错划为右派，不得已改行研究远离政治的西方哲学，执教于中山大学哲学系。叶秀山教授的名字是罗克汀教授最先告诉我的。罗克汀教授作为院外专家参加过中国社会科学院李泽厚先生等人的职称评定，对哲学所那批学者的学术水平非常熟悉。罗克汀教授叹息说，他幸亏是在建国前成名的，建国后至"文革"，是一个没有哲学家的时代。那时中国哲学的研究仅限于给老子、孔子、墨子、韩非子等古代哲学家划定"没落奴隶主阶级"或"新兴地主阶级"的阶级成分，或将古人的学说扣上"唯物主义"或"唯心主义"的政治帽子。"陆九渊、王阳明是主观唯心主义，朱熹是客观唯心主义，王夫之是自发的朴素唯物主义"这段套话，竟然是某特殊贡献专家的最高研究成果。西方哲学专家只能整理材料或进行"革命大批判"，马列专家也不过是给中央领导人的话作诠释，发表些紧跟政治的应景文章。我刚进中山大学，就听说"文革"后期广州美术学院的李正天、李一阳、王希哲三个青年化名"李一哲"写了一张题为《关于社会主义民主与法制》的大字报，最早提出要在中国建立"民主与法制"的政治体制，其中有一句惊世骇俗的话是"在中国一个大脑代替了八亿个大脑"（那时中国人口数字号称八亿）。当时这张大字报轰动了整个广州社会和高等院校，被北京的"老一辈无产阶级革命家"发现后将其打成反革命逮捕法办，直到"打倒四人帮"后好久才放出来。显然，在"一个大脑代替了八亿个大脑"的年代，中国是出不了哲学家的。

然而罗克汀教授却预言中国出哲学家的时代快要到了。当时罗克汀教授对中山大学哲学系的教师很少期许，他看中的是中国社会科学院哲学研究所。他历数了哲学所20世纪20年代和30年代出生的一批学者，说叶秀山先生还年轻（他称之为"小叶"），对西方哲学的理解最贴近西方哲学家的本意。西方哲学不是我的必修课，但罗克汀教授要求我必须听他讲授的"现代西方哲学"课程，他认为哲学是人类思想的精华，一个民族兴旺不兴旺，有没有智慧，首先就要看这个民族哲学家的思想水平。罗克汀教授

认为要研究中国的学问，西方哲学家的思想是必须借鉴的，不然就没有站在全人类的高度，也难以在学术史上成一家之言。他说，西方文化的精华集中在西方哲学家的思想里，不对这些思想进行系统研究就不能真正引进高层次的西方文化，也不能真正理解马克思主义。据此，罗克汀教授认为，"中国的哲学家，必然会在那些懂西方哲学的学者中出现。"

记得我有一次缺了一次课，罗克汀教授非叫我晚上到他家补课，一直谈到深夜摸黑回宿舍。后来他不断邀我晚饭后到他家聊天，每次都谈到深夜。中山大学是个有山有水有树有草的大花园，南国的深夜是迷人的，校园里有许多通幽的曲径，一对对情侣出没其间。当时全国还没有实行硕士、博士等学位制，更没有这么多大学招考研究生，因之在"文革"停滞十多年后从几代青年中选拔出的开头几届研究生被广州人看作当代青年的精英，珠江电影制片厂的女演员带着照片到中山大学找研究生做朋友。广东省本来是孙中山先生发动民主革命的策源地，有着深厚的自由、民主传统，又因毗邻港澳，在"四人帮"专制统治结束后，人们的自由、民主意识开始苏醒，新一代大学生和研究生也不断被从港澳传来的新思潮、新风尚所激荡。当时校园里流行着一句话，说"没有爱情的婚姻是最不道德的"，因为"四人帮"统治时期人们的婚姻大多是家庭出身、阶级成分、政治面貌等因素结合在一起决定的，不少考入中山大学的大学生和研究生抛弃了曾在那个荒唐年月与自己患难与共的妻子，于是长满含羞草的树丛间在萤火虫环绕下拥抱的情侣多了起来。当我深夜沿着小径穿过这美丽如画的一个个树丛时，心想自己人到中年又来南国和20岁左右的青年男女一起读书，人生真如谜一样，然而"爱情"这个字眼对我们这代人来说毕竟太奢侈了，当务之急是赶紧把因"四人帮"玩弄政治游戏和社会实验而丧失的青春再夺回来，如饥似渴地增加着自己的学识。

1982年钱学森教授建议我改行研究道教内丹学，并在全国开展内丹学的调研活动，以便为他倡导的人体科学作出贡献。由于我在《文史哲》1983年第6期发表了《中国科学史上的〈周易参同契〉》一文，王明先生来信邀我报考他的博士研究生。我在征得杨石先老师同意后，由他写推荐书报考了中国社会科学院研究生院1984届的博士生。这届博士研究生全院一共录取了30人，组成了首届博士生班（1984级），大家住在一层楼上，我被任命为班长。当时我院一些在国内外久负盛名的老专家大多健在，博士生导师都是著名学者。84级全班仅有一个女生，叫王友琴，是文学所的；其他如郭树清、樊刚、王逸舟、左大培、忠东、王卡、金正耀等，尚属年富力强，仅有我和张承耀是近不惑之年才考取博士生的。我在全班年龄最大、党龄最长、阅历最丰富、在地方政府任过职，说不定这是任命我当班长的缘由吧！哲学系的学生有我（导师为王明）和郭小平、韩水法（导师为杨一之）、杨君游（导师为贺麟）、赵士林（导师为李泽厚）等几个人，而当时研究生院哲学系主任正是叶秀山教授。

在1985年哲学所召开庆祝建所三十周年的大会时，我通知哲学系的博士生回所开会，在会上听了哲学所的老专家讲了建所之初至"文革"期间许多鲜为人知的掌故。较为年轻的学者如李泽厚先生讲了他从北京大学毕业刚到哲学所里从受重用到被压抑的过程，汝信先生则说他们到农村"滚一身泥巴"的经历，看来哲学所在那个年代政治运动不断，整人也很厉害，有一个年龄稍大的女学者（没听清名字）也在会上说她主持工作期间使很多同志受了委屈，现在时代变了，大家可以安心做学问了，还特意向李泽厚先生表示歉意云云。叶秀山教授也在会上发了言，他没有像其他学者那样在"文革"后的第一次所庆大会上吐一吐压在心头的苦水，却心平气和地说过去哲学所的学者们都管他叫"小叶"，现在当研究生院哲学系主任，主管研究生工作，和年轻人在一起，是"孩子头"，

希望大家今后还叫他"小叶"!我听后心头一震,原来罗克汀教授说的"小叶"竟是此人!这回我终于将记忆中的叶秀山教授对上了号,也开始了我们兹后20余年在师友之间的交往和信任。

叶秀山教授年长我10岁,那时已至"知命"之年,但举止潇洒,精神矍铄,一望而知其大学毕业时是个才貌双全的翩翩青年。可惜他的中青年时期赶上了"突出政治"、"阶级斗争为纲"、"文化大革命"的年代,否则其哲学界一代学人的前景是不可限量的。叶秀山先生年轻时学过武术,能唱京剧,懂多种外语,精于书法,在西方哲学、美学乃至中国哲学等领域都有高深的造诣。仅就西方哲学而论,从前苏格拉底时期开始的古希腊哲学,至康德、黑格尔的德国古典哲学,再到维特根斯坦、胡塞尔、海德格尔、德里达的现代西方哲学,上下数千年,亦非一人之力所能穷尽,而叶秀山教授偏能穷源溯流,并掌握了古希腊文、拉丁文、英语、德语、法语等语言工具,能阅读原著,对关键时期代表性的哲学家都有精到的研究,在国内哲学界已属难能可贵了。

在中国哲学界,20世纪从20年代到50年代出生的学者受灾最重,这是时代造成的,因之大约一问年龄就可判断对方的学识。20世纪20年代出生的大学生虽然根基较好,经过30年的政治风波到改革开放,已至老年,但其中仍不乏老当益壮走向成功者。40年代出生的人,大学期间正值"文化大革命",学业荒废,但恢复高考制度后,少数人考取研究生,当时建国前成名的老专家还健在,仍可接续薪火或自学成才。50年代出生的人多是上山下乡知识青年,中学期间就中断了学业,但时代锻炼了他们自强不息的人格,恢复高考后仍不乏艰苦奋斗终于成才者。惟有30年代出生的大学生,正值中国不出哲学家的年代,在30年的政治风波中成长起来,"文革"结束已至"知命"之年,大多外语甚差,满口马列,工于心计,热衷于争权夺利、勾心斗角的人事纠纷,凭资历爬上教授、室主任的位置,以华而不实的学术贻误青年。

其中少数有一定成就者，多是生性聪颖，"文革"前就崭露头角，好在他们没有因"文革"中断学业，"文革"后以自己的生活阅历和知识积累，刻苦钻研而成才者亦有人在。

叶秀山先生就是20世纪30年代出生的大学生中的少数佼佼者，我尝怀疑他在那个年代如何取得比同龄人遭遇完全不同的成就，以至不能以常理推测他？后来我读到他的文集《无尽的学与思》，他在《代前言》中终于揭开谜底。从1966年开始的"文革"到1978年恢复研究生考试，12年间误了中国多少人才，但叶秀山教授却巧妙地避开这场政治风波，不仅钻研了古希腊哲学，还自学了好几门外语。他说："这场'大革命'，是中国历史上一个非常奇怪的时期，因急剧地旋转，许多人在一昼夜之间可以折几个跟头，变几回面孔。一些身心强壮的人，不怕折腾，折腾一次增长一次见识，仍然'根正苗红'；我自己经受不起，就想偷偷做点自己的事。自从起了这个念头，'文化大革命'对我却展现了另一种'意义'：它为我提供了一个相当长的'空白（余）时间'，这次'文化大革命'的时间，足够上好几次大学的。"另外，也好在第一代无产阶级革命家不怎么懂西方哲学，因之这个领域没成为"革命大批判"政治运动的重点。叶秀山教授写道："'哲学'中，或'西方哲学'中'专业性'最强的，大概要算'古希腊哲学'了。一方面'西线无战事'，因为当时最高层次的政治领导不太注意'西方哲学'，特别是'古代西方哲学'的问题，所以这方面的专业学术问题不容易变成'政治运动'；而'中国哲学'则是他们所熟悉的，所以'儒家'和'法家'这样很专业的问题，竟然也会形成一场'批判运动'。我觉得'古代希腊哲学'离当时中国政治实在太远些，做这方面的工作可以避开政治锋芒。"

读了这些话，或许人们认为叶秀山教授在学术上的成就有赖于在那个"突出政治"的年代逃避政治或不问政治，我在同他多年的密切接触中却别有一番理解。先师杨石先教授曾任西南联大

教务长和南开大学校长等诸多职务，是周恩来总理亲密的师友，应是个不脱离政治的著名教育家，却在"文化大革命"中一再叮嘱我挤时间读专业书。在1989年中国社会科学院清查"反革命暴乱"的两年间，我利用强迫政治学习的机会请教张春波先生研读了佛学。也是在那时，我和叶秀山教授多次交谈，发现他不仅不逃避政治，而是一个具有强烈民族自尊心、历史责任感，有敏锐政治眼光和独到政治见解的人。几多年来，中国的大舞台上从"紧跟"政治到"导盲"政治再到"举旗"政治不断变换，叶秀山教授都能全身远害、应付自如，保持自己正直的独立人格和一个中华民族知识分子的气节和风骨，这本身就是高超的政治艺术。特别是他在"史无前例"的"文革"中不忘为中华民族的学术事业尽心尽力的历史责任，能够达到道家"往而不害，安平太"的境界，这更是一种过人的政治智慧，岂是那些混水摸鱼、追名逐利的倖进之徒所能相比的呢！

自哲学所建所三十周年（1985）至今天建所五十周年（2005），21年间我在和叶秀山先生的交往中亲身体验到，他可称之为我的良师益友。我对老子的道学（含道家、道教、丹道）的研究需要借鉴西方哲人的智慧，特别是近几年我申报的创立"新道学文化"的重点社科基金项目获得批准，更需要将西方哲人的智慧融汇进来。今天我才深切体会到，26年前罗克汀教授为我打下西方哲学的基础使我终生受益，特别是同叶秀山教授的交往，他对西方学术渊博的知识汇成大海，在他那里我可以随意捞取我需要的西方哲人的思想精华。1998年我完成了《道学通论——道家·道教·丹道》的书稿，此书1999年初由社会科学文献出版社出版，2004年又出增订版，叶秀山教授在1998年7月给我的书写了《序》，他在《序》中谈到和我的交往并对老子的道家哲学独抒己见。我邀请汤一介、黄心川、叶秀山三位学长为拙著作序，张岱年老师题写书名，不仅是因为敬佩他们的学识，更重要的是他们都在我处于逆境的时候帮助了我。中国社会科学院哲学所中国哲学史研究室早在20世纪80年代初就是个内斗全国闻名的地方，个中原因不适宜在祝贺叶老七十寿诞的文章里多说，我在这里仅是想通过自己的体验来记述叶秀山教授为人、为学、处世、教人的风格。当时叶秀山先生是哲学所学术委员会主任，我正好需要他在关键时刻的帮助。我是一个终生不肯向邪恶势力低头的人，以为大丈夫之处世也，定乎生死之境，通乎荣辱之理，举世誉之而不加劝，举世非之而不加沮，此所谓"惟大英雄能本色，是真名士自风流"，又《文子》所谓"率性而行谓之道，得其天性谓之德"也。人世间的矛盾斗争，不过如隐有杀机的弈棋、垂钓游戏，亦可藉此磨练性情自得其乐，有来犯者，我必随缘斗而不悔，斗而胜之，便是斗战胜佛，苟得三禅妙乐，地狱也是天堂，此《指月录》所以讲黄面老瞿昙不入，调达大魔王不出也。据叶秀山教授说，中哲史室的矛盾似乎比我知道的还要久，他甚至怀疑儒家仁义礼让的伦理背后隐藏着争权夺利的虚伪基因。自先师王明教授愤而辞去该研究室主任的职务后，多年来一直有人为争权争名费尽心机。叶秀山教授有自己的价值观，在他看来"学问大如天"，做学问的时间最珍贵，一切事都要给读书让路。他告诉我要懂得"托付"，即把事情"托付"给别人，做学问也一样，要把自己完成不了的事"托付"给后人。叶秀山教授是一个值得信赖，能够承担"托付"的人，他以道家"挫其锐，解其纷"的方式帮我化解了不少矛盾，使我从中学得了不少生活艺术。他指着桌子上的书本说，"要学会和书交朋友，书也是有生命的，但它不会搞阴谋诡计，不会暗算你，和书作心灵交流最安全"。叶秀山教授终生以书为伴，他每天都到哲学所的"写作间"里读书、写书，在他眼里书也是一种活着的"人"，是有"心灵"的，人们也可由此洞察新中国成立以来30年间政治风波浩荡，大故迭起，知识分子少有全者，叶秀山教授却能独秉操守，安心作学问的原因。

附录一

叶秀山教授不止一次地指出，在希腊语中，哲学（philosohia）是由"热爱（philos）"和"智慧"（sophia）两个词合成的，哲学就是"爱智慧"。实际上，哲学是地处亚洲、欧洲和非洲交汇之处的古希腊民族的一种创造，它来源于先哲对宇宙人生的好奇和惊异，它是希腊人对知识的追求，哲学家通过思考一些永恒常新的难题而通向智慧的境界。哲学家对知识的追求最初并没有什么实用的目的，是一种"为学术而学术"的学以致知的探索精神。叶秀山教授作学问的境界就是这种"爱智境界"，他是哲学所真正体现爱智慧、尚思辩、探索真理的哲学精神的人，也是一位能贯彻地道的哲学家学风的中国知识分子。《庄子·齐物论》云"大知闲闲，小知间间"。庄子所谓"大知"，近乎"智慧"，也可以称作"以明"，而"小知"是"知识"。人可以拥有"知识"，但对"智慧"只能"爱"。《庄子·养生主》又云："吾生也有涯，而知也无涯；以有涯随无涯，殆已；已而为知者，殆而已矣"。佛陀所云"摩诃般若"，即是"大智慧"，"转识成智"是佛教修炼的目标，道教内丹学更以"凝炼常意识（识神），净化潜意识（真意），开发元意识（元神）"作为丹道修炼程序。足见中国、印度、古希腊之先哲虽有不同的文化背景，但追求智慧的目标则一。

哲学家之主张"爱智慧"并非自诩"有智慧"，也不是古希腊在纪元前5世纪的那些长于争辩的"智者"（sophistes）。因为"智者"与"哲学家"（philosophos）不同，智者以"知识"为资本去服务官方，争名夺利，哲学家则以"智慧"追求真善美的人生境界。"知识"能以数量计，属有限之物，然人生更加有限，必不能穷尽人类全部知识。"智慧"是一种人类精神的理想境界，是无限之物，只能以高低计，哲学家对"智慧"追求的动力来源于对智慧本身单纯的"爱"，而无有其他实用的功利性。叶秀山教授为人、处世、治学、教人的风格是一致的，即自内而外、自始至终贯穿着这种"爱智境界"，这才是真正哲学家的学风。

附录一

在中国学术史上，凡属社会政治变革时期，往往也是百家争鸣的学术繁荣时期，同时也伴随着出现严重的学术腐败和学风不正的现象。魏晋时期汉代经学的垄断地位被打破，出现了玄学、佛学、神仙道教等流派，黑暗的门阀世族统治和长期的社会动乱也使学风日见衰替。《三国志·董昭传》云："窃见当今年少，不复以学问为本，专更以交游为业。国士不以孝弟清修为首，乃以趋势游利为先。"近世中国哲学界之学术腐败，莫过于"文革"后期之"评法批儒"政治运动，某些学者追随官方的政治意图推崇法家，藐视道家，诋毁儒家，颠黑倒白地丑化周恩来总理，搞影射哲学。全国各省市成立"革命委员会"，又形成一种旷古少见的名为"致敬电"的文体，文风败坏到极点。"文革"后学风和文风一直没得到认真的清理，就又误入市场化、功利化之途。特别是近些年官方采用"评委制"投票评职称，评博士点，评科研基金项目，评各类优秀人才、优秀作品、优秀成果奖，评国家级特殊贡献专家，致使某些学者以功利为目的突击出书，托关系发表文章，形成在低水平上重复的学术研究和追求数量忽视质量的浮躁之风。由于缺少合理机制无法形成真正的学术权威或权威性的评审机构，只能突出权力的参预作用，一些人为功利的目的不得不粗制滥造学术成果，甚至拉关系搞交易，相互标榜以及雇用媒体自我炒作，还有行贿受贿，乃至抄袭、剽窃他人成果的现象时有发生。在中国哲学的研究领域，也有一些假教授、假博士生导师、假专家、假学术成果、假儒学大师登场炒作，专务交游趋利、实则道德败坏者亦确有其人。在这种情势下，叶秀山教授的人格、境界、学风、文风确属师道可风。他的《文集》中有不少文章是教导青年学者治学方法以及谈个人学习经验和治学体会的，足以为人师表和激励后学。我培养的博士生、留学生、港台生和博士后，在学期间，我都要求他们注意参访中国社会科学院和北京高校的著名学者，其中特别要参访叶秀山、梁存秀、唐逸三位教授，因

为在他们身上体现着真正哲学家的品格。我希望青年学者能学习叶秀山教授这种哲学家的风度，并追求哲学的"爱智境界"。

顺便提及，2004年4月北京大学张岱年老师逝世，多种报刊介绍了一代国学大师张岱年教授的生平，但个别青年学者却认为张岱年老师没有做出王国维、陈寅恪、熊十力那么大的成就，不同意其"国学大师"的称号。汤一介教授起而辩驳，说张岱年先生1957年50岁时被错划为右派，20年被停止了学术研究的权利，改革开放后已至老年，犹自强不息，这种历史状况是不能和王国维等人相比的，自然无法取得王国维等同样的学术成果。我同意汤一介教授的看法，离开学术背景是无法正确评价一代学人的学术成果的。张岱年教授留给后人的不仅是他在建国前和晚年自成思想体系的学术著作，更重要的是留下了老一辈知识分子的气节和风骨，留下了中国历代国学大师的治学传统，留下了一代学人的学风和文风，因之张岱年教授对"国学大师"的称号当之无愧。我们对叶秀山教授的理解，也应首先研究他的时代背景，从而解读他的人格、气节、思想境界、学风和文风。

《庄子·人间世》云："若一志，无听之以耳，而听之以心，无听之以心而听之以气！耳止于听，心止于符。"人能专心一志地读书，既要读之以心又要读之以气，对作者的生存环境、心理状态、人格特征、思想脉络深入体验，就能逐步达到与著书的先哲声气相通、心灵感应的境界，则可以使先哲复活，直接同先哲对话。叶秀山教授曾同我讲他研读康德、黑格尔、尼采、海德格尔著作的体会，说要同他们"交朋友"，同他们"对话"，使我茅塞顿开。叶秀山教授的这一思想，成为我重新解读《老子》的文本，复活老子，同老子对话，创立新道学的根本思路，也是我指导博士研究生，治学教人的基本方法，因而是我同他交往21年来得益最大的收获。我在中山大学对信息论、控制论等系统科学和高能物理学都下过苦功，发现在亚原子层次的量子力学中，"整体大于"部分"已不适用，有时"部分"往往大于"整体"，甚至时间的先后也失去意义，"后"一事件却能影响"前"一个事件。我以此理解伽达默尔的哲学释义学，并以释义学的思想重新解读《老子》的文本，使之成为21世纪的新道学，是我近年来学术研究的基本思路。伽达默尔在《真理与方法》中说："即使是在生活急剧变化的地方，比如在革命的时代，保存在一切事物的演变中的旧东西，也远比人们知道的要多，它同新的东西相结合，创造新的价值。""真正的历史对象根本不是一个客体，而是自身和他者的统一，是一种关系。在这关系中同时存在着历史的真实和历史理解的真实。一种正当的释义学必须在理解本身中显示历史的有效性。"在21世纪全球化的时代，我们不仅要以全人类的视野重新解读《老子》、《庄子》、《论语》等中国哲学家的历史文本，也要解读佛陀留下的历史文本，更要重新解读西方哲人的历史文本。我以为站在更高的庄子《齐物论》的视野，人类的文明从起源到分流都有相通之处，地球上各种异质文明并没有那么多不可调和的"差别相"。四方同源，万世一脉，古圣今圣，西哲东哲，其揆一也。从这个角度看，叶秀山教授研究西方哲学，研究美学，进而又研究中国的儒家哲学和道家哲学乃至宗教，有着逻辑上的必然性，这是他做学问不断深入的结果。

欣逢叶秀山先生70华诞，按文怀沙教授的计岁方法他正35公岁（60岁以后以两年一岁计，谓之公岁），刚过而立之年，真正辉煌的学术贡献还在今后。估计别人的文章中该说的话都说了，我仅说些别人不便说或不肯说的话，以便给后世研究叶秀山教授学术思想的新一代学者留下一点真实的背景资料，使这一代哲人的学风能流传下去。叶秀山教授的身体和思想将不断焕发新的青春！

（作于2005年4月6日，收入江苏人民出版社2006年3月出版的《斯人在思——叶秀山先生七十华诞纪念文集》）

高风雅量　博学景行
——为李锦全老师八十华诞而作

胡孚琛

李锦全老师是我在求学期间遇到的颇受尊敬老师之一，他在我命运转折的关键时刻帮助了我，使我至今回忆起往事时心中仍对他充满了感激之情。我于1979年考入中山大学，研究方向为"科学史与科学方法论"，研究生导师是时任中山大学副校长的物理学家黄友谋教授和科学哲学家张华夏教授，另有杨维增、郑芸珍、林定夷、关洪等老师参与我们四个同学的指导。由于我原毕业于南开大学化学系，因之同为学化学出身的杨维增老师分工指导我，师生关系尤为融洽。李锦全老师时任哲学系主任，杨维增老师经常带我去看他，我还同哲学系的罗克汀教授、丁宝兰教授，中文系的王起教授、商承祚教授多有交往，这些恩师都是我没齿难忘的。"高风雅望，博学景行"八字原是中国化学会对南开大学校长、先师杨石先教授的定评，今稍易一字移赠给在中山大学奋斗半个多世纪的李锦全老师，在我印象中感到十分贴切。李锦全老师不仅精于哲学，还在史学、文学、考古等领域颇有造诣。我初入中山大学时去拜访李老师，见其处世有风骨，立身有气节，待人有雅量。李老师弦颂终身，教泽广布，有知人之鉴，有长者之风，其治学也锲而不舍，其教学也诲人不倦。当时正是"文革"刚刚结束"拨乱反正"的年代，李锦全老师作为系主任为恢复中山大学哲学系的教学秩序作出了历史贡献。当时中山大学研究思想史的耆宿杨荣国教授，一生对孔子的儒家思想持反对态度。"文革"中"四人帮"在全国搞"评法批儒"的政治运动，便以"响应党的号召"的名义将持"反孔"观点的杨荣国教授当作政治工具捧得大红大紫，打倒"四人帮"后又以"清算反党集团"的名义把杨荣国教授批得臭不可闻。李锦全教授在杨荣国教授大红大紫的时候没有出风头捞政治资本，在众人对杨荣国教授避之唯恐不及的时候仍对杨荣国教授以礼相待。他不仅参加了含恨而死的杨荣国教授的葬礼，而且还著文对杨荣国教授的功过作出客观的评价。李锦全老师不仅在触及灵魂的政治风暴中对前辈的老学者能独秉操守、高风亮节，而且在物欲横流的经济大潮中对后辈的年轻学者能古道热肠、雅量有容。×××先生是"文革期间由陕西地方推荐的"工农兵学员"留系任教，此人小有才华，出了几本研究公孙龙子的书，常到研究生宿舍找我们聊天，因之我对他比较熟识。他夫妻两地分居，家境困难，在校独自住在一间地下室里，日夜苦读，后终耐不住寂寞，中了大宾馆里捞女（暗娼）的圈套，一时羞愧难当，寻了短见。当时我已毕业离校，传来消息说学校竟无人同情，有人讲早就看他像个"坏蛋"，遇这等出丑之事，世态炎凉可知。李锦全老师却顶着风亲自出面为他募捐，并将钱交给了他在陕西的孤苦无依的妻子和孩子！

在我同李锦全老师的直接交往中，有几件事使我久久难忘。我们报考研究生的时候，国家还没有实行学位制度，临毕业前突然说要举行硕士论文答辩，再加上有的老师对不同学生的学业优劣爱散布点小评论，搞得大家十分紧张。当时全国还没有一个博士生导师，硕士论文答辩比现在的博士论文答辩还严格。我参加过一次李锦全老师指导的硕士生论文答辩，他请来中国人民大学的石峻教授和武汉大学的萧萐父教授来主持答辩会，会场庄严肃

穆，给大家留下深刻印象。我国高校自1966年中断招生十余年，1978、1979、1980三年招考的硕士生是在全国两代学子中选出的人才，彼此年龄相差十多岁，多数人有丰富的社会历练。当时大家都生怕取不到学位，因之各自为博得学位使用心计，也难免出现某些今天看来令人费解的矛盾和举措。我在修习电子系邓鲁阳老师的"信息论"课程时，发现一个物理常数，并推导出"信息量"和"可用能"的数学关系式，当作"物理学史"的课程作业交上去，物理系给我们授课的老师给了最高分（同学比较而言）。黄友谋老师支持我这一发现，他在逝世前同师母在京西宾馆召见我时，还嘱我一生不要丢这个课题，说"人活一世能在科学上提点原创性的见解也值了"。我将此文寄给杨石先教授和钱学森教授，钱学森教授委托北京师范大学的方福康教授（诺贝尔奖得主普利高津的学生）给我回信并接见我，钱老又推荐给《大自然探索》1988年第3期刊出，我还修改后发表在《北京邮电大学学报》（社科版）1999年第4期上，这是后话。当时这篇文章送到中国科学院和北京某些"自然辩证法"专家手中，却没提出实质性意见和肯定答复，北师大某"自然辩证法"教授还说论文"像随笔"、"数学游戏"，这几句并无恶意的话使我很受刺激。今天这些教授无论从学术威望、国内外影响方面对我来说都不在话下，可当时他们是"权威"，使我面临得不到学位的危险。我将这些研究成果归纳为《恩格斯的热力学疑案》（中山大学《研究生学刊》1982年第2期）和《广义信息论探索》（《大自然探索》1984年第3期）两文权且搁置，果断地选了个使北京的"自然辩证法"教授根本看不懂的《周易参同契》作毕业论文，防止他们说三道四。我是个理工科出身的学生，那时还不知世上有《道藏》，更没见过《周易参同契》，这个书名是黄友谋老师1980年秋带我去拜访离他家不远的一精于丹道的年迈老翁时初次听说的。我改写《周易参同契》的题目是一次命运的抉择，正是李锦全老师在其间起了关键作用。我当时不仅征询了李老师的意见，李老师还告诉我湖南湘潭周士一教授刚出一本《周易参同契新探》在国内学界很轰动。我于是拿着这本书趁春节期间先去说动黄友谋老师，1982年春开学后黄友谋老师、张华夏老师、杨维增老师专门开会听我汇报，认可《中国科学史上的〈周易参同契〉》作为我的硕士论文题目。我持黄友谋老师的亲笔信走访了北京的袁翰青教授、王奎克研究员，南京医学院的曹元宇教授，又到天津在先师杨石先教授的推荐下跟陈国符教授学习研究《道藏》达半月之久。回校后在图书馆读到尘封多年的《道藏》经书，见在我之前借书卡上签名登记的仅是早在海外的谢扶雅教授，半个世纪的时间只有我们两人借阅过中山大学的《道藏》。这篇论文毕竟是古典文献的考据作品，李锦全教授在学术上有更大的发言权，他作为系主任出面肯定，我就用不着担心取不到学位了。《中国科学史上的〈周易参同契〉》一文从选题到完成论文答辩仅仅用了近六个月的时间，全文发表在人民出版社1988年出版的《中国哲学》第14辑，并删节后刊于《文史哲》1983年第6期上。钱学森教授对我这项研究成果很重视，他不仅于1982年12月给我写来亲笔信，还在一次人体科学筹委会的讲话中介绍了我的情况和这篇论文，张华夏老师在哲学系的会议室里播放了钱学森教授的这个讲话录音。我在中山大学能成功地完成学业，非常感激指导过我的所有老师和哲学系的教职员工们！

  1982年12月，李锦全老师又写信给山东省社会科学院的赵宗正研究员和山东大学历史系的葛懋春教授，推荐我到山东大学任教。我岳父、岳母和内弟一家全在济南，山东大学是河北、河南、山东、山西四省唯一的一所重点综合大学，我独自奔波半生，想全家团聚定居在济南。然而到山东大学之后，历史仿佛又倒退了10年，那里"文革"中的两派还在暗处较劲，我刚报到就莫名其妙地被某些掌权者划成山东大学文史哲研究所副所长李庆臻教授一派的人。当时教育部批准全国高校理工科学生开设"自然辩证

法"课程,于光远的自然辩证法研究会正在拼凑自然辩证法的"学术大体系",又鼓吹高校文、理科研究生学习"三论"(信息论、控制论、系统论)。李庆臻教授安排我承担了文、理科研究生的"信息论、控制论、系统论讲座",同时还给历史系世界史专业和经济系管理学专业的高年级学生开设了"运筹学概论"的课程。谁知山东大学党委突然掀起了一场"清除精神污染"的政治运动,"文革"中的派性斗争又有抬头。我赶紧询问山东大学的"文革"史,听后十分吃惊和痛心。"文革"期间冯友兰的胞妹冯沅君教授被迫在其夫陆侃如教授的批判会上发言:"批判我的资产阶级的狗丈夫",竟被他们传为话柄。不久哲学系自然辩证法教研室主任肖老师出于好心找我说:"我听人反映你在课堂上讲'宇宙大爆炸',我已替你辟谣说你没讲。宇宙怎么会爆炸呢,这可是资产阶级学术观点呵。宇宙是无限可分,一分为二嘛,何祚庥的层子模型才是无产阶级的马列主义观点哩!这次精神污染,广东就是污染源。广东人只认钱,不突出政治,广州成了'向钱看'的地方,'向钱看'就是资产阶级自由化。你是个老共产党员,回到北方跟上革命形势,在运动中要接受党的考验,站稳阶级立场哟!"这话我听后作声不得。大学生正是世界观塑造成型的年龄,这种"无产阶级革命教育"很可能影响他们一生的命运。我开始省悟到,三年半时间我生活在孙中山先生进行民主革命活动的广东省,发现孙中山先生的《建国大纲》、五权宪法、三民主义有不可取代的历史价值。1850年1月31日,马克思和恩格斯在伦敦写的《时评。1850年1~2月》中,预见到古老的中国正处在社会变革的前夜。"欧洲的反动分子逃到万里长城时,将看到城门上面写着:中华共和国。自由、平等、博爱。"[①] 真正实现了马克思这一政治预见将"自由、平等、博爱"写在城门上的人,是中国民主革命

---

① 《马克思恩格斯全集》第10卷,人民出版社,1998,第278页。

的先行者孙中山先生。孙中山先生将历代帝王奉行的爱民、为民的"民本"思想超越到"民主"政治的水平,为中国人展现了由君主专制的"臣民社会"向"公民社会"转化,由君主的"世袭制"或自选接班人的"禅让制"向现代民主宪政体制转变的蓝图。"文革"中"四人帮"将"两条路线"的派性斗争看成是"国共两党的斗争",这是一种"内战思维"。这种"内战思维"既使国内学术界对孙中山先生思想的真实价值缺乏明晰的认识,又不利于海峡两岸政治上的认同,只对妄图分裂中国的敌对势力和搞"去中国化"的台独势力有利。我深感有责任倡导学界解放不合时宜的思维方式重新认识孙中山先生的思想,更以中山大学为母校而自豪。好在山东大学"清除精神污染"的政治运动没搞多久就草草收场,中国社会科学院哲学研究所的王明研究员读到刊登在《文史哲》1983年第6期《中国科学史上的〈周易参同契〉》一文来信邀我报考他的博士研究生。钱学森教授听说后也建议我改行研究道教到北京工作,他认为道教内丹学和人体科学有关。我在征得先师杨石先教授的同意后,就持着他亲笔署名的推荐书到中国社会科学院研究生院报了名。王明老师惊奇一个理工科学生怎能有如此深厚的古文献功底,要求审查一遍我的硕士论文专家评议书,而这些评议书却存在中山大学哲学系的档案里。我即刻给中山大学哲学系办公室发信,要求复印那几份专家评议书,可是久久不见寄到。我以为中山大学经过"清除精神污染"也变得在手续上繁文缛节,便急着打长途电话询问,哲学系办公室的王女士回电话说:"你毕业后大家很想你啰!评议书要用A4的复印纸五张,是要计价收费的,你没寄钱来所以不能复印。李锦全教授听说后怕你着急,就替你垫上钱复印寄给你了。你收到后直接寄钱还他好了!"我才知道自己疏忽忘记在信封里夹上二元钱,人家要钱无可非议,我跟广东人打交道怎么偏偏忘记这个茬儿呢,幸亏那里还有一位李锦全老师!看来我到山东大学,进也由李老师

始，出也由李老师终，始终忘不了李锦全老师。2002年12月社会科学文献出版社出版了我翻译的凯德洛夫《科学发现揭秘》，在此译稿《后叙》中我记述了自己在南开大学、中山大学和山东大学的经历和对三校的看法。2004年春在济南的一次会议上我将此书送给主席台上和我毗邻而坐的山东大学校长展涛教授，他匆匆将《后叙》读完了，并说"我完全同意你对山东大学的评论和意见！"

1996年的一天，中国社会科学院副院长刘吉教授派秘书送来一篇短文《上海菜小考》，刘吉副院长批示："①改成文言文，②从而字减一半。敬请哲学所胡孚琛同志助一臂之力，谢谢！"上有他的签名（见下页）。刘吉教授是跟随江泽民总书记从上海调京的领导干部，正好是分管哲学、宗教、马列等研究所的副院长，在他周围聚集了一批学者撰写《和总书记谈心》的书，在这之前，我却同他无有直接交往。我进京后实际上结交了不少高层领导干部，但多为主动来找我的离休退职的老首长，盖因我平生傲骨嶙嶙，自视甚高，不肯随波逐流奔竞于炙手可热的官僚门下。这篇短文是给北京二环路外侧东四十条一带的亚洲大酒店用的，该店由上海锦江集团出资经营，他们要以金字刻在四楼大厅的墙壁上。本来中国社会科学院的学者大多能读懂文言文，但能直接用文言文写作的学者却不易找到，因此委婉拒绝此事就等于承认自己没有用古文写作的能力。由于刘吉副院长的批示很客气，我决定写完后先去见他，见面后发现他是一位性情豪爽、不拘一格的人，使我顾忌全消，就把这篇作品交给了他。我国古代的文言文和现代白话文本来在结构和气派上很不相同，不能照直翻译，须按古文的起承转合重新创作。我自己拿不准，王明老师已经仙逝，我想到了李锦全老师是国内极少的精于此道的学者。后来我终于见到赴京开会的李锦全老师，当面拿刘吉副院长所送短文的复印件和我的习作向他请教。李锦全老师看过我的文言文作品后还算认可，又在后面增加了一句，因此文较短，今以繁体字全文附录于后。

上海菜小考

据历史记载，早在南宋末年和元朝初年，上海地区就有酒楼出现。一八四三年上海被辟为对外开埠后，上海饮食业也随之迅速繁荣起来。据一八七六年出版的《沪游杂记》记载，当时上海从小东门到南京路已有上海菜馆一、二百家之多。当时的上海地方菜被称为本帮，而其他地方菜则被称为苏帮、京帮、徽帮、杭帮、川帮、粤帮等。本帮菜的主要特点是取用本地土特产为原料，烹调方法以红烧、煨、烤、糟、生煸见长，菜肴浓油赤酱，重火质浓，汤卤醇厚，味咸鲜适口，具有浓厚的江南水乡风味。

后来，由于上海菜馆在长期的经营和发展中，不断吸取外地菜的长处，并逐步与苏锡菜融汇一起，使上海菜在原本本地菜的基础上逐步发展，形成了以上海和苏锡风味江南水乡风味为主体并兼有各地风味的一种地方风味菜群，统称上海菜。再后来，国内外各式菜点相继在上海出现，又形成了万国风味齐争飘香的所谓"海派菜"。然而，具有选料新鲜，品种繁多，刀工精细，制作考究，味鲜素雅的上海本帮菜仍然独占鳌头，居各式菜点之首。

上海菜考釋

夫膚初生人，食貨為本。黎元殷富，牖詠營弦。川蘇魯粵，夙有菜系。邇方饌玉，必登庖廚。食之時義大矣哉！上海舊名華亭，宋時番商輻輳，酒肆林立，至元間立縣，謂其居海之上洋也。粵自道光癸卯歲上海開埠，近世漸成一國際大都會，飲食文化亦應運而興。上海本幫菜取江南水鄉魚、蝦、肉、蔬為料，以紅燒、煨、炸、糟、糰見長，湯滷醇厚不膩，鹹淡適口，於申邑獨占鰲頭。蘇、徽諸幫菜系亦薈萃於斯。光緒丙子《滬遊雜記》載小東門至南京路開館列第經營滬菜者凡百餘家，今則更鱗次櫛比香爐豪華矣。上海菜融蘇錫菜系於一體，博採眾長，協和其邦，遂成萬國風味之菜甜飄香滬上，俗謂之『海派菜』。域內外巨肆賢豪、博雅雋秀，欲效金谷園士女甜嬉、公子宋食指大動，李太白千金消愁，必得滬菜佐酒，始可云夫子知味也哉！四方君子，盍風乎來！

其中"四方君子,盍兴来乎",为李师所加,我稍为颠倒一字。改为"盍兴乎来",韵味全出矣。今接中山大学哲学系《李锦全先生八十寿辰纪念文集》组稿函,遂搜索记忆撰成此文,以为后世留下一段学界掌故,华诞不能无诗,今口占一诗,贺先生寿:

> 陶诗韩文集一身,
> 高见雅量气干云。
> 天下英才得而教,
> 孔颜乐处好传薪。

诗成之后,想到李锦全师乃古文诗词之匠手,有《思空斋诗草》传世,我的诗不拘格律,岂非班门弄斧吗?然学生的诗送老师斧正,亦无可指责。当日恰有河北省社会科学院的解成教授来访,他是诗人,也很佩服锦全老师的为人,遂代我写了一首藏头诗为师贺寿,以补我之才拙。然此诗又嫌雕琢,且有"寿比南山福如东海"句,稍落俗套。我想此句流传千年,李师乃雅士,必有不俗者在焉。今将此诗稍作调整修改,一并奉上:

> 祝椴方出口,
> 锦上已添花;
> 全球流芳誉,
> 恩义满天涯;
> 师德似泰岳,
> 寿辰十乘八;
> 比肩数宿斗,
> 南园一奇葩;
> 山间栽大木,
> 福田播新芽;

如椽笔在手，
东窗写春华；
海潮连天涌，
学子浪淘沙；
生年见散仙，
孚语且细察；
琛玉晶莹露，
贺辞非自夸。

（作于2005年6月4日，收入中山大学出版社2008年9月出版的《春风讲席：李锦全教授八十寿辰纪念文集》）

附录二

丹家手抄秘本《地仙玄门秘诀》

中孚子按语 历代丹家秘传,多用手抄本师徒授受。余于1983年春访道于崂山太清宫,由匡常修道长引见先师王沐先生,王沐先生以此手抄本相授。此抄本名《地仙玄门秘诀》,文字浅显,丹法精到,贯通三元,知其为内丹学大家之著述,宜初学者入门之用,余阅读时曾随手用朱笔作了批注。此丹家手抄秘本,佚失作者姓名,仅有张子本所作《叙》题乾隆四年(1739)。王沐先生所得丹家秘本乃道门居士杜兴培于1934年抄录,抄本工笔小楷,字迹清秀。后吾以此抄本复印件赠来访道友,后发现竟有人将此抄本在网上发卖以牟利,违道悖德,岂吾赠书之初衷哉!今将《地仙玄门秘诀》抄本全文点校,标出重点,公开普渡,以便好道者入门实修云。

(手抄秘本书影)

叙

　　余尝窃笑夫世之人，动慕丹道，以求飞升，轻听僧道方士淫邪放僻之言，服食运气，以致陨丧其身者正复不少。甚而以采战淫媟之事，作神仙求道之方，此又愚之愚者也。独不思神仙脱胎，亦系死后灵光不昧耳，非血肉之躯可以上升不敝也。乃世之人甘于自促其生，而不知悔，可慨也夫！独此书一切服饵升举，半语不及，显然并无此事。惟清心寡欲，可以却病延年。谆谆是训，其与世之荒唐者向别。于是喜为书而复系之言，以弁其首。

乾隆四年岁次己未仲春中浣有二日

华亭张子本书于燕京客舍

地仙玄门秘诀

大丹之道，不外性命双修。性者，心神；命者，肾气。神气混一谓之双修。性由心悟，妙在无心。命假真传，要须采气。采气之诀，不是有心存想，搬运身中血气。一身血气，皆属至阴，谓之后天。**中有真阳，名为元气**，乃属先天。气运有时，逆行为采。**丹道只重一逆字。法在夜半子时以后，一阳将动之时**，玄门谓之"冬至"。披衣起坐，内照澄心。阳气虽来，初犹未觉。防闲既久，**自见两肾中间一缕金光，从窍涌出**。欲过关元（在脐下三寸），偷泄而去。**惟因起坐，只得逆行**，逆行而还归气穴。返还既久，日渐气增，气至以微意迎之。使之升于神室。**肾气上升，心液下降**。心下肾上，强曰"中宫"。肾气属"坎"，心神象"离"，神气配合曰"坎离交媾"。**交媾数足，入落黄庭，一点微光形如黍米**，一日一粒，黍米渐增，神气始溢，逼勒上升，冲贯尾闾夹脊，直透泥丸。由泥丸下降，直落丹田。升降循环五六七遍，又复凝然。有如圆月，下浸寒潭。神气愈盛，下寄于坎离之中，外达于任督之表。丹田至顶，强曰"乾坤"。河车运转，仍落黄庭，遍体生光。红炉点雪，阳气日长，阴气日消。剥尽群阴，纯阳乃复。总之所谓炼气炼神，至于炼形，别当有诀。起一身之真火，煅百脉之浓阴，去下秽浊，退上皮肤，**神气愈清，形骸愈结，坚如铁石，寒暑不侵。一朝解化，遗蜕长存**。形神俱妙，信不诬也。虽然炼神炼气，统在性中，性乱神昏，气终阴浊。欲超仙境，何异象龙。

炼形之诀，大约一年可作二三次，每次始初可二三日，以后五六日。**不饮不食，不接人事**。以腹有饮食，则隔碍真气，不能遍彻一身，岂能尽逐向外。炼形之时，谓之"分龙"。盖初修仙者，

其阳虽盛，尚与后天之气相混。既杂后天，便非纯"乾"，不能脱出阳神也。若渐与后天形躯分出，则真神之气可以去来自由，遂向顶门飞出。**是知先天真气乃立体于虚无，藉后天之气以载之耳。**因始出炼形，止二三日，以不能久饿也。

丹家有"**内解**"、"**外解**"。内解者，是从大便泄出肠胃中之污秽。外解者，是生疮痍等症，攻出皮肤之疾，随人平日所受何等病耳。盖缘真气充足，邪气不能兼容，自然发出来也。

第一 炼己

道有三乘，上乘、中乘、下乘。世之学者，开口便说清静无为，忘人忘己，此是最上一乘。初学岂能到此？但需忙里偷闲而已。偷闲之法，先僻静室一间，上悬祖师圣像，**使心有所归依**。无力构室，随缘随处，皆可取静。禅家所谓"若能静坐一须臾，胜造河沙七宝塔"是也。方期欲静之时（期：犹、要也、至当也），转觉许多不静。盖因身中五贼有以致之耳，故必使目不视外而视内，则魂在肝而不从眼漏；耳不听外而听内，则精在肾而不从耳漏；鼻不闻香而呼吸在内，则魄在肺而不从鼻漏；口不开言而默默守内，则意在脾而不从口漏；心不妄想而惺惺在内，则神在心而不从想漏。如此祖师所谓**精神魂魄意**，**攒簇归坤位**（坤为腹），而独无漏者也。久久纯熟，闹中可取静。而为炼己之事始矣，所谓炼精化气也。

第二 采药

此功常静，凭此清静之功，而行采药之诀。**药者何物，吾身中元气是也。**人之一身俱是血肉所成，属阴。惟此一点"元阳之气"（此即先天之气，以其杂于血气之中，不可纯谓之先天矣）行于血气之中，而能目视耳听手持足行。然人生有此元气以生之也，所以玄门强名此气曰"命"。而又以心中之神强名曰"性"（性命、神气原只是一，强分之者，设此条目，以教人耳）。盖因心气、肾气而分言也。以神驭气，性命合二为一，则曰双修（功夫只在"双"字，心火炎上，肾水下流，便不双矣）。夫修性者，必兼修命。**修命无他，不过采此肾中之气耳**。采气之诀如何，要知凡人一身脊骨二十四节，从下尾闾穴，至上第七节之旁，两肾居之。肾属水，天一生水，**夜半子时以后，一阳复生，身中元气自下而上，恰好行到肾。两肾中间有一窍，正在七节之中，元气从此而出**。所以人人睡到半夜以后，外肾阳举。阳不自举，由内肾窍中之气发出。行到外肾而阳举耳。当其内肾阳气将到外肾之时，不妨披衣起坐，垂目闭口，调息绵绵，**存想两肾之间，若有气从此出**（此气玄门谓之铅，卦属"坎"，名曰"水中金"也，又名白虎）。肾络连心，下动上应，夜夜行功，坐到更余，方才就睡。**月余之后，心觉两肾中间，气动而出。只因起坐，此气不得顺下而行，逆而往上**。（丹道重一"逆"字。语云，顺则成胎，顺则以此点精气，施之同床之凡母便成胎。逆则成丹，逆则以此点精气，施之身中之灵母便成丹。丹者，出世之胎；胎者，出世之丹。）

外肾不举，便是阳气不走之验。不采之采，是名为采。而所谓炼精化气者，已在此矣。精何谓化气也？栖云先生曰，人吃诸味与五谷，浊者化为渣滓，津液化为阴精。阴精不经煅炼，便在身中作怪，思想淫欲。只用丹田自然之风，吹动其中真火。火在下而水在上。水得火蒸（卦名既济），又名炉火中之水。得火蒸者，自然化为气而上腾。熏蒸传透于一身之关窍，是谓阴精炼尽而化为真气。

第三交媾

肾气既觉上升，便以心气向下迎之（此气玄门谓之"汞"）。久久迎合心肾二气，自然交媾（玄门谓之"小坎离交"），所谓身

中之夫妇也（坎男离女）。虽是以意为媒，用意勾引，而夫妇必借黄婆（黄即中央）意土也，又曰戊己土。**所谓交媾，只在心肾二气循环于心下肾上之间**（玄门指此为洞房宫）。交媾数足，循环数百遍，落入黄庭（黄庭即丹田也）。人间之夫妇有夜不交媾，身中之夫妇无夜不交媾。夜夜落入黄庭，则**夜夜元气凝聚，便是积气**。积气便是抽添。所谓"气是添年药"，常人以之延年，玄门以之修炼，皆借此气为丹头矣。

第四河车

　　元气渐渐积聚于下者，无路可通，只得下穿尾闾而至夹脊，由夹脊而至玉枕，由玉枕而至泥丸，此皆后天通也。又自下丹田有气一道，踊跃而升直至泥丸，此胸前气通也。前升之气勾引后升之气，上而复下，下而复上，玄门所谓"河车"运转，又云"夹脊双关透顶门"、"常令关节气通透"者此也。总之是任督二脉通则百脉皆通。黄庭经云"皆在心内运天经（天经即吾身中之任督二脉），昼夜存之自长生"者此也。任脉起于中极之下，循腹里上关元至咽喉，总任阴脉之海，盖任由会阴而腹也。督脉起于下极之腧，寄脊里上风府循额至鼻，总督阳脉之海，盖督由会阴而行背也。会阴穴，穴在两阴间。人身有任督，如天地之有子午也。

第五心息

　　运转之后复落入黄庭，自觉黄庭之内有气存焉。吾以心念常常照顾，玄门所谓"心息相依结圣胎"，又谓"凝神入气穴"者此也（白祖云，炼丹无别诀，只要凝神入气穴）。行住坐卧，照顾不移，神气自然凝一。气既归中，鼻中之气息自微，所谓"调息须调真气息"者此也。然凝一之久，又复周流，循环不已。**鼻**

中之气接着天地之气，从鼻而入，接着吾肾之祖气，与之混合，一齐运行（此人也渐与天地合，以为后来炼气化神之张本）。补益吾斲丧之真气，正是"竹破须将竹补"是也。又以此气融化，我日逐谷气所生津液，而生真精。精盛自然化气，气盛自然化神，精气神充满于一身。所谓"精从内守，气从外生，以气取精，可以长生"，然而仍属后天，未能超脱，以之却病延年可也。如欲得丹脱化，必须弃世入山，静极（小静三日，中静五日，大静七日）生动。所谓"大死再活"，此时全在道友扶持之。斯后虽见于书而未臻其境，不敢妄为之述也。

第六金丹

《金丹纂要》曰：金丹者，何也？无上至真之妙道，金刚不坏之义也。**初非别物，本来一灵而已**。此一点灵明永结不坏，如金之坚，愈炼愈坚，所以道家谓之金丹。上士修丹之始必借阴阳五行以成之，其后渐以阳火煅炼，真金养成。真金纯阳之体，遍体生光，此金丹之真境界也。**然铸金必用炉鼎，修丹必用灵药，必用火候**。学道之士，必于三者之中，一一分明。务知炼己功夫，方许下手。用功努力精修，慎勿懈怠。庶金丹方能有日成也。

第七炉鼎

炉鼎者，何也？其炉鼎之名非一，曰乾坤鼎器，曰坎离匡郭，曰太极神炉，曰混元丹鼎，曰偃月炉，曰悬胎金鼎。曰玄牝，曰虚无，名

金丹大道图

無為之始
有為之母

○

四象之首
五行之初

鑪鼎图

乾坤中
乾为天
牝牡
是鼎器
坤为地

虽各异，炉鼎则一。**又名玄关一窍，既是此炉鼎也。**炉鼎二器，今曰一窍，到底炉也鼎也？答曰鼎也。其玄关一窍○，系熔药之所也。因喻曰鼎。玄关之外，天然真火烹炼，不可以名为炉也。抱真子曰：炉鼎之义明矣。何以又名为玄关乎？答曰：至玄之关窍也。凡人之真息，一呼而接天根，一吸而接地根，往来必由关窍，譬若关口然。即真息呼吸必由之关也。画图⊙者，阴阳交结之象也。是窍也，藏于先天混沌之中，隐于无有、有无之内，人之一身八脉九窍，经络联腠，空间一窍，至虚至灵。《度人经》有曰："中理五气，会合百神"。太上谓之谷神。陈致虚先生曰："此元气所由生，真息所由起，神仙凝结圣胎之处也。"抱真子曰：此一窍既在人之身上，居何所乎？答曰难言。**著在身上便不是，离了此身又更不是。**然此非自身亲得，焉能知之详确？惟丹书有云：乾坤交媾罢，一点落黄庭。黄庭即玄关。此乃指明之玄关之部位也。未尝乾坤交，安识黄庭落？凡修真之士，识此一窍，则采取在此，交媾在此，烹炼在此，温养在此，结胎神化无不在此矣。

第八药物

　　药物者，何也？药物之名，亦非一说，曰婴儿姹女，曰木龙金虎，曰乌肝兔髓，曰交梨火枣，曰天魂地魄，此等类皆是异名。**惟先天元阳祖气，即药物也。**曰大药三品精气神，今独言祖气何也？元气即元精所化，以元神居之，三者凝于一矣。分而言之，名虽有三，而先天一气实为药物。曰何以为先天乎？曰父母未生此身，先有此气；既有此气，始有此身。非先天而何？盖人一身皆后天而生，属阴；为此祖气先天而生，属阳。取此先天之阳，点化后天之阴，换尽阴浊之躯，变成纯阳之体，而丹始成。但产药有川源，采药有时节，入药有造化，炼药有火功。张紫阳祖师曰："要知产药川源处，只在西南是本乡。"因西南即是坤方，**坤位在腹，而祖气发生于腹中，此乃阴中之真阳也**。如乾一爻交坤而成坎，坎中原有乾金，所以曰水中之金也。

以此确据，岂非产药之川源乎！其次联曰，"铅遇癸生须急采，金逢望远不堪尝"。铅即金，癸即水，此时有气而无质。迎其将生之时，必当乘时而急采之方可用。苟迟则药已成质，即或采之亦无所用也。如望后则月不堪玩赏矣，此非采药之时节乎！其三联曰："送归土釜牢封固，次入流珠厮配当。"盖因既得真铅，即当送归黄庭土釜之中，慎勿令其走失。再运火龙流珠之汞，如法以配之，方能凝结圣胎。正所谓采得药来收得药住。此非入药之造化乎！其四联曰，"药重一斤须二八，调停火候托阴阳"者，缘铅系八两汞亦半斤，其二八十六两，配合而成一斤之数，如法煅炼则水不可令其枯干，而火切莫令其寒也，所以云水怕枯干火怕寒，务要阴阳停匀而水火既济，此非炼药之火功乎！

又曰铅是先天气，汞何物也？答曰：**铅是先天气，汞是后天灵。铅是阴内之阳，汞是阳内之阴**。阴内之阳象坎，阳内之阴象离。

真铅生于坎，其用却在离；真汞生于离，其用却在坎。又问曰，铅汞既匀平，言采铅而不言采汞何也？答曰：铅汞相投，如磁石之与针也。《悟真篇》有云，"但将地魄擒朱汞，自有天魂制水金"。修真之士，既得真铅真汞，何患乎朱汞水金不擒也。又曰因闻凡内药者必有外药，内外何以分乎？答曰：外药命宗也，坎也。内药性宗也，离也。移外阳之一点而点内阴，又名取坎填离而成乾卦，**其实内药在自己身中，而外药亦在自己身中，惟体一而用二者也**。又有先天之元精、元气、元神而为内，后天交感之精、呼吸之气、思虑之神而为外。内者妙于无形，而外者显于有象也。至于**清静头**、**彼家尾**等诀，且谓药自外来，想又另有别传，此非吾之所知也。又问曰其详细作用可得闻否？答曰：今欲明明言之，又恐泄露天机。若秘无言，何以破后来之惑，又犯弃道之愆。乃秘诀曰：**前弦短兮后弦长，机关且莫向人扬。射入龙宫为斗柄，元阳初动运神光**。此乃外药之作用也。**真土擒真铅，真铅制真汞**，此是内药之作用也。外作用是抽坎中之阳，即炼精化气神之造化也。内作用是补离中之阴，即炼气化神之造化也。坎离合体成乾，即炼神还虚之造化也。外药可以治病，可以长生久视。内药可以超越，可以出入有无。内药无为而无不为，外药有为而有以为。内药无形无质而实有，外药有体有用而实无。**外药色身上事，内药法身上事**。学道必从外药起，自知内药。高尚之士，不炼外便炼内也。

第九火候

火候者，何也？火候之名，亦非一说，曰二十四气，曰七十二候，曰二十八宿，曰六十四卦，曰十二分野，以及海潮升降周天等类。名虽各异，总不过**调和神息即是火候**。**神即是火，息即是药**。以神驭气而成道，即以火炼药而成丹。息非众人之息，众人之息以喉，真人之息以踵。神非思虑之神，思虑之神是邪火，不神之神乃真火。凡修丹之士，务须心息相依，一呼一吸，一往一来，如炉鞴之抽动，风生于管，炉火自炎，《入药镜》所谓"起巽风，运坤火"也。李清庵先生所云，"神气和合生灵质，心息相依结圣胎。"

张紫阳先生云，"但安神息任天然，何用孜孜看火候"，广成子云，"丹炉河车休矻矻，鹤胎龟息自绵绵"，皆直指也。曰凡闻火候皆曰"周天"，今不过本身之呼吸，何以拟周天也？曰周天者，乾坤阖辟阴阳运用之机。人既受天地之气以生，天地同一阴阳。子时气生于涌泉，渐升到尾闾，丑寅时到腰，卯辰巳时到夹脊，午时到泥丸，未申酉时到胸膈，戌亥时又归于腹。此人身中一日之升降。一呼则自下而上子升，一吸则自上而下午降，此人身中一息之升降也。邵康节先生谓，"冬至后为呼，夏至后为吸，天地以一岁为呼吸"。人身呼则接天根，吸则接地根。一息之间，天地之气一周。丹书所谓"一息功夫，自有一年节候"是也。如是炼之一刻，一刻之周天；炼之一时，一时之周天；炼之一日，一日之周天；炼之百日，谓之立基；炼至十月，谓之胎仙。凡自阳初动，采铅制汞，取汞和铅，不过此息为妙用。至有元海阳生，水中火起，天地循环，乾坤反覆，无非此息为斡旋。则

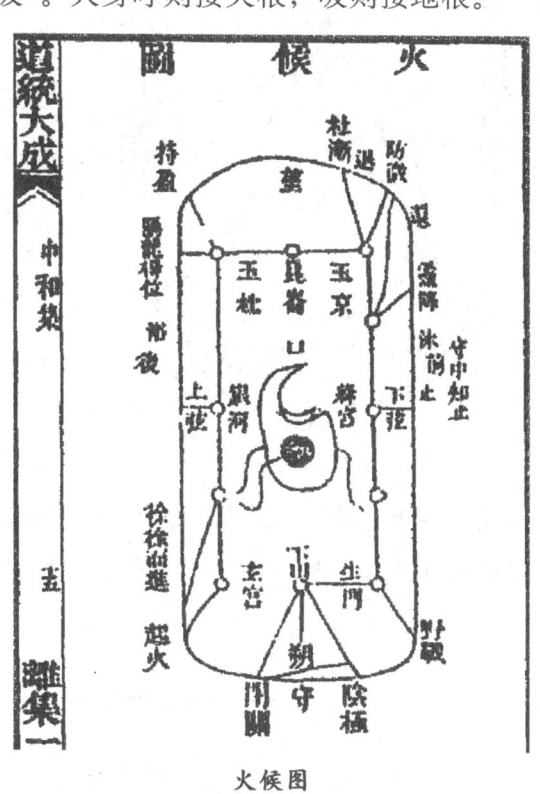

火候图

沐浴温养，进退抽添，皆妙合天机，俱不费力也。若簇月归日，簇日归时，簇时归刻，朝屯暮蒙，晦朔弦望，以为进火之候。殊不知所谓候者，非时候之候。丹书云，"**既知天癸始生时，自有阴阳应候回**"是也。大抵**真火随真息，真息随真气，真气化真精，真经归玄关，元神发真火，真精结成丹**。内功一切火候之说，至于此已尽悉矣。

第十 炼己

炼己图

若活七十年便是百四十

无事此静坐一日如两日

炼己者，何也？若要修成九转，先须炼己持心。心者，一身之主宰。学道之士，万虑俱忘，一心清静。《清静经》曰，"人能长清静，天地悉皆归"。曰如何心得清？曰谁令汝浊？曰如何得心静？曰谁令汝动？夫人迷一切事，本由自心，悟一切事，亦由自心。**汝若不著一切想，一切想亦不著汝。不著不执，心自常清静矣**。曰念头动处频须扫，战退群魔育正阳。又曰大道教人先止念，念头不止亦徒然。"**止念**"二字，正是觅清静头路。杂念既消，回光返照，无念之念，**即是真心**。所谓浩月连天静，寒潭彻底清。炼己到此，而丹道成矣。

第十一 功夫妙用

金丹之道，先须炼己。清静虚定，方可求丹。择静室、师友，正身趺坐。含眼光，凝耳韵，调鼻息，缄舌气。著昏沉则生阴界，著清爽则上阳界。**心动则神不入气，身动则气不入神；身心不动，惟将一念守于玄关。**师云"炼丹无别诀，只要凝神入气穴"。暂行暂卧，不可离了这个。又云睡法既能知止趣，**但于睡中调神气。夜半子时，即**癸生之时也。依前药物章内口诀，使戊己为媒。戊己者，中央土也。因水火分于上下，金木隔于东西。木为火母，金为水母，若无戊己，则水火不交，金木不并。为媒妁者，用戊从坎到离，用己从离降坎，动乾坤之橐龠，取坎离之刀圭，运日月之双轮，簇阴阳于一息。时节若至，妙理自彰。**恍惚之中见真铅，杳冥之内见真汞。铅见火走，汞见火飞，却凭戊己合在中宫。水火自然升降，金木自然混融。**精神如夫妇交合，魂魄如子母相依，**此谓坎离交，交毕落黄庭。便觉坤宫有物**，此其验也。功夫到此，时时觉照，刻刻观中，久中坤宫真气如迅风下穿尾闾，由夹脊过玉枕，上泥丸。所谓"泥丸风生"者此也。此背后气升，自下丹田，一道气踊跃而起，由鹊桥自上泥丸。**前升之气，勾引后生之气。下复上，上复下。**所谓"上鹊桥、下鹊桥"者，此也。造化无穷，药物融盛，忽尔水中火起，两肾如煎，膀胱火热，心生烦躁。切莫惊恐，但定心默坐。沉真土于海底，轻运默举，一息间天机自动，从太玄关逆流

功夫妙用图

而上至泥丸。药气化为金液，甘同玉露，自上腭下重楼，入黄庭还本位，丹田火气渐微，此金液还丹之妙也。**盖药物者，水中金也。金不自生，必假火逼，所谓火逼金行颠倒转，自然鼎内大丹凝。**从此后升前降，循环无端。至于大静之极，夹脊如车转，四肢如山石。恍恍惚惚，万孔生春，心身意精气神俱成一家，如在太虚中，不知身之为我，不知我之为身，不知神之为气，不知气之为神，夜来混沌颠落地，万象森罗总不知。此时全在道侣扶持，入定之后，与他唤醒，醒来慢慢与他汤吃。最要谨慎，难！难！不入深山，不能到此。所谓乾坤交，忽然落黄庭，乃采铅投汞之机，一日之内结一日之丹也，到此方得还丹药之生也。小配坎离，造化大同，乾坤运用，美景真境也。《参同契》云，"金砂入五内，雾散若风雨，熏蒸达四肢，颜色悦泽好"。既得还丹入鼎，用符火温养，息息归根，绵绵不绝，如妇人怀胎，如龙养珠。**存之以诚，听之以心**，念不可起，念起则火炎；意不可散，意散则火冷，务使操合得中。**若遇丹火发热，两眉之间存一轮黑光，大如碗口，收入鼎中，其热即退。**一动一静，不可差殊。《悟真篇》云，"大都全藉修持力，毫发差殊不作丹"，是已如此。随日随时，渐凝渐接，十月满足，婴儿现形，移神换鼎，调神脱胎，直至忘神合虚。真人上举之能事毕矣。

第十二阳神

脱胎阳神，即吾元神。金液点化，

阳火温养，气足神全，霹雳一声，脱胎而出。当神之将出也，须择静室，默坐等候，元神自丹炉中涌出，从顶门上升，离身三五尺，慎勿惊恐。若现诸神怪状，一切魔景，不可错认，不可接谈。**直等空中现一金光，大如车轮。**急存正念，将元神射入光中，少顷光小，用意吸入元神宫中，此金丹成就之时也。此后如调小儿，出不可行远。自一步至数百步，复回本宫。演习九九数，俱复如是。或一里至百千万里，亦复如是。速去速来，出入纯熟，聚则成形，散则成气，隐现莫测，变化无穷，圣而不可知之谓神也。

第十三 忘神合虚

忘神合虚，其妙如何？曰忘神合虚者，**吾之元神与太虚合体**也。若言其有，千圣觅踪寻不得，全身隐在太虚中。若言其无，千江有水千江月，万里无云万里天，乃亿万劫金钢不坏之元神也。

第十四 身中证验

如此修炼，有何证验否？曰采药之始，**外肾坚举不倒，丹田气满也**。须防走失，保固丹元，真气既动，百邪难容。或胸膈烦满，而口吐顽痰；或腹肋疼痛，而便下恶物；或遍身汗出，或四肢酸疼，宿疾渐除也。或阴阳击搏，腹内如裂帛；或关节将通，顶门如雷鸣；或药物上升，耳内如水潮；或真气流通，百脉如虫行。次口

忘神合虚图

虚空粉碎

身外有身

方露全身

犹未奇特

生甘液，次顶降寒泉，次鼻闻异香，次静中忽觉元神自下丹田跳跃而起，直至顶门。次静中常听天乐，次暗室而生慧光，或隔壁见物，或内见五脏。次形体光泽，次双眼如漆，次黑发再生，次行及奔马，次涕泪涎淤皆绝，次三尸九虫尽出，次魂魄不游梦寐。次阳精充体，灵府坚固，寒暑不侵。次志合太虚，次目视万里，次心知未来，次内神出现，次外神来朝。功完行满，膺录受图。或见火龙飞，或见玄鹤舞，采云缭绕，瑞气缤纷，入圣超凡，逍遥自在。

第十五混沌鸿蒙

《参同契》云，"混沌鸿蒙，牝牡相从。"混沌鸿蒙者，一气未分之时也。牝牡相从者，阴阳混于其中，而不相离。当其未相离也，**神凝气聚混融为一，内不觉其身，外不知其宇宙。与道冥合，万虑俱遣**，溟溟涬涬，不可得而名，强名曰太极含真气，或名曰先天一气，是为金丹之母。勤而行之，指日可与钟吕祖师并驾。神仙修炼，别无他术，《复命篇》云，"采二仪未判之气，夺龙虎始媾之精，闪入黄庭。煅成至宝"。盖采者以不采而采之，取者以不取而取之，在于定静中有非动作可为也。以丹法言之，则寂然不动，返本复静之时也，是信乎**寂然不动，则与天通，而造化可夺也**。《翠虚篇》云，"莫向肾中求造化，却须心里觅功夫"，可谓深切著明矣。

《还金篇》云，"鬼神不见处，龙虎定相寻"。先天大道，致虚极守静笃，不可以一毫思虑加乎其间。**当其深入杳冥之内，竟不知天之为盖，地之为舆，亦不知世之有人，己之有躯**。少焉三宫气满，机动籁鸣，则一剑凿开混沌，两手霹雳鸿蒙。是谓无中生有，不在尘牢不在己，直须求到杳冥端，岂不信哉！今人不知大道之祖，或指铅为先天，或两肾中间一点明为先天，皆寻枝摘叶之见，非大道之先天也。

炼丹次第要法

第一要知"玄关一窍"

此窍乃混沌初开第一窍也。人得之而为性命之根，即中宫一寸二分是也。但不可以形迹求之，号无虚之府，清静之乡，内有真阳之气，自有生之后，散之于一身。所以祖师有曰，"四大一身皆属阴，不知何物是阳精"，阳精即真阳之气也。又曰"一点真阳，秘在形山，不在心肾，而在乎玄关一窍"，无端的妙。在真师一句传，皆此言也。（按此窍不在心肾，是真气发生之处也。○按此窍在肾中间，是真气发生之处也）。

第二要知"闭关之开"

关者，指阴跻之穴，在尾闾前阴囊下，泄精之路也。闭者趺跏之时，以脚根抵之，此关既闭。按闭关阳生之后，不使真气下行，方为得药。若待至阴跻穴，则其药已老，闭之迟矣。诸关渐开，诸脉则开通，闭即开者，留此真阳之气，方能开通关窍也。此闭彼开者，乃留真气以通诸关也。**一脉通则诸脉皆通，所以溯流直上泥丸顶，关节才通便驻颜**。又曰"常使气通关节透，自然精满谷神存"，关节既通，正气流行，邪气自退，谷神焉不得存！

第三要知"调息绵绵"

真息本绵绵奚以调？为只因身心不定，重楼浩浩而出，不复

绵绵。学人含光存神，心息相依，不调之调，顺其自然，息定而后气生，是谓"众人之息以喉，真人之息以踵"。又曰"息往息来无间断，金丹成就合原初"。《黄庭经》云，"后有密户前生门，出日入月呼吸存"。清阳云，"玄牝无时交日月，中和极处体乾坤"。睹此**必须调息绵绵，方有造化**。不然呼吸之气，毕竟空劳。**真息在腹中，呼吸之气在口鼻**。

第四要知"橐龠风生"

橐龠乃炉匣鞴管之物，往来不穷。即学人调息绵绵之后，用之不勤，方为真橐龠。仙翁所谓，"天地以阴阳为橐龠，人身以玄牝为橐龠"也。**橐龠风生，即是内呼吸**。

第五要知"巽风坤火"

前云橐龠风生，即巽风也。巽顺也，顺其自然也。巽下断，阴气发于下，谓之巽风。巽风即生，坤火必燃。因云，"坤居下为炉"，非猛烹极炼，则不能出炉。"乾居上为鼎"，非倒行逆施，则不能升鼎。所以火非风生不能运动。故《入药镜》云，"起巽风，运坤火，入黄房，成至宝"是也。

第六要知"烹炼阴精"

人身乃纯阴之体。阴精者，饮食五谷之精也。苟非巽风坤火，猛烹极炼，此精必在身中作怪，思想淫欲，搅乱心君，务要凝神调息，使橐龠鼓风，而吹火烹炼阴精。**阴精化气，混入一身之气，此气再合先天之气**，才有药物。仙翁所谓，"欲得先天以补后天，须资后天而育先天"是也。

第七要知"炼精化气（阴中之阳）"

前云烹炼阴精，阴精化气，混入一身之气，即此炼精化气者是也。盖一身之气，乃后天之气，始自先天而生，今因后天行事，故先天退藏，惟知有后天之用，不知有先天之根。所以学人炼精化气，**注意中宫，须臾不离。使后天之气，各归其根，如子恋母。到此则先天之气，再从窍中发出，化后天为一家**。邵子所谓，"若问先天无一字，后天方要著功夫。"李清庵云，"下手自炼精始，精治然后化气，气定然后炼神，此真之外更无真。"

第八要知"先天后天"

先天后天者，即内外二药也。先天为内，后天为外。学人不知关窍，不辨先后，纵能积聚后天而无用也。**必须后天积聚，修筑城郭，然后先天之气，再从窍中发出，化后天为一家，氤氲结成铅汞**。始则汞投铅窟，终则铅度汞关，到此才言药物。先天以元精、元气、元神而言，乃曰"内"；后天以交感之精、呼吸之气、思虑之神而言，是曰"外"。

第九要知"鄞鄂已立"

鄞鄂即神室也，神室即玄牝也。苟非炼精化气，后天先天混为一家，则鄞鄂何从而立！《参同契》曰，"混沌相交接，权舆树根基，经营养鄞鄂，凝神以成躯"。又《悟真篇》云，"鼎内若无真种子，犹将水火煮空铛"。鼎即鄞鄂也。既有神室，即有种子。神室未立，种子何从而胚胎乎！祖师曰，所谓"中虚寸余，以安灵汞"者此也。

第十要知"玄牝阖辟"

玄牝阖辟，乃真息绵绵也。真息既绵绵，即是乾坤阖辟。缘生生之机，无瞬息间断。若有瞬息间断，此身即死尸矣。夫学者必须行持先天后天混为一家，其机自不容御。太上所谓"谷神不死，是谓玄牝。玄牝之门，是谓天地根，绵绵若存，用之不勤"者此也。

第十一要知"融会交媾"

后天先聚，先天后生，先后相参，打成一片。前云混成一家，即此融会交媾也。到此方为坎离交媾一周天也。《击壤集》所云，"恍惚阴阳初变化，氤氲天地乍回旋"是也。

第十二要知"河车运转"

北方正气，名曰河车，自坎离交媾之后，气中生真一之水，水满即行河车运转，前路通达，自然逆生。仙翁所谓"上鹊桥、下鹊桥"，又曰"河车运转不暂停，运入昆仑顶"是也。此皆自然而然，非有所作为而然，亦不知其所以然也。

第十三要知"天人合发"

河车运转，自然逆升，不拘时候，谓之人元。**静坐至八月十五夜，金旺水清之时，天地交媾氤氲之气，周施于人身，交媾冲和之气相应同运并行，所以盗天地之真精，感天地之清气，谓之天元。**直至九次，谓之九转。仙翁所谓，"月夜望中能采取，天魂地魄结灵丹"是也。人元、天元随人力量所至。或自人元而至天元，或自天元而了大事。大抵自人元而至天元者多，自天元而了大事者少。

第十四要知"河车停止"

一身阴气，日逐剥尽，阳气收回窍内，恍若月魄，吸尽日魂，光满大千世界。又曰"性与命合则长生，日与月合则长明"，到此河车转矣。**只是忘形养气，意存中宫，而不著相，终日如愚，一虚静而已。**广成子曰，"丹炉河车休矻矻，鹤胎龟息自绵绵"。又曰，"著些不意意中意，存个无心心里心，炼之饵之千余日，身无阴气自长生",此之谓也。

第十五要知"炼气化神"

河车停止之时,行其无为之功,只是虚静抱一以候之,真息绵绵,气自化神。但觉玄关一窍之中,杳杳冥冥,恍恍惚惚,始如火热,终如云蓊,肠蟠纠结,壶中夫妇,其欢娱之妙,不可以言语形容,到此方为真胎真息。仙翁所谓**"胎由息生,息因胎住"**者此也。又曰"修炼到此,积气成形",亦是此也。正所谓"是性命,非神气",方说得归根复命、返本还元。否则终属后天渣滓,安望成丹也。

第十六要知"混沌鸿蒙"

到此地位,返太极于无极,昏昏默默,大死一般,静已极而未至于动,阳将复而未离乎阴,其中妙用,即善闭者无关,善守者无城,善战者无兵,善治者无民。《参同契》云,"浊者清之路,昏久则昭明"。又曰"观夫雌雄交媾之时,刚柔相结,而不可解"者是也。雌雄交媾则神在气内,气存乎神,神不可出,乃昏昏默默,如大死一般,正混沌鸿蒙之时,少焉神出,仍昭明矣。

第十七要知"大死再活"

大死者,非真死也。当混沌鸿蒙之际,归根复命,神凝精结,八脉俱住,呼吸皆无,璇玑玉衡,一时停转,而日魂月魄皆沉于北方海底,恍若气索命绝,绝后复苏,因曰大死再活。《参同契》曰,"气索命将绝,体死亡魂魄"是也。

第十八要知"雷鸣电掣"

到此地位,凿开混沌,劈裂鸿蒙,水中火发,阴阳相击,声光迸出,自下元涌起,恍若雷鸣电掣,非譬喻也,乃真境也。正

是大死再活之时，炼士于此一意不散，顺其自然升降，不必规规火候之图，而火候自符合也。所谓"真火本无候，大药不计斤"是也。

第十九要知"炼神还虚"

到此地位，一味付之自然，但知有静，不知有神。稍知有神，神必滞而不化，惟不知不著，神自还虚。《灵源大道歌》云，"勤苦之中不必勤，闲闲只要养元神"。又曰"如龙养珠心不忘，如鸡抱卵气不绝"是也。

第二十要知"金丹点化"

金丹者，先天真阳之气也。五千零四十卷大藏经罢，符至，**若将些些药，点化先天**。真阳之气，即脱胎而出阳神也。阳神既出，出仍顾壳。养至阳神强壮，破质而出，身外有身未为奇，还要移炉换鼎，再造乾坤，直到形神俱妙，与道合真，则先天能事毕矣。仙翁所谓"**汞是吾家原有物，铅是他家不死方**"是也。炼士到此地位，有大力量者或不得金丹点化，照依二十一条行至二十四条止，自然到家。（或不得金鼎点化者，则依炼虚合道之路行之）只此二十四条口诀已尽，无复有他说也。（**点化者，清静头、彼家尾也**。非道不能用鼎，难！难！难！今方士会下，先言用鼎，谓先浊后清，不思凡胎俗骨，岂能承受。此又不可解者矣。）

第二十一要知"炼虚合道"

此乃化而不可为也。不知孰为虚、孰为道，游心于自得之天，一任无为而已矣。因云"功夫到此，一个字也不用着"。又曰"虚既合道，则虚空自然粉碎"，所谓"捉不住真空，无下手处"，正自此而发端也。

第二十二要知"虚空粉碎"

向自捉住真空，真空以有；今则捉不住真空，真空亦无。捉住真空，尚有下手处；捉不住真空，竟无下手处。因曰"虚空粉碎"，皆自然而然，全无一毫用心著力可言矣。学者以意会之始得。仙翁所谓"若还果熟自然红，莫问如何修种"。

第二十三要知"超出三界"

此是形神俱妙，与道合真，纵横自在，无碍逍遥。非人非佛非仙，亦人亦佛亦仙。五行固不能拘，至圣亦不能测，故谓之道也。

第二十四要知"子又生孙"

到此地位，宇宙在乎手，万化生乎身。聚则成形，散则成气，千百亿化无碍无边。仙翁所谓，"一载生个儿，个个会骑鹤"。仙翁又云，"学人何必苦求师，泄尽天机只此书"。除此二十四条，皆旁门小法，不足取也。伯牙高山流水秘，非钟子期孰能听之？

按二十四条，由下手以至神化，字字阐明，实蒙祖师真言之谆切，极当珍之秘之。

后　记

老子《道德经》云："故失道而后德，失德而后仁，失仁而后义，失义而后礼。夫礼者，忠信之薄而乱之首。"（第38章）老子向往人人修道的纯朴的道德社会，认为"道"是天下万事万物的核心价值。天下万事万物皆由"道生之，德畜之，物形之，势成之。"（第51章）这就是老子的"四因论"。老子的"四因论"比亚里士多德的"四因论"（形式因、质料因、动力因、目的因）更宽广，认为万物生于"道"，畜养于"德"，成形于"物"，依"势"之因缘而发展变化。是以天下有道则治，无道则乱；国家有道则兴，无道则衰；人物有道则生，无道则死。以道治国，国必强；以道养生，身必健；以道教化天下，世界必和平共荣，人类的大同社会之梦必将成真。"是以万物莫不尊道而贵德"（第51章），人人皆要修道，"修之于身，其德乃真；修之于家，其德乃余；修之于乡，其德乃长；修之于国，其德乃丰；修之于天下，其德乃普。"（第54章）

《管子》谓："礼仪廉耻，国之四维；四维不张，国乃灭亡。"

后记

道、德、仁、义、礼乃社会伦理的核心支点，当今之世不仅失道、失德、失仁、失义，直是"失礼而后利"了！儒学文化在于倡伦理、正人伦，想通过对"礼"的约束恢复到"仁"的核心价值，故曰"克己复礼，天下归仁"。然而中国传统社会是一种权力社会，"升官"才能"发财"，是以社会结构以"官"为本位。美国社会以高科技、高消费为倡导，是一种财力社会，"发财"才能"升官"，"钱"成了社会的核心价值。当今世界物欲横流，"天下熙熙，皆为利来；天下攘攘，皆为利往"；官商勾结者有之，以权谋私者有之，贪污腐败者有之，卖国通敌者有之，礼、义、廉、耻丧失殆尽者亦有之。在这个没有伟人、缺少英雄、罕见君子的时代，惟有弘扬老子的道学文化才能匡正世道人心，提高人类社会的道德素质。人心向道，人人修道，必将成为人类社会的世界潮流。

余遵照钱学森院士的建议，四处访道求法、深入道学研究凡三十年，总以为人才是可以"培养"的，学问是可以"传授"的，因之培养了一批博士生、博士后，一直做传授道学文化的努力。现在才发现一个中意的学生也没有培养出来，道家的学问实际上也没有传授下去。先师王明教授，师承陈寅恪、汤用彤一线学脉，一生没招收几个学生，但至今道学研究领域的学者多师承其学脉。余之丹道和密宗曾得真师传授，又深得杨石先、黄友谋、钱学森、王明、陈国符、张岱年等恩师的教诲，然而却找不出能继承自己学脉的传人，终于觉悟到人才原来是无法培养的，真正的学问也是传授不了的。大道为公，本无法私相授受；道在语言之外，是以轮扁不能传其子，"行年七十而老斲轮"。看来每个人皆有自己的天资和命运，导师仅能因势利导，因材利导而已！道不远人，身即道场。在当今之世，人欲修道，一是要看破"权"，二是要看破"钱"，人看不破这两点，就不能激发自身隐藏的英雄豪杰的潜能，就

要蒙蔽人人本有的道性。至于那些"官迷"和"财迷",更是无法进入大道之门的。

　　道法和佛法,本极简单,其"正法眼",都是告诉世人"人人皆有佛性"、"人人皆有道性",这也是老子教人修道、佛陀来到世间的"一大事因缘"。人人皆可成仙,人人本身是佛,直心即道场,人身是道场,这就是钱学森院士人体科学的真谛。道本无言,因言显道。佛陀说法四十九年,无非是教人入道行道,去除世情加于人身的习性粘缚。后人滞于佛陀的经书文字,反而更增粘缚,故佛陀传"正法眼藏,直指人心,见性成佛,不立文字",称自己其实未曾说一个字,言佛说法,即是谤佛。今学者出版著作研究佛说的法,这就更增加了一层入道的荆棘和粘缚。是以达摩东来,帮学者解粘去缚,抽钉拔楔,铲除荆棘!禅宗大德每言"道不用修,但莫污染","平常心是道","日日是好日","道贵如愚","至道无难,惟嫌拣择",这都说明佛法是靠自觉而非天启的学问。赵州从谂禅师(778～897)留下诸多公案,以平常话、本分事接人入道,吾甚钦佩。雪窦重显禅师云:"终日拈香择火,不知身是道场。"(《明觉禅师语录》卷二)其《缁门警训》云:"无以名利动于情,无以得失介于意,无随世之上下,无逐人之是非。""人不可侮,天不可欺。众之去来,无追无拒。人之毁誉,无患、无贪。内无所惭,外无所恤。"其《渔父》诗云"千尺丝纶在方寸,不知何处得鲲鲸?"其《颂》又云:"抛钩钓鲲鲸,钓得个虾蟆!"咦!吾亦颇有同感。

　　紫阳真人张伯端读雪窦禅师《祖英集》,顿明心地,其《悟真篇》后又有《悟真法语》、《禅定指迷歌》等,阐述禅理。丹道讲性命双修,既炼神又炼形,既修性又修命,其实神炁不二,精、气、神三宝本是一体。吾之《丹道法诀十二讲》已将佛道二教性命双修之理剖析清楚,望天下龙蟠凤逸之士,从中学些捉雾拿云、虚空钉橛的工夫，且仿《祖英集》留诗云：

火里栽莲义何深，最是难觅水中金。
皆言庄生能齐物，几人修持到无心？

胡孚琛
识于中国社会科学院
2009 年 7 月 27 日

图书在版编目(CIP)数据

丹道仙术入门 / 胡孚琛著. --北京：社会科学文献出版社，2009.11（2025.2重印）
ISBN 978-7-5097-1033-3

Ⅰ.①丹… Ⅱ.①胡… Ⅲ.①佛教-养生（中医）-研究 Ⅳ.①B948　R212

中国版本图书馆CIP数据核字（2009）第162953号

丹道仙术入门

著　　者 / 胡孚琛

出 版 人 / 冀祥德
项目统筹 / 宋月华
责任编辑 / 周志宽
责任印制 / 王京美

出　　版 / 社会科学文献出版社·人文分社（010）59367215
　　　　　地址：北京市北三环中路甲29号院华龙大厦　邮编：100029
　　　　　网址：www.ssap.com.cn
发　　行 / 社会科学文献出版社（010）59367028
印　　装 / 天津千鹤文化传播有限公司

规　　格 / 开　本：787mm×1092mm 1/16
　　　　　印　张：22.5　字　数：282千字
版　　次 / 2009年11月第1版　2025年2月第12次印刷
书　　号 / ISBN 978-7-5097-1033-3
定　　价 / 49.00元

读者服务电话：4008918866

版权所有 翻印必究